Allegria

Die Autorin

Safi Nidiaye war ursprünglich Journalistin und wurde durch ihre Arbeit als Medium eine der bekanntesten spirituellen Lehrerinnen im deutschsprachigen Raum. Im Mittelpunkt ihrer Seminare steht die Beschäftigung mit dem Höheren Selbst und eine praktische Methode um »vom Kopf ins Herz« zu kommen. Sie lebt und arbeitet in der Nähe von München. Zu ihren erfolgreichsten Büchern gehört der Bestseller *Liebe ist mehr als ein Wort*.

Von Safi Nidiaye sind in unserem Hause erschienen:

Das Tao des Herzens
Die Weisheit der Inneren Stimme
Ihr höheres Selbst
Liebe ist mehr als ein Gefühl
Herz öffnen statt Kopf zerbrechen
Das Bewußtseins-Orakel
(enthält das Buch *Den Weg des Herzens gehen*)
Aufwachen und Lachen
Probleme lösen mit Meditation

Safi Nidiaye

Das Tao des Herzens

Wie Sie Ihre Gefühle befreien

Ullstein

Besuchen Sie uns im Internet:
www.ullstein-taschenbuch.de

Allegria im Ullstein Taschenbuch
Herausgegeben von Michael Görden

Umwelthinweis:
Dieses Buch wurde auf chlor- und säurefreiem Papier gedruckt.

Ullstein Verlag
Ullstein ist ein Verlag der Ullstein Buchverlage GmbH.
Neuausgabe
1. Auflage August 2004
3. Auflage 2007

Umschlaggestaltung: FranklDesign, München
Titelabbildung: Shivananda Ackermann
Gesetzt aus der Palatino
Druck und Bindearbeiten: GGP Media GmbH, Pößneck
Printed in Germany
ISBN 978-3-548-74106-2

Unsere größte Angst ist nicht, unzulänglich zu sein. Unsere größte Angst ist, grenzenlos mächtig zu sein. Unser Licht, nicht unsere Dunkelheit ängstigt uns am meisten. Wir fragen uns: Wer bin ich denn, dass ich so brillant sein soll? Aber wer bist du, es nicht zu sein? Du bist ein Kind Gottes. Es dient der Welt nicht, wenn du dich klein machst. Dich klein zu machen, nur damit andere um dich herum sich nicht unsicher fühlen, hat nichts Erleuchtetes. Wir wurden geboren, um die Herrlichkeit Gottes, der in uns ist, zu manifestieren. Er ist nicht nur in einigen von uns, er ist in jedem Einzelnen. Und wenn wir unser Licht leuchten lassen, geben wir damit unbewusst anderen die Erlaubnis, es auch zu tun. Wenn wir von unserer eigenen Angst befreit sind, befreit unsere Gegenwart automatisch die anderen.

Nelson Mandela

Inhalt

Einführung

Wir alle leiden mehr oder weniger darunter, nicht das zu sein, was wir eigentlich sind, und nicht das Leben zu führen, das wir eigentlich führen könnten, wenn wir wären, was wir eigentlich sind. Eigentlich wissen wir so viel, aber wir verhalten uns wie Dummköpfe; eigentlich sind wir großzügige, mitfühlende, verstehende Wesen, aber wir verhalten uns kleinlich, geizig, engstirnig und eifersüchtig. Eigentlich sind wir mächtig, aber wir verhalten uns schwach, hilflos, ohnmächtig. Eigentlich sind wir gut, aber wir verhalten uns schlecht. Wir haben Visionen, die wir nie verwirklichen, Träume, die wir nie ausleben; wir begnügen uns mit einer schmalen Scheibe dessen, was wir sein, erleben und erschaffen könnten. Unsere Lebensumstände gefallen uns nicht, aber es fällt uns schwer, sie zu ändern, und wenn wir sie geändert haben, kommen wir oftmals vom Regen in die Traufe. In unseren Beziehungen sind wir nicht glücklich, und viele von uns wissen genau, warum; wissen genau, was sie falsch machen und wie sie glücklicher leben könnten – aber sie können es nicht. Wir beten, wir meditieren, wir haben große Erkenntnisse und große Momente, aber im kleinen Alltag scheinen sie uns nicht wirklich zu verändern. Warum?

Aus dem Grund, weil es jemanden gibt, der unserer Entfaltung, unserer Selbstverwirklichung, Gottverwirklichung, Erleuchtung oder schlicht unserem Glück im Wege steht. Dieser Jemand sind wir selbst. Es ist derjenige Teil unser selbst, den wir in unserem Körper, in den Grauzonen unserer Psyche eingesperrt haben, weil er das ist, was wir nicht sein wollen, und das fühlt, was wir auf keinen Fall fühlen wollen. Vielleicht weil wir Angst haben, dass es uns umbringen würde. Er steht uns nicht deshalb im Wege, weil er unser Glück verhindern möchte; sondern deshalb, weil wir ihn aus unserem Bewusstsein und unserem Herzen verstoßen haben, sodass weder die Erleichterung des Verstandenwerdens noch der Trost des Mitgefühls ihn erreichen und vom Unglücklichsein erlösen kann; auch darf er nicht am Leben teilhaben, sodass der gnädige, alles immer weiter tragende und wandelnde Strom des Lebens ihn nicht berührt. So tragen viele von uns ihr Unglücklichsein, ihren Schmerz, ihren Hass, ihre Angst unverändert durchs ganze Leben, ohne es zu merken. Und weil wir diese Gefühle – diesen verbannten Teil unser selbst – nicht bemerken, beherrschen sie uns. Obwohl, beziehungsweise gerade weil wir solche Anstrengungen unternehmen, um dieses Kerker-Ich, dieses Wesen in uns – das all das ist, was wir auf keinen Fall sein wollen – auszulöschen, zu begraben, nichtexistent zu machen, beherrscht es unser Leben, unsere Beziehungen, unser Verhalten, und wir selber sind die Letzten, die es merken. Wenn Sie beispielsweise große Angst vor Versagen in sich tragen, diese Angst jedoch vor sich selber verstecken, weil Sie sie nicht fühlen möchten (weil sie Ihnen unerträglich erscheint oder weil Sie sie verachten), dann wird diese Angst Sie zwingen, Situationen zu meiden, in denen Sie versagen könnten. Da Sie die Angst nicht wahrnehmen, merken Sie auch nicht, dass Sie überhaupt etwas meiden. Sie wundern oder ärgern sich manchmal, dass Sie es einfach nicht schaffen, das zu tun, was Sie tun wollen; da aber die Angst, der eigentliche Verursacher dieses Missstands, Ihrer Aufmerksamkeit entgeht, können Sie die Situation nicht ändern. Was immer Sie unternehmen, fruchtet nichts oder wenig. Und Sie bleiben weiterhin dem Vermeidungszwang ausgesetzt, ohne es zu merken.

Würden Sie die Angst kennen, so wüssten Sie immerhin um die wahren Zusammenhänge. Aber das reicht nicht aus. Viele von Ihnen werden sich verschiedener negativer Gefühle bewusst sein – was jedoch nichts an diesen Gefühlen ändert und auch wenig an der Tatsache, dass diese Gefühle, so wenig Sie es auch möchten, Ihr Verhalten und Ihre Lebenssituation beeinflussen.

Das liegt daran, dass Gefühle, die wir zu kennen meinen, im Allgemeinen trotzdem noch verdrängt sind. Ein Gefühl ist ein körperlicher und emotionaler Seinszustand; und nur wenn wir ihn als solchen kennen gelernt haben, kennen wir es wirklich. Das heißt, wir müssen das Gefühl körperlich und emotional vollständig erleben, damit es nicht mehr zu jenem uns gegen unseren Willen beherrschenden Teil unseres Wesens gehört, den man »Unterbewusstsein« nennt, sondern das Licht unseres Bewusstseins erblickt.

Aber auch das reicht noch nicht aus, um unseren Gefangenen zu erlösen. Sein Gefühl muss auch angenommen werden. Die Angst, um bei unserem Beispiel zu bleiben, muss von uns auch geachtet werden; wir müssen uns dafür verstehen, dass wir Angst haben; wir müssen Erbarmen mit ihr haben. Mit anderen Worten: Der Gefangene muss sicher sein, mit seiner Angst einen Platz in unserem Herzen zu finden. Sonst fühlt er sich wie ein Kind, das zwar weiß, dass die Eltern wissen, was es fühlt, aber nicht sicher ist, ob sie es mit diesem Gefühl auch lieben können.

Das ist Erlösung. Das ist die Heimkehr des verlorenen Sohnes. Jedes Mal, wenn wir ein solches »verlorenes Kind« wieder finden und in die Arme schließen, geschieht etwas Wunderschönes. Je schlimmer die Gefühle sind, die wir endlich zu fühlen wagen, desto tiefer und schöner ist das innere Erleben, das dieser Öffnung des Herzens folgt. Eine positive Erschütterung, eine Welle von Liebe, Mitgefühl, Verstehen durchzieht unser ganzes Wesen und in vielen Fällen öffnen sich spontan die Türen zum Himmel, das heißt zu den höheren Ebenen unseres Bewusstseins, und wir erleben Augenblicke von tiefer Einsicht in die Zusammenhänge des Lebens, von Erinnerung an die Absicht, die uns in dieses Leben geführt hat, an die Welt der Engel oder das Bewusstsein des höheren Selbst.

Um diese Erlösung, die Befreiung unseres inneren Gefangenen aus seinem Kerker, geht es in diesem Buch. Ich werde Ihnen eine Methode vorstellen – eine sehr direkte, schnörkellose, einfache, von mir entwickelte und jahrelang in Gruppen, Seminaren, Partner- und Einzelübungen erprobte und vervollkommnete Methode –, die es Ihnen ermöglicht, anhand der aktuellen Probleme Ihres Lebens mit Ihrem Gefangenen in Kontakt zu kommen, ihn kennen zu lernen, an die Hand zu nehmen und nach Hause zu bringen – in Ihr Herz (was ich unter »Herz« verstehe, erläutere ich am Schluss dieser Einführung). Diese Methode habe ich »körperzentrierte Herzensarbeit« genannt, weil sie bei der Wahrnehmung des Körperzustands ansetzt und zur Öffnung des Herzens führt; ihre Bestandteile habe ich oben bereits angedeutet. Eigentlich geht es um nichts weiter als darum, das, was man fühlt, vollständig wahr- und anzunehmen. Das Schöne an dieser Methode ist, dass es, um mit ihrer Hilfe einem Problem auf den Grund zu gehen, keiner gedanklichen Vorarbeit bedarf. Im Gegenteil, man kann alle Gedanken, die man sich bereits über das Problem gemacht hat, getrost vergessen, denn wenn man, anstatt nachzudenken, unmittelbar wahrnimmt, was im eigenen Innern geschieht, kommt man zu ganz anderen Einsichten; Einsichten, die einer tiefen und unmittelbaren Erkenntnis entspringen, der Erkenntnis des Herzens. Auf die Weisheit und Erkenntnisfähigkeit des Herzens gehe ich später ausführlicher ein.

Dies ist kein psychologisches Buch, obwohl es im Wesentlichen um das geht, was wir die Psyche nennen. Die Erkenntnisse, die ich hier mit Ihnen teile, stammen aus der praktischen Arbeit. Die dabei angewandte Methode entwickelte sich aus der Praxis der Zen-Meditation, aus der einfachen Übung des Sitzens und Wahrnehmens. Näheres über die Entwicklung der Methode erzähle ich in Teil I des Buches. Einige der Begriffe, die ich verwende, mögen dem Verstand des Lesers wie unscharfe, teils auch kitschige Metaphern erscheinen. Das liegt daran, dass hier innere Erfahrungen geschildert werden, die aus Bereichen unseres Wesens stammen, die dem analytischen Verstand nicht zugänglich sind und daher sprachlich nicht in einer den Verstand befriedigenden Weise ausgedrückt werden können. Von manchem muss man sich gefühlsmäßig berühren lassen und darauf verzichten, sie intellektuell verstehen zu wollen.

Ich selber praktiziere die Methode der körperzentrierten Herzensarbeit seit einigen Jahren. Schicht um Schicht werden, angeregt durch die jeweils aktuellen Ereignisse meines Lebens, die grundlegenden inneren Schmerzen, Qualen, Ängste, Traumata meiner Psyche aufgedeckt und geheilt, in manchen Phasen fast täglich eine neue, und mehr und mehr verstehe ich mich selber und damit natürlich auch andere. Viele negative Gefühle und Grundüberzeugungen, die unbemerkt mein ganzes Leben beherrscht hatten, haben schon an Macht über mich und an Einfluss auf mein Schicksal verloren. Und zwar ohne dass ich mich bemüht hätte, sie in positive Gefühle umzuwandeln. Ich habe sie lediglich im Körper entdeckt, als Gefühlszustand zugelassen und angenommen. Das Positive – das Heile, das Gute – ist ja der natürliche Zustand; wir müssen ihn nicht künstlich herstellen. Bevor ich die körperzentrierte Herzensarbeit entdeckte, kannte ich diese Aussage als – einleuchtende – Theorie; aber durch die Praxis dieser Arbeit habe ich sie als Realität entdeckt. Man muss nur wagen, das, was man fühlt – was es auch sei –, ganz zu fühlen und ganz anzunehmen; allein dadurch befindet man sich automatisch im Positiven, im Gesunden, im Zustand von Heilsein und Liebe.

Probieren Sie es aus. Vielleicht werden Sie, ebenso wie ich, eines Tages, nachdem Sie bereits große Teile Ihres inneren Gefangenen ans Licht befördert haben, unter Tränen des Mitgefühls, in der Erschütterung des Erkennens zu sich selber sagen: »Jetzt sehe ich endlich, was du all die Jahre erlitten hast. Welche entsetzliche Angst du mit dir herumgetragen hast. Wie du dich abgemüht hast, um dir einen Weg durch den Dschungel des Lebens zu bahnen, obwohl du dich so hilflos, so schutzlos und verzweifelt fühltest; wie du dich ständig angestrengt hast, um anders zu sein, als du bist, weil du dachtest, du seist schlecht und hässlich und schuldig; wie du verzweifelt um Liebe gekämpft hast, immer bemüht, nichts Falsches zu tun, um nicht verstoßen zu werden; wie du in diesem Bemühen Schmerz und Demütigung, Zorn und Aufbegehren unterdrückt hast, um immer freundlich und offen, tolerant und tapfer zu sein; wie du für ein bisschen Wärme und Zuneigung deine Wahrheit, deine Sehnsucht, deine Seele verraten hast … Jetzt endlich sehe ich dich, fühle ich dich, erkenne ich dich wieder als mich selber. Ab heute darfst du in mir leben, ab heute will ich fühlen, was du fühlst, und dich nicht mehr im Stich lassen. Vielleicht gelingt mir das nicht auf Anhieb, weil ich es erst lernen muss. Aber ich verspreche, es zu üben.«

Wenn Sie ein Mann sind – oder eine Frau mit einer mehr männlichen Lebenshaltung –, können Sie sich womöglich mit diesen Formulierungen nicht recht identifizieren. Vielleicht müsste Ihre Selbstansprache sinngemäß lauten: »Jetzt merke ich endlich, wie schlecht es dir die ganze Zeit gegangen ist. Welche Angst du immer gehabt hast und wie du dich angestrengt hast, damit das niemand merkt! Wie du dich immer gefürchtet hast zu versagen und wie du dich zu immer neuen Leistungen gequält hast, um endlich die Anerkennung zu bekommen, nach der du dich gesehnt hast! Und wie neidisch du insgeheim immer warst, wenn andere geweint und gelacht und sich umarmt haben, weil du an dieser Welt der Gefühle nicht teilhaben konntest! Weil du dein Herz verschlossen hattest vor allem, was nach Gefühlen roch, weil du erfahren hattest, dass Fühlen mit schrecklichem Schmerz verbunden war! Wie du dich eingeigelt hast in dir selber, um nur ja nichts fühlen zu müssen, und deshalb auch Glück und Freude und Liebe nie wirklich fühlen konntest! Ab heute will ich mich um dich kümmern. Ich werde lernen wahrzunehmen, wie es dir geht. Ich werde dich an die Hand nehmen, wenn du Angst hast, und in die Arme schließen, wenn du traurig bist. Ich will dir die Anerkennung und Liebe geben, die du brauchst, ganz gleich, wie du dich gerade fühlst. Ich weiß noch nicht, ob mir das immer gelingt, denn ich habe Angst davor, mich schwach oder unfähig oder traurig zu fühlen; deshalb muss ich mich erst einmal dieser Angst zuwenden und versuchen sie zu fühlen und zuzulassen. Aber ich habe jetzt gesehen, wie du leidest, und das wird mir die Kraft geben, es zu wagen.«

Wenn unser Gefangener endlich befreit ist, beherrscht er uns nicht mehr. Dann ist der Weg frei zur Verwirklichung unseres höheren Potenzials. Das geschieht nicht auf einmal, sondern nach und nach. Haben wir unsere Angst vor Versagen ins Bewusstsein geholt und ins Herz geschlossen, dann können wir es – während die Angst sich sozusagen in den Armen unseres Herzens geborgen und verstanden fühlt – wagen, uns in Situationen zu begeben, die wir vorher unter dem Einfluss der unbewussten Angst gemieden haben; und in diesen Situationen können wir endlich die Fähigkeiten oder Qualitäten zum Einsatz bringen, die uns schon gehören, aber noch nicht zur Manifestation gekommen sind. Wenn wir unser Ungeliebtsein gefühlt und angenommen haben, können wir endlich wagen, wir selbst zu sein – was wir uns zuvor versagt haben, weil wir ja aufpassen mussten, nichts zu tun oder zu sagen, was unsere Mitmenschen oder Lebenspartner veranlasst hätte, uns ihre Liebe zu entziehen. Das musste auf jeden Fall vermieden werden, um nicht das, was wir verdrängt hatten, doch fühlen zu müssen: das Ungeliebtsein.

Der Weg zur Integration unserer Schönheit, unserer Größe, unserer Kraft, unserer Liebe, unserer Weisheit führt über die Integration unserer verdrängten Hässlichkeit, unseres verdrängten Geizes, Neides, unserer Ohnmacht, unseres Hasses, unserer Verwirrung, unserer Hilflosigkeit und Schuld. In dem Maße, in dem wir diese verstoßenen armen oder hässlichen Wesensteile als Bestandteile unser selbst erkennen und anerkennen, können wir unseren Reichtum und unsere Schönheit erkennen und anerkennen – das heißt unser Potenzial verwirklichen, unsere Visionen in Realität verwandeln, unser Leben leben, wir selber sein und die Realität erschaffen, nach der wir uns sehnen.

Solange wir dazu nicht in der Lage sind, gibt es mit Sicherheit eine Angst in uns, die uns daran hindert. Wir führen unsere Lage vielleicht auf äußere Umstände oder andere Menschen zurück; aber wenn wir uns von äußeren Umständen oder anderen Menschen einengen, beherrschen, unterdrücken oder hin und her zerren lassen, anstatt wir selber zu sein und unser wahres Wesen auszudrücken, dann liegt das daran, dass das einem (verdrängten) Teil unser selbst willkommen ist: ebendiesem Teil, der vor irgendetwas Angst hat. Um diese Angst zu entdecken, müssen wir uns nur sehr deutlich vorstellen, was passieren würde, wenn die äußeren Umstände beziehungsweise die anderen Menschen uns nicht mehr beherrschen, wenn sie wegfallen/fortgehen oder sich ändern würden. Wenn wir uns das ernsthaft und deutlich vorstellen, werden wir merken, dass unser Körper darauf reagiert. Wenn wir uns aufmerksam in diese Reaktion einfühlen, werden wir die Angst entdecken. Zum Beispiel die Angst, nicht in der Lage zu sein, das Leben zu bewältigen (solange wir von den Umständen oder Mitmenschen in eine Position der Schwäche, Abhängigkeit, Ohnmacht oder Unfreiheit gezwängt werden, müssen wir uns dieser Angst nicht stellen, sodass wir es vorziehen, schwach, abhängig, ohnmächtig, unfrei zu bleiben); oder die Angst, abgelehnt und/oder nicht mehr geliebt zu werden (wenn wir plötzlich stark, erfolgreich, gesund sind statt schwach, krank oder bedürftig); oder die

Angst, sich plötzlich einsam einer kalten Welt ausgesetzt zu finden; oder die Angst, man könne entdecken, wie unfähig wir in Wirklichkeit sind; und so fort.

Wenn wir diese Angst gefunden, körperlich und emotional erlebt und gewürdigt, verstanden und als etwas, das zu uns gehört, anerkannt haben, können wir aufatmen. Erleichterung durchzieht das ganze Wesen. Etwas, das verstoßen war, wird endlich gewürdigt und darf da sein. Dann erst sind wir frei von dieser Angst. Nicht frei in dem Sinne, dass wir keine Angst mehr fühlen, sondern frei in dem Sinne, dass wir Angst fühlen und trotzdem tun können, was wir tun möchten. Mit der Zeit wird dann auch die Angst weniger, denn nun haben wir das Gefürchtete gewagt, und es ist nichts Schlimmes passiert; wir leben und atmen, und die Sonne scheint immer noch.

Bevor wir nicht gelernt haben, uns selber diese Liebe zu geben, können wir auch andere nicht wahrhaft lieben, weil wir gar nicht wissen, wie das geht. Wir bemühen uns vielleicht, gut zu ihnen zu sein und sie zu verstehen; wir fühlen vielleicht Emotionen, die mit Liebe einhergehen; aber unser Herz bleibt diesen Menschen verschlossen – jedenfalls all den Gefühlen und Aspekten unserer Geliebten, von denen wir uns unbewusst bedroht fühlen, sowie all denen, die wir in uns selber verdrängen.

Egoistisch sind wir nicht deshalb, weil wir uns selber zu sehr lieben, sondern weil wir uns zu wenig lieben. Wenn wir uns beispielsweise im tiefsten Innern ungeliebt fühlen, uns aber um dieses Gefühl nicht kümmern, weil wir es verdrängt haben, dann werden wir bedürftig, gierig, ja süchtig sein nach der Liebe anderer. Wir wollen haben und haben und können nicht genug davon bekommen. Wir können ja die Liebe, die uns entgegengebracht wird, nicht wirklich annehmen – denn sie entspricht nicht dem, wie wir uns auf selbstverständliche, aber unbemerkte Weise im Innern fühlen: ungeliebt. Wir brauchen immer neue Äußerungen und

Beweise dieser Liebe. So kann auch die allergrößte Liebe, die ein anderer uns entgegenbringt, nicht unseren Hunger stillen, wenn wir uns selber nicht lieben.

Solange wir unsere Not verdrängen, werden wir, ohne es zu merken, andere brauchen oder benutzen, um diese Not zu lindern. Oft werden wir finden, dass der Mensch, den wir selbstlos zu lieben meinen, für uns als Quelle von Sicherheit, Geborgenheit, Fürsorge, Liebe, Wertschätzung oder was auch immer so wichtig ist, dass wir versuchen, ihn mit unserer Liebe an uns zu binden.

Wenn wir nun stattdessen beginnen, Liebe in uns selber zu entwickeln, indem wir aufhören, uns zu verdammen, zu verurteilen, unsere wahren Gefühle zu verdrängen, zu missachten, unser Herz vor unserer eigenen Not, unserem Schmerz, unserer Angst, unserer Sehnsucht, unseren Wünschen zu verschließen, vor unserem Hass, unserer Bitterkeit, unserem Neid, unserer Liebe … Wenn wir es stattdessen wagen, zu fühlen, was wir fühlen – was es auch sei –, und alles, was wir fühlen, zu achten, zu würdigen und zu verstehen, ganz gleich, wie unser konditionierter Verstand es beurteilt, bedingungslos, einfach, weil es da ist, dann öffnet sich unser Herz. Dann plötzlich können wir fühlen, wie es ist, unser Partner, unser Kind, unsere Mutter, unser Chef zu sein, und dasselbe Mitgefühl und Erbarmen, das wir zuvor uns selber entgegengebracht haben, regt sich nun spontan auch für den anderen.

Indem wir nach und nach unser Herz unserer eigenen Not öffnen, anstatt sie weiter zu verdrängen, kommen wir zu dem, was man ein reines Herz nennt und was viele spirituelle und religiöse Menschen anstreben. Ein reines Herz zu haben bedeutet, das, was man fühlt, zu fühlen. Ein Beispiel: Wenn mir jemand eine Demütigung aufgezwungen hat, die mir den schlimmsten Schmerz zufügte, den es meinem Gefühl nach geben konnte, dann war dieser Schmerz vielleicht für mich so schlimm, dass ich ihn nicht fühlen wollte; außerdem wollte ich ihn deshalb nicht fühlen, weil er mir ja ungerechterweise aufgezwungen worden war; deshalb entstand in mir der Wunsch, der andere, der Verursacher, solle ihn fühlen. Statt des aus meinem Bewusstsein verdrängten Originalgefühls (Schmerz) fühlte ich also nun Hass und Rachedurst. Auch Hass und Rachedurst verdrängte ich vielleicht aus meinem Bewusstsein, weil beides Gefühle waren, mit denen ich mich nicht identifizieren konnte. Was nun passiert, ist, dass Hass und Rachedurst, ohne dass ich es kontrollieren kann, in meinen Worten, Handlungen oder Blicken aus mir hervorschießen, sobald irgendetwas geschieht, das mich befürchten lässt, jenes entsetzliche Gefühl von Demütigung erleiden zu müssen, das ich damals verdrängt hatte. Da ich aber Hass und Rachedurst nicht fühle und auf keinen Fall manifestieren darf, kleide ich diese aus mir hervorschießenden Pfeile in freundliches Gebaren.

So kommt etwas »Unreines« heraus. Ein reines Herz würde einfach den Schmerz fühlen, und die ganze Kette von Leid und Verdrehung, die in unserem Beispiel aus der Ablehnung des Schmerzes entstanden ist, käme nicht zustande.

Ganz im Kern sind wir rein. Ganz im Kern sind wir unschuldig. Eigentlich gibt es nichts Schlechtes an uns. Welches Gefühl auch immer Sie nehmen: Fühlen Sie es durch und durch, bis auf den Grund, und Sie werden immer etwas Unschuldiges und Schönes finden. Und ebenso wenig gibt es etwas in uns, das so schlimm wäre, dass wir es nicht verkraften könnten. Nehmen wir den allerschlimmsten Schmerz, das allerschlimmste Schuldgefühl, die allergrößte Angst: Wenn wir dieses Gefühl einfach ganz und gar zulassen, während wir mitten in diesem Gefühl auf dem sicheren Platz des bewusst Wahrnehmenden verharren, gewappnet mit nichts als der Bereitschaft, was immer da auftaucht, zu fühlen und zu verstehen – dann finden wir auf dem Grunde des Schlimmen, wenn wir es zu Ende gefühlt und gewürdigt haben, das Schöne. Letztlich finden wir immer

Liebe. Das ist keine spirituelle Theorie, sondern Erfahrung aus vielen Sitzungen körperzentrierter Herzensarbeit.

Solange wir nicht gelernt haben, uns selber unmittelbare Zuwendung zu schenken, geben wir uns Ersatz. Selbst Menschen, die bereits mit ihrem »inneren Kind« gearbeitet und gelernt haben, seine Bedürfnisse und Nöte zu fühlen, neigen dazu, es mit Ersatz abzuspeisen. Anstatt ihm unmittelbare Zuwendung durch reine Präsenz zu schenken, suchen wir Mittel, die diese Zuwendung ersetzen können. Wir haben das nicht anders gelernt. Als Neugeborene – jedenfalls wenn unsere Ankunft auf Erden sich einigermaßen normal zugetragen hat – befanden wir uns in einer Art paradiesischem Urzustand, nicht unterschieden vom Rest der Welt und in uns ruhend, wenn nicht gerade ein körperliches Unwohlsein uns daraus aufschreckte, das wir unmittelbar artikulierten. Dieses In-sich-selber-Ruhen wurde uns so schnell wie möglich abgewöhnt. Unsere Eltern – in der Meinung, man müsse Intelligenz und Empfindungsfähigkeit des Babys aktiv wecken – taten ihr Bestes, um uns aus unserem seligen In-uns-selber-Ruhen herauszuholen; sie lenkten unsere Aufmerksamkeit auf Dinge außerhalb von uns selbst, auf Rasseln, bunte Kugeln und dergleichen, sie schnitten Grimassen und bemühten sich nach Kräften, uns zu unterhalten. Bald schon verlernten wir, in uns selber Seligkeit und Zufriedenheit zu finden, und begannen, beides außerhalb unser selbst zu suchen und danach süchtig zu werden. Wir wurden süchtig nach Ersatz. Der australische Weisheitslehrer Barry Long führt fast unser ganzes Unglücklichsein auf diesen Umstand zurück.

Ähnliches vollzog sich in der Beziehung zu unserer Mutter. Ursprünglich war sie etwas, das einfach da war, nicht von uns unterschieden, wir waren eingehüllt in ihre Gegenwart, ihre Wärme, ihre Liebe und fühlten ihren Herzschlag. Nun wurden wir in Wiege und Kinderwagen gesteckt, und statt der selbstverständlichen immer währenden Gegenwart unserer Mutter, in die wir einfach eingehüllt waren, wurde dieser Quell der Wärme und Geborgenheit plötzlich etwas, das sich außerhalb von uns befand, das die meiste Zeit körperlich nicht vorhanden und nur für relativ kurze Zeit – des Stillens, des Auf-dem-Arm-getragen-Werdens, des Schmusens – körperlich präsent war. Wir ruhten nicht mehr in ihrer Gegenwart, sondern wir wurden bedürftig, ja süchtig nach ihr. In noch naturnah lebenden Völkern, beispielsweise in Afrika oder Südamerika, ist das anders. Mütter tragen ihre Kinder am Körper, solange es geht. Das Kind bleibt eingehüllt in die körperliche Gegenwart der Mutter, auf selbstverständliche Weise geborgen; es ist einfach überall dabei, während die Mutter ihren Tätigkeiten nachgeht. Es ist keineswegs Mittelpunkt der Aufmerksamkeit der Mutter, wie bei uns im Allgemeinen der Fall; es ist einfach bei der Mutter und die Mutter richtet ihre Aufmerksamkeit auf das, was sie tut. Das Kind wird nicht gewaltsam aus diesem Paradies verstoßen, sondern es macht sich nach und nach selber frei.

Anstatt also in uns selber zu ruhen, suchen wir Erfüllung und Glück in Dingen, die außerhalb von uns sind; anstatt in uns ein Gefühl selbstverständlicher Geborgenheit zu tragen, erleben wir Geborgenheit als etwas, das grundsätzlich nicht vorhanden ist, sondern das von außen zu uns kommt beziehungsweise das wir uns beschaffen müssen. Wir sind süchtig nach Ersatz.

Und ebenso geben wir unserem inneren Kind, jenem Teil unser selbst, der Kind geblieben ist, Ersatz.

Wir versuchen es mit mittelbarer Zuwendung zufrieden zu stellen. Wir trinken warme Milch, gehen Eisessen, rauchen, trinken Alkohol, lesen, sehen fern, geben Geld aus für Gegenstände, die uns wertvoll erscheinen, für ein Haus, das uns Geborgenheit vermittelt, streben nach Beziehungen, von denen wir uns möglichst viel an Liebe, Wärme, Geborgenheit, Sicherheit oder Anerkennung versprechen, die wir brauchen. Aber Ersatz macht nicht glücklich, macht nicht wirklich satt. Sie kennen das sicher vom Essen. Nehmen wir an, Sie haben Appetit auf Brathähnchen. Nun ist kein Brathähnchen greifbar oder Sie sind Vegetarier oder dürfen keines essen, und so bereiten Sie Sojaschnitzel oder gebackene Bananen zu. Aber Sojaschnitzel oder gebackene Bananen sind eben kein Brathähnchen und Sie sind nicht ganz zufrieden. Deshalb gehen Sie eine halbe Stunde nach dieser Mahlzeit wieder in die Küche und verzehren ein Käsebrot und später noch ein Stück Kuchen … Am Schluss sind Sie doppelt unzufrieden: kein Brathähnchen und ein voll geschlagener Blähbauch.

Ersatz macht nicht glücklich, Ersatz macht nicht satt; aber Ersatz macht süchtig. Und wir sind alle süchtig. Hören wir auf, uns Ersatz zu geben, gehen wir in uns und geben dem fühlenden, dem leidenden emotionalen Wesen in unserem Innern endlich das, was es wirklich braucht, den Schutz unserer Gegenwart, den Trost unseres Verstehens, die Wärme unseres Mitgefühls!

Vor kurzem besuchte mich eine Freundin. Sie erzählte mir von ihrer Enttäuschung über einen Mann, den sie liebte, und bat mich, ihr zu helfen. Ich führte sie in eine Sitzung körperzentrierter Herzensarbeit. Sie lenkte ihre Aufmerksamkeit auf das, was in ihrem Körper geschah, während sie an die enttäuschende Situation dachte, und entdeckte darin längst vergessene, verschüttete Emotionen aus ihrer Kindheit, die sie nun endlich fühlen und annehmen konnte. Am Schluss weinte sie vor Rührung über ihr eigenes Herz. »Das Herz kommt mir vor wie eine große Mutter«, sagte sie unter Tränen, »die ihre Arme öffnet und alle Kinder einlädt, ganz gleich, wer sie sind und was sie angestellt haben mögen.«

Genauso ist unser Herz. Die Geborgenheit, die wir suchen, finden wir in ihm. Das Verständnis, das wir brauchen, finden wir in ihm. Die Achtung, die uns fehlt, finden wir in ihm. Das Erbarmen, nach dem wir uns manchmal so verzweifelt sehnen, finden wir in ihm. Die bedingungslose Liebe, nach der wir alle hungern, finden wir in unserem eigenen Herzen.

Was ist eigentlich gemeint, wenn vom Herzen die Rede ist? Ist es die kitschige Metapher, die in »Herz-Schmerz-Schlagern« gemeint ist? Oder das Organ Herz? Oder das energetische Herzzentrum, das Herzchakra in der Mitte der Brust? Ist es das, womit wir fühlen?

Das Herz, das ich meine, ist all das und etwas mehr. Dieses »Mehr«, das ist das Problem, kann man nicht in Worten ausdrücken. Man kann es nur erfahren. Das liegt daran, dass dieses Herz – das Herz in seiner Essenz – nicht etwas ist, das wir haben, sodass wir es von uns unterscheiden, anschauen und schildern können, sondern etwas, das wir sind, ganz tief innen, im Kern unseres Wesens. Letztlich ist es deshalb nicht etwas, das man mit dem Verstand ermitteln kann, sondern etwas, das man kennen lernen kann, indem man es erfährt.

Das ist das Herz in seinem Wesen, seiner Essenz. Dieses Wesen, diese Essenz – die unser Kern ist – manifestiert sich auf verschiedenen Ebenen, zum Beispiel auf der physischen Ebene als Organ, auf der energetischen als Energiezentrum (viertes Chakra in der Mitte der Brust) und auf der metaphorischen Ebene (in der die Realität aus Sinnbildern besteht – so ähnlich wie auf der mentalen Ebene die Realität aus Gedanken und Erkenntnissen) als Metapher.

Der amerikanische Arzt Dr. Paul Pearsall liefert aus wissenschaftlicher Perspektive einen interessanten Beitrag zur Klärung dieser Verwirrung um das Herz. In seinem Buch »Heilung aus dem Herzen« schreibt er (S. 101): »Albert Einstein hat nachgewiesen, dass Masse (M) und Energie (E) äquivalent sind; die Kardioenergetiker behaupten, dass diese Austauschbarkeit auch für Energie (E) und Information (I) gilt. Dass Masse, Energie und Information ein und dieselben quantenhaften mikrophysikalischen Größen sind, ist ein guter Ausgangspunkt, um zu verstehen, dass unser Herz eine Zellmasse, aber gleichzeitig auch eine infoenergetische Welle und eine Ansammlung von Teilchen sein könnte …«

Überhaupt war es für mich sehr aufschlussreich, in diesem Buch eines Arztes und Wissenschaftlers vieles zu entdecken, das mich an die aus meiner psychospirituellen Arbeit gewonnenen Erkenntnisse über das Herz erinnerte, obwohl es aus einer völlig anderen Sichtweise kommt. Einige dieser wissenschaftlichen Entdeckungen fasse ich hier kurz zusammen, weil sie Licht auf unser Herz werfen. Dr. Pearsall schildert in seinem Buch die Erkenntnisse aus den jüngsten Forschungen von Energiekardiologie und Psychoneuroimmunologie über das physische Organ Herz. Die bemerkenswerteste Entdeckung ist die, dass unser Herz – hier ist nicht die Metapher und nicht das Chakra gemeint, sondern das Organ, das man transplantieren kann – denkt, fühlt und kommuniziert. Dr. Paul Pearsall ist Arzt, Experte für Psychoneuroimmunologie und Kardiologe und hat mit vielen Empfängern von Herztransplantaten gearbeitet. Er hat verblüffende Fallgeschichten gesammelt, aus denen hervorgeht, dass die Zellen des Körpers tatsächlich ein Gedächtnis besitzen und dass das Herz eine tragende Rolle beim Zugriff auf diese Erinnerungen spielt. Menschen, denen ein fremdes Herz transplantiert wurde, verändern auf manchmal drastische Weise Temperament und Vorlieben, die psychologische Einstellung zu ihren Partnern, und zwar auf eine Weise, die dem Temperament, den Vorlieben und dem Verhalten des Spenders entspricht. Zusammen mit dem Organ Herz werden offenbar Zellerinnerungen übertragen. Dr. Pearsall beschreibt unter anderem den Fall eines achtjährigen Mädchens, dem das Herz eines zehn Jahre alten Mädchens implantiert wurde, das ermordet worden war. Die Kleine begann nach der Herztransplantation von dem Mann zu träumen, der ihre Organspenderin umgebracht hatte. Die Mutter ging mit ihr zur Polizei und nach der Beschreibung des Mädchens konnte der Mörder gefasst werden. Die Beweise, die das Mädchen lieferte, waren so hieb- und stichfest, dass man den Mann problemlos überführte und verurteilte. Tatzeit, Tatwaffe, Tatort, die Kleidung, die er trug – alle Angaben der kleinen Herztransplantatempfängerin erwiesen sich als hundertprozentig zutreffend.

Dr. Pearsall fasst das kardioenergetische* Bild des Herzens – als Ergebnis vielfältiger Forschungen – so zusammen (S. 123):

»1. Das Herz ist unser machtvollstes Organ.
2. Das Herz reagiert unmittelbar auf seine Umwelt (es kann uns sagen, wann ein Ort, ein Mensch oder eine Situation nach seinem Gefühl gut oder schlecht für uns ist).
3. Das Herz ist ein Energieleiter für die Körperzellen.
4. Das Herz ist ein dynamisches System, einem stetigen Wandel unterworfen.
5. Das Herz ist die wichtigste ordnende Kraft im Körper.
6. Das Herz schwingt, denn es enthält informationstragende Energie.
7. Das Herz ist das Kernstück des Körpersystems.
8. Das Herz ›spricht‹ und sendet Botschaften. Das Herz hat seine eigene Weisheit, die sich von dem Wissen des rationalen Gehirns unterscheidet.
9. Alle Herzen tauschen Informationen mit anderen Herzen und Gehirnen aus.
10. Bei einer Transplantation wird das Herz mitsamt seinem infoenergetischen Zellgedächtnis übertragen.«

* Die Kardioenergetik ist eine neue wissenschaftliche Disziplin, die Erkenntnisse aus Kardiologie und anderen Forschungszweigen zusammenfasst.

Dr. Pearsall geht in seinem Buch auch auf die energetische Sichtweise der fernöstlichen Therapiesysteme ein. Er schreibt (S. 367): »Im Gegensatz zur westlichen Medizin, in der das Gehirn als Dreh- und Angelpunkt im Körpersystem gilt, ist für die traditionelle chinesische Medizin die vierte Energiezone, das Herz, der Regulator für alle Energiezentren, eine primäre Verbindungsstation, die als Mittler zwischen den niederen physischen und den höheren Energieebenen dient.«

Seine Empfehlungen, wie man zu einer gesunden Lebensweise und einem gesunden Herzen gelangt, geben interessante Aufschlüsse über die Natur des Herzens. »Wir« ist dem Herzen wichtiger als »ich«, »sein« wichtiger als »tun«. Dr. Pearsall (S. 61 f.): »Am besten lässt sich die Beschaffenheit unserer Herzenergie von Menschen beobachten, die mit uns zusammenleben sowie zusammenarbeiten. Aus der kardioenergetischen Warte ist das psychologische, spirituelle und physische Wohl weniger eine Sache der persönlichen Erfüllung. Es gilt vielmehr, ein energetisches Gleichgewicht zu allen Herzen und Energieströmen in unserem Umfeld herzustellen ... Wenn wir dem Herzen wieder den ihm gebührenden Platz im Leben einräumen, können wir unser Leben damit nicht nur retten und verlängern, sondern auch allen und allem in unserem Umkreis Stärke und ›Herz‹ verleihen.«

Übrigens weisen auch die Forschungsergebnisse der Energiekardiologie darauf hin, wie wichtig es ist, unterdrückte Wesensteile aus der Verdrängung zu erlösen. Dr. Pearsall: »Unser inneres Selbst ... besitzt aggressive und liebevolle Energie. Auch wenn wir die dunkle Seite unserer Energie leugnen, beeinflusst sie uns unbewusst: Sie bewirkt, dass wir uns in uns selbst zurückziehen, überreagieren, wenn wir wütend sind, und die Welt mit feindseligem, zynischem Blick betrachten ... Solange wir diese dunkle Seite der Energie nicht klar erkennen, uns zu ihr bekennen und ihre Ursprünge verstehen, kann sie unser Leben zerstören, denn sie überschattet unser Arbeits- und Liebesleben, was andere häufig eher als wir selbst sehen und spüren. Basierend auf den Erkenntnissen über das Kardiotemperament sollten wir uns vor Augen halten, dass unser Herz genau das anzieht, was sich in ihm verbirgt, und dass wir, wenn wir uns über unser Los beklagen, in Wirklichkeit darüber klagen, wer und wie wir in Wahrheit, in unserem Herzen, sind.«

Auch für den körperzentrierten Ansatz meiner Arbeit fand ich in diesem Buch Bestätigung – so bei der von Dr. Pearsall zitierten Neurobiologin Dr. Candace Pert (8. 369): »Zu Beginn meiner Arbeit ging ich davon aus, dass Gefühle im Kopf oder im Gehirn entstehen. Heute würde ich sagen, dass sie sich auch im Körper befinden. Sie werden im Körper zum Ausdruck gebracht und sind Teil des Körpers.«

Und schließlich bekennen sich diese Wissenschaftler ebenso wie viele Praktizierende der körperzentrierten Herzensarbeit dazu, das Herz auch als Zentrum der religiösen Erfahrung entdeckt zu haben. Sara Paddison vom Institute of Heart Math schreibt (ebenfalls von Dr. Pearsall zitiert, S. 281): »Ungeachtet der Religion … ist das Herz im menschlichen System derjenige Punkt, der uns Zugang zu der Möglichkeit bietet, Gott zu erfahren.« Und wieder Dr. Pearsall: »Wenn wir still werden und andere Herzen einladen, sich mit unserem zu verbinden, und wenn wir empfänglich werden für die … Energie, die unser Herzcode ist …, erkennen wir die Verbindung zu allen Menschen, Dingen und Zeiten …«

Wenn unser Herz »energetisch geöffnet« ist, wie Dr. Pearsall es nennt, finden wir Verbundenheit und Liebe. Alles kann vom Herzen verstanden und angenommen werden, wenn wir es nur zulassen. Innerhalb des Herzens gibt es – hier beziehe ich mich nun auf Erkenntnisse aus meiner eigenen Arbeit – keine Grenzen, keine Konflikte, keine Widersprüche. Ihr Herz kann Ihren Schmerz ebenso verstehen und annehmen wie die Angst vor ebendiesem Schmerz, Ihren Hass ebenso wie Ihre Liebe. Im Innern des Herzens ist es wie im Paradies, wo die Lämmer friedlich neben den Löwen existieren. Deswegen spricht man auch oft vom »Tempel des Herzens«.

In diesen Tempel des Herzens, Ihren einzigen sicheren Zufluchtsort – der inmitten der Wirbelstürme der Gefühle liegt –, einzutreten, lade ich Sie ein. Der Schlüssel zu diesem Tempel ist Bereitschaft: die Bereitschaft, zu fühlen und zu verstehen.

Wenn Sie fühlen, was Sie fühlen, und sich selber dafür verstehen, können Sie Ihr Wesen in allem, was Sie sagen und tun, freier, vollständiger und echter ausdrücken; und wenn Sie fühlen, was Sie fühlen, und sich selber dafür verstehen, können Sie auch fühlen, was andere fühlen, und sie dafür verstehen.

Zu fühlen, was man fühlt, zu sein, was man ist, und beides auszudrücken; zu fühlen, was andere fühlen und andere sind, und es in sich aufzunehmen, das ist das Yin und das Yang – zusammengefasst das Tao – des Herzens.

TEIL I

1. KAPITEL

Mein Weg zur körperzentrierten Herzensarbeit

> Es ist sehr wichtig, dass ihr die grundsätzliche Unschuld aller Gefühle erkennt, denn jedes von ihnen wird, sich selbst überlassen und durchempfunden, euch zur Wirklichkeit der Liebe zurückführen.
>
> *Jane Roberts/Seth*

Es begann mit einem Anfall von Eifersucht. Er war so stark, dass ich drei Tage lang buchstäblich krank war vor Eifersucht. Da erinnerte ich mich an die Lehren einer Zen-Meisterin, die ich schon seit langem mit Begeisterung studierte. Ich wusste: Jetzt bleibt mir nichts anderes übrig, als sie anzuwenden.

Die Zen-Meisterin hatte gesagt: Jedes Gefühl ist letztlich eine Verspannung im Körper. Man muss nur lange genug seine Gedanken beobachten, dann hören sie irgendwann auf herumzukreisen und man entdeckt das, worum sie die ganze Zeit kreisten: eine Verspannung im Körper – eine Emotion. Diese gilt es zu erleben, anstatt in den Gedanken gefangen zu bleiben.

Ich setzte mich also hin und beobachtete, was in mir vorging. Es war nicht leicht, mich nicht von meinen Gefühlen davontragen zu lassen; es war nicht leicht, diese überhaupt auszuhalten. Ich hielt mich an meinem Atem fest. Und etwas Erstaunliches passierte. Während ich atmete und beobachtete, enthüllte meine Eifersucht nach und nach mehrere Schichten älterer Emotionen, die unter ihr verborgen gewesen waren, nebst dazugehörigen Erinnerungen aus meiner Kindheit bis hin zu der Zeit kurz nach meiner Geburt.

Am Schluss stellte sich ein tiefer Frieden ein. Die Eifersucht war verschwunden.

Dies war eines der wichtigsten Ereignisse, die zur Entwicklung der Methode führten, die ich in diesem Buch vorstelle: der körperzentrierten Herzensarbeit. Einen weiteren wichtigen Beitrag lieferten die Informationen und Anregungen, die ich auf medialem Wege von höheren Ebenen des Bewusstseins erhielt und an Teilnehmer meiner Gruppen und Seminare übermittelte. Leser, die schon andere Bücher von mir kennen, werden wissen, dass meine Tätigkeit als Schriftstellerin und Seminarleiterin damit begann, dass ich Wissen von höheren Ebenen des Bewusstseins – jenen Schichten, denen Intuition entspringt – übermittelte. Meine Arbeit mit Menschen konzentrierte sich in den ersten Jahren vor allem darauf, uns den Zugang zu diesen höheren Ebenen zu erschließen und die Angelegenheiten und Probleme des Lebens aus der Warte dieser höheren Bewusstseinsebenen betrachten zu lernen. Im Verlauf der Jahre ging ich mehr und mehr dazu über, den Menschen, die in meine Seminare kamen, nicht nur Informationen zu übermitteln, die ihnen halfen, ihre Probleme zu lösen, sondern vielmehr unmittelbar mit ihnen zu arbeiten. Schwerpunkt dieser Arbeit wurde mehr und mehr das Herz als Schlüssel sowohl zum Unterbewusstsein als auch zu den höheren Ebenen. Nach und nach begannen wir die Ebene des Herzens als Seinszustand kennen zu lernen – einen Seinszustand, der sich grundlegend von unserem gewohnten alltäglichen Zustand unterscheidet. Darauf gehe ich in späteren Kapiteln näher ein.

Ausgangsbasis dieser Arbeit war zunächst die Übung, präsent zu sein. Das Herz kennt nur die Gegenwart; wenn man »im Herzen« ist, ist man gegenwärtig. Um dies zu üben, begann ich die Teilnehmer mit einfachen Fragen

(»Wie fühlst du dich jetzt? Spürst du deinen Körper? Deine Füße? Deinen Bauch?«) in das Gewahrsein ihres körperlichen Zustands im gegenwärtigen Augenblick zu bringen. Eines Tages fand ich heraus, dass diese einfache Fragetechnik, wenn man sie mit dem Problem der betreffenden Person in Verbindung brachte, zu höchst aufschlussreichen Entdeckungen führte. Eine Seminarteilnehmerin beispielsweise erzählte von den Schwierigkeiten, die sie mit ihrer Mutter hatte. Ich fragte sie: »Was macht dein Körper, wenn du an deine Mutter denkst?« Sie antwortete: »Der Hals tut mir weh.« Daraufhin bat ich sie, ihre gesamte Aufmerksamkeit, bewusst atmend, auf diesen Schmerz zu konzentrieren. Sobald sie das tat, begann sich die ganze Vielfalt der Gefühle, die mit ihrem Problem verbunden waren, zu enthüllen. Sie sagte: »Es wird ganz eng im Hals.« Ich bat sie, sich mit ihrer Aufmerksamkeit in diese Enge hineinzubegeben, weiterhin bewusst atmend. Nun brachen all die Angst und Verzweiflung, die in ihrem Hals gesessen hatten, aus ihr heraus. Danach meldete sich ein Schmerz in ihrem Bauch und verlangte nach Aufmerksamkeit; auch auf diesen richtete sie ihr Bewusstsein in konzentrierter Form, woraufhin Wut und Groll zutage traten. Schließlich, einer Intuition folgend, forderte ich sie auf, all diese Gefühle aus ihren Körperverstecken ins Herz zu holen. Daraufhin verschwanden die Schmerzen aus Hals und Bauch, und anstelle von Angst und Verzweiflung, Wut und Groll fühlte sie Erleichterung, Verständnis und Liebe für sich selbst und Geborgenheit.

So befragte ich die Menschen, wenn sie mir ihre Probleme präsentierten, nach ihrem körperlichen Zustand. Ursprünglich benutzte ich in starkem Maß meine mediale Fähigkeit – meine Intuition – und lenkte die Wahrnehmung der Betreffenden je nach den Eingebungen, die ich erhielt, in diesen oder jenen Teil ihres Körpers. Manchmal sagte mir die innere Stimme: »Solarplexus«, und dann wusste ich, dass das Problem sich im Solarplexus konzentrierte. Manchmal sah ich, wo sich ein Gefühlsknoten verbarg, manchmal befragte ich das innere Selbst der betreffenden Person. Diese geführte Wahrnehmungsarbeit brachte in erstaunlich kurzer Zeit – einer Viertel-, einer halben, einer Dreiviertelstunde, je nach Fall – Schicht um Schicht den hinter dem jeweiligen Problem verborgenen Gefühlskomplex nebst dazugehörigem Erinnerungsmaterial an die Oberfläche; und der letzte und entscheidende Schritt dieser Übung, der mir wunderbarerweise eingegeben worden war, nämlich das bewusste und absichtliche Aufnehmen aller zutage getretenen Gefühle ins Herz, schenkte uns stets von neuem tiefe und wunderbare Erlebnisse von Heilung und Einssein.

In den ersten Jahren dieser Arbeit schien alles an mir zu hängen. Ich arbeitete mit Gruppen, die so klein waren, dass ich jeden einzeln durch die Phasen der körperzentrierten Herzensarbeit führen konnte, wobei mir meine Intuition zu Hilfe kam. Eines Tages jedoch war ich bei einem Seminar in Hamburg mit 50 Teilnehmern konfrontiert. Das zwang mich dazu, meine Methode zu analysieren, um sie »standardisieren« zu können, sodass die Menschen sie allein und zu zweit ohne meine Hilfe durchführen konnten. Ich entdeckte, dass sie im Wesentlichen aus drei Schritten besteht, die jeder nachvollziehen kann. Diese Schritte brachte ich den 50 Teilnehmern bei, und sie konnten sie in Partnerübungen erfolgreich miteinander praktizieren. So entstand die Übungsform der körperzentrierten Herzensarbeit, die ich hier vorstelle.

Mit Freunden, Trainingspartnern, Gruppen- und Seminarteilnehmern und natürlich mit mir selbst habe ich sie zu dem Zeitpunkt, da ich dieses Buch schreibe, sieben Jahre lang praktiziert. Sie ist mehrere tausend Male in Sitzungen, Gruppen, Seminaren und privaten Partnerübungen angewandt worden, bevor ich sie nun hier veröffentlichte.

»Körperzentrierte Herzensarbeit« ist eine Bezeichnung für diese Technik, die zwar umständlich ist, aber genau trifft, worum es geht. Die Methode setzt beim Körper an und führt ins Herz. Dazu braucht man nichts weiter als ein Problem und die Absicht, ihm auf den Grund zu gehen, indem man schlicht und einfach bewusst erlebt, was sich im Körper abspielt, während man an das Problem denkt, und alle dabei auftretenden Emotionen bewusst zulässt und annimmt.

Wir – meine Trainingspartnerin und Mitarbeiterin Gloria und ich – haben festgestellt, dass keine andere der vielen Techniken, mit denen wir im Zuge unserer spirituellen Entwicklung gearbeitet haben, uns sowohl in unserer geistigen Entwicklung als auch in unserem Umgang mit Lebensproblemen so schnell und so gründlich weitergebracht hat wie die Technik der körperzentrierten Herzensarbeit. Für uns beide – und für viele andere Menschen – ist sie mittlerweile zur Basis der spirituellen und therapeutischen Arbeit mit uns selbst und anderen geworden. Es ist ein gerader und ehrlicher Weg, der ohne Schnörkel und Umwege Wahrheit und Liebe zutage fördert und zu Integration, Klarheit und Lebendigkeit führt.

Deshalb wünsche ich mir von ganzem Herzen, dass dieses Buch und diese Arbeit Verbreitung finden und Menschen mit und ohne spirituelle oder therapeutische Erfahrung helfen mögen, ihr Herz zu öffnen, sich selbst und andere zu verstehen, Einsicht in ihre Probleme zu erlangen, Liebe und Einssein zu erleben und Heilung zu finden. Ebenso wünsche ich mir, dass Therapeuten, Lebensberater und spirituelle Wegbegleiter die körperzentrierte Herzensarbeit kennen lernen, um sie als Bereicherung und punktuelle oder generelle Vertiefung ihrer Arbeit nutzen zu können.

Der Weg des Herzens ist ein Weg der Praxis, nicht der Theorie. Demgemäß habe ich in diesem Buch darauf verzichtet, die Zusammenhänge theoretisch zu erfassen oder überhaupt Theorien aufzustellen über die Methode der körperzentrierten Herzensarbeit. Alles, was ich in diesem Buch schreibe, ist das Ergebnis praktischer Erfahrungen mit der körperzentrierten Herzensarbeit.

Ich schildere die Methode in allgemeiner (Teil I) und praktischer Weise (Teil II) so einfach und systematisch wie möglich, damit jeder sie nachvollziehen kann. Bei der Beschreibung der wesentlichen Bestandteile der Methode wiederhole ich gleiche und ähnliche Formulierungen etliche Male. Dies geschieht mit voller Absicht, denn wir haben in der Praxis des Übens festgestellt, dass man diese Formulierungen wieder und wieder gehört beziehungsweise gelesen haben muss, bis sie so tief ins Bewusstsein eingedrungen sind, dass sie einem in dem Augenblick, da sie gebraucht werden, einfallen und einleuchten. Ich bin mir dessen bewusst, dass die schematische Darstellung der Methode, die ich in Teil II gebe, unzulänglich ist, da das Leben sich nicht in ein Schema pressen lässt. Sie reicht aber, wie vielfach erprobt wurde, aus, um sich selber oder einen Übungspartner anleiten zu können, wobei man flexibel genug sein muss, um mit dem Fluss der Ereignisse zu gehen und der eigenen Intuition zu folgen. Die Sitzungsprotokolle in Teil II, die ich zur Demonstration der Methode wiedergebe, zeigen anhand unterschiedlicher Fälle und unterschiedlicher Übungssituationen, wie das in der Praxis aussehen kann. Ich vertraue darauf, dass jeder, der mit der Methode arbeitet – sei es allein, sei es mit Partner –, dabei konsequent aufrichtig vorgeht und niemals zulässt, dass Fantasie oder Eigeninteresse in die Übung einfließt und ihn selbst oder den Menschen, der sich seiner Anleitung anvertraut hat, vom geraden und klaren Pfad der Wahrheit abbringt.

2. KAPITEL

Das Herz kennt keine Probleme

> Weil man seit seiner Kindheit die Freude und das Leben und das Licht dieses Ortes, den man einen himmlischen Ort im Herzen der Menschen nennen kann, nicht erfahren hat, weiß man auch weiterhin nichts über ihn.
>
> *Hazrat Inayat Khan*

Paula war wütend auf mich. Jede Art von Unpünktlichkeit und Unkorrektheit ist ihr ein Gräuel, und ich hatte mich ausgerechnet bei ihrer Gruppe zum ersten Mal in meinem Seminarleiterleben mit der Zeit vertan. Anstatt auf ein Ende um 19 Uhr, wie im Prospekt angekündigt, war meine innere Uhr merkwürdigerweise an diesem Tag auf 20 Uhr eingestellt. Dies war insofern eine Katastrophe, als es sich um eines jener Seminare handelte, in denen ich – mit Unterstützung der Gruppe – mit jedem Teilnehmer einzeln arbeitete (»gruppengestützte Einzelarbeit« nennt man das) und der Hauptsinn für jeden Teilnehmer darin bestand, an die Reihe zu kommen. Den Nachmittag hindurch arbeitete ich konzentriert und ohne Hast: Bis 20 Uhr war ja noch genügend Zeit für jeden Einzelnen. Um halb sieben fiel mir auf, dass alle nervös auf die Uhr schauten, und plötzlich wurde mir klar, dass ich mich vertan hatte. Alle außer mir waren darauf eingestellt, dass wir um 19 Uhr aufhören würden. Drei Teilnehmer waren aber noch nicht an der Reihe gewesen, und Paula gehörte dazu. Wir mussten also bis 20 Uhr »nachsitzen«.

So war der Stand der Dinge, als Paula an die Reihe kam. Sie war sehr aufgebracht. »Ich verstehe nicht, wie eine Leiterin einen solchen Fehler machen kann«, ereiferte sie sich. Ich schlug ihr vor, diesen Unmut gleich zum Gegenstand ihrer Herzensarbeit zu machen, und bat sie, mit ihrer Aufmerksamkeit in ihren Körper zu gehen und zu schauen, was sich dort tat. Trotz ihrer Wut auf mich ließ sie sich von mir anhand ebendieser Wut in die Übung körperzentrierter Herzensarbeit führen. »Meine Arme«, sagte sie und schlug hilflos mit den geballten Fäusten auf ihre Knie. »In meinen Armen ist ganz viel Spannung. Und ich will aufstampfen.« – »Die Beine sind auch angespannt?« – »Ja, die Arme und die Beine.« Ich bat sie, ihre ganze Aufmerksamkeit und ihren Atem in den Beinen und den Armen zu konzentrieren, damit sie den Zustand ihrer Arme und Beine von innen kennen lernen konnte. »Wie fühlst du dich im Innern dieser verspannten Arme und Beine?« – »Das Gefühl, das da drinnen sitzt, sagt so etwas wie: Ich habe es satt, immer die Verständnisvolle zu sein! Immer Verständnis, Verständnis, Verständnis! Immer bin ich die Gutmütige! Ich habe es satt!« – »Sagst du das nur oder fühlst du das auch?«, fragte ich. »Ich fühle es«, sagte Paula. »Es ist Wut. Und Erbitterung.« – »Dann nimm bitte deine Wut und deine Erbitterung mit aller Aufmerksamkeit wahr und spüre dabei deinen Atem. Sie sind ziemlich stark, nicht wahr? Kannst du dich dafür verstehen? Nicht mit dem Verstand, sondern mit dem Herzen?« – »Ja«, sagte Paula leise. »Mein Herz kann das verstehen.« – »Kann es die Wut und die Verbitterung auch in sich aufnehmen?« Paula schwieg, und man hörte ihren Atem tiefer und langsamer gehen. »Ja«, sagte sie nach einer Weile. »Ja, ich glaube, das geht. Aber da ist noch mehr. Da ist etwas in meinem Rücken, in der Brustwirbelsäule, das sich jetzt meldet. Es gehört auch dazu. Es ist hinter meinem Herzen versteckt. Es ist irgendwie grau und schlammig.« Paula verzog angewidert das Gesicht. Ich bat sie, mit ihrem Bewusstsein und ihrem Atem in dieses Graue, Schlammige hineinzugehen. »Wie fühlt es sich von innen an?« – »Klebrig«, sagte Paula. »Grau und zäh und klebrig.« – »Das ist auch ein Teil von dir«, sagte ich. »Ein Teil, der darunter leidet, sich grau und zäh und klebrig zu fühlen. Er will auch angenommen werden. Er braucht Liebe.« – »Ja«, sagte Paula nachdenklich. »Das stimmt. Er ist ein Teil von mir. Eigentlich kenne ich ihn. Ich mag ihn nicht. Ich will ihn immer loswerden. Aber er braucht es, dass ich ihn annehme.« – »Kannst du ihn annehmen?«, fragte ich. »Kannst du ihn als etwas, das da ist und zu dir gehört, ins Herz schließen?« Paula saß ganz still. Ihr Gesicht, das vorher Härte und Anspannung zeigte, entspannte und glättete sich. Man spürte, dass etwas sehr Schönes in ihrem Innern passierte. Unwillkürlich wurden wir alle ganz still. Unsere Gedanken gingen sozusagen auf Zehenspitzen, um das Heilige, das dort geschah, nicht zu stören. Nach einer langen Weile der Stille schlug Paula die Augen wieder auf. Schönheit und Frieden strahlten jetzt aus ihren Augen, und ihre Züge zeigten eine neue Weichheit. Niemand brauchte etwas zu sagen. Wir alle wussten, was geschehen war, denn wir hatten es schon etliche Male selber erlebt. Wieder einmal war ein verdrängtes Gefühl aus seiner Verbannung nach Hause geholt worden ins Herz, und für einen Augenblick hatten wir den Himmel ganz nahe gespürt.

Paula war so aufgebracht gewesen, weil ihr Herz verschlossen war. Sie hatte es verschlossen, um ein Gefühl nicht fühlen zu müssen, das ihr unangenehm war (das, was sie als »grau, zäh, schlammig und klebrig« bezeichnet hatte). Es trat erst zutage, nachdem die Gefühle, die es verdeckt hatten, gewürdigt und angenommen worden waren (die Wut und die Verbitterung). Es war ein seit langem, möglicherweise lebenslang existierendes Seinsgefühl, das sie so wenig leiden konnte, dass sie es hinter ihrem Herzen versteckt hatte. Dieses Gefühl konnte dadurch endlich zutage treten, dass sie darauf verzichtete, sich weiter in Wut und Verbitterung zu ergehen, und stattdessen ihre Aufmerksamkeit mit dem ernsthaften Wunsch, ihre innere Wahrheit kennen zu lernen, auf ihren Körper richtete. Und durch ihre Bereitschaft, es anzunehmen, konnte sie diesem Gefühl ihr Herz öffnen. Zuvor war es noch nie gefühlt und nie ins Herz geschlossen worden.

Paula konnte nicht nur auf diese einfache Weise diesen Teil ihrer selbst endlich aus der Verbannung erlösen und mit sich – und dadurch auch mit mir – Frieden schließen; sondern es geschah noch mehr. Paula nutzte ihre Chance. Immer, wenn eine Emotion mit Macht von uns Besitz ergreift, haben wir die Chance, durch ebendieses Gefühl Zugang zu bekommen zu einem tieferen, umfassenderen Seinsgefühl. Indem sie sich nicht von ihren Gefühlen davontragen ließ, sondern sie bewusst wahr- und in ihr Herz aufnahm, gelangte sie für einen Augenblick in einen Zustand jenseits der üblichen Eingegrenztheit in die eigene Person, einen Zustand von Liebe und Einssein.

Helena und ihr Mann haben sich getrennt. Sie haben noch Kontakt zueinander wegen des gemeinsamen Kindes. Das Auto gehört ihm, Helena hat jedoch auch einen Schlüssel und darf es nach Absprache benutzen. Eines Morgens will Helena mit ihrem Fahrrad zur Schule fahren, wo sie im Rahmen ihrer Ausbildung um acht Uhr eine Prüfung hat. Sie muss pünktlich sein. Ihr Fahrrad hat jedoch einen platten Reifen. Sie ruft bei ihrem Mann an, um ihn zu fragen, ob sie das Auto nehmen darf – ihre einzige Möglichkeit, noch pünktlich zur Prüfung zu kommen. Sie erreicht ihn nicht, nimmt auf eigene Faust das Auto und fährt zur Schule.

Abends telefoniert sie mit ihrem Mann. Er ist sehr wütend, weil sie einfach das Auto genommen hat, und behauptet, sie nehme keinerlei Rücksicht auf ihn. Sie streiten. Als er aufgelegt hat, fühlt Helena sich »perplex und verzweifelt«.

Mit diesem Gefühl steigt sie in die Übung der körperzentrierten Herzensarbeit ein. Ihre Absicht: zuerst ihren eigenen Gefühlen auf den Grund zu gehen und sich um sie zu kümmern und anschließend einen Herz-zu-Herz-Kontakt mit ihrem Mann herzustellen, um zu verstehen, was in ihm vorgeht. Sie atmet in ihren Körper hinein, während sie sich das Telefongespräch vergegenwärtigt, und spürt die in ihm verborgenen Emotionen auf. Dabei entdeckt sie, dass sie unbewusst die Überzeugung gehegt hat: »Ich mache nichts richtig. Ich bin nicht gut genug.« Tatsächlich konnte man bei ihr ein verzweifeltes Bemühen beobachten, alles gut und richtig zu machen. Das ist auch der Grund gewesen, warum sie sich von den Anklagen ihres Mannes in ein Gefühl von Verzweiflung hat treiben lassen. Sie fühlt die Emotion, die dieser Überzeugung zugrunde liegt, und schließt sie ins Herz, indem sie sich vorstellt, sich selber mit diesem Gefühl in die Arme zu nehmen.

Anschließend, als sie sich von sich selbst verstanden und angenommen fühlt, denkt sie an ihren Mann und versucht ihn mit den Augen ihres Herzens zu sehen, das heißt mit der Bereitschaft, sich seinen Gefühlen zu öffnen. Ein Bild taucht in ihrem Geist auf, das ihn als kleinen Jungen zeigt, der seiner Mutter eine Schuld anlastet. Helena erkennt, dass es diese Schuld ist, die er unbewusst auf sie übertragen hat – nicht nur in der Situation, die sich an diesem Morgen abgespielt hat, sondern während ihrer ganzen Ehe. Plötzlich kann sie ihn und zugleich vieles von dem, was in den Jahren ihres Zusammenlebens Schwierigkeiten bereitet hat, verstehen.

Als sie ihre Sitzung abgeschlossen hat, klingelt das Telefon. Ihr Mann ruft an, um sich für sein Verhalten zu entschuldigen.

Wenn wir »im Herzen sind«, wie man so schön sagt, also bereit, uns dem, was wir und was unsere Mitmenschen fühlen, zu öffnen, gibt es kein Problem. Mitfühlen ist, wenn man im Herzen zentriert und das Herz offen ist, kein wohlwollendes Bemühen, sondern der natürliche Zustand; denn das Herz fühlt einfach, es fühlt die eigenen Nöte und Freuden ebenso wie die aller Wesen, denen man begegnet – wenn man es lässt.

Nichts von dem, was ein anderer uns tut oder sagt, kann uns dann kränken, beleidigen, wütend machen oder in Angst versetzen. Was auch immer unser Partner, Freund, Verwandter, Kollege, Chef oder mit wem wir sonst zu tun haben sagt oder tut, wir fühlen, was ihn dabei bewegt, und verstehen es ganz unmittelbar. Was nicht dasselbe ist, wie es zu billigen oder gut zu finden; es heißt auch nicht, zu allem Ja zu sagen oder immer lieb und nett zu sein. Man fühlt, was man selber fühlt, und ist in der Lage, es einfach und direkt auszudrücken, wenn es nötig oder erwünscht ist – ehrlich wie ein Kind. Und zugleich fühlt man, was der andere fühlt; es gibt keine Mauer im eigenen Herzen, an der fremde Gefühle abprallen müssten, weil man Angst vor ihnen hätte – das Herz ist offen und bereit, alles aufzunehmen und zu verstehen.

Wo gäbe es da Probleme? Weder auf individueller noch auf kollektiver Ebene gäbe es Probleme. Alle auftauchenden Unstimmigkeiten ließen sich im Nu klären, wenn die Herzen der Menschen offen wären.

Nun wissen wir das natürlich alle, und die Wohlmeinenden und Bemühten unter uns, vor allem diejenigen, die spirituelle Wege gehen oder ihre Religion praktizieren, bemühen sich redlich darum, ihr Herz zu öffnen. Meist ohne Erfolg. Was dabei in vielen Fällen herauskommt, ist eine bemühte bis verkrampfte Nettigkeit, ein angestrengtes Gutsein, unter dem das »Bösesein« lebendig begraben liegt. Man versucht, Menschen, die man nicht mag, zu mögen, Verhaltensweisen, die einen aufregen, zu verstehen, Wesenszüge, die man an anderen nicht ausstehen kann, zu rechtfertigen und seine Ablehnung zu kompensieren durch eine betonte Anerkennung positiverer Seiten des Betreffenden (»nett ist er ja«). Was uns dabei abhanden kommt, sind

Echtheit, Spontaneität, Ehrlichkeit, natürliche Aggressivität, gesundes Selbstbewusstsein, Lebensfreude, Kraft und Gesundheit.

Das Herz aber bleibt verschlossen.

Natürlich bleibt es verschlossen. Es muss sich ja verschließen, damit wir unsere unliebsamen Emotionen nicht fühlen müssen. Würden wir unser Herz offen halten, so würden wir fühlen, dass wir wütend sind, und wären eins mit unserer Wut; das gestatten wir uns aber nicht, weil wir denken, dass wir nicht wütend sein dürfen. Wut verträgt sich nicht mit unserer Vorstellung von Liebe oder Großmut oder von dem, was ein guter Mensch ist. Außerdem tut es weh, sich wirklich wütend zu fühlen. Möglicherweise haben wir auch Angst davor, mit unserer Wut Schaden anzurichten, wenn wir es erst einmal zulassen, sie zu fühlen (das Gegenteil ist der Fall: Nicht bewusst gefühlte und angenommene, sondern verdrängte Wut richtet Schaden an; darauf gehe ich später ausführlicher ein). Die Wut jedoch nicht zu fühlen, nicht anzuerkennen und nicht anzunehmen heißt, sie aus unserem Herzen zu verbannen, und das geht nur, indem wir unser Herz verschließen. Ein verschlossenes Herz aber ist ein verschlossenes Herz; wenn es uns selber verschlossen ist, ist es auch anderen verschlossen. So können wir uns zwar bemühen, andere vom Kopf her zu verstehen – das heißt, indem wir uns an ähnliche eigene Erfahrungen erinnern –, aber das echte, das unmittelbare Verstehen durch Mitfühlen, das Domäne des Herzens ist, bleibt uns verschlossen. Wir können uns bemühen, nett zu den anderen zu sein, aber die wahre Liebe, die mit Nettsein nichts zu tun hat, jene Liebe, die immer das gibt, was dem wahren Wohl der anderen dient, diese Liebe können wir ihnen nicht geben, weil wir sie nicht zulassen; ließen wir sie zu, so müssten wir unser Herz öffnen. Und öffneten wir unser Herz, so müssten wir all das fühlen, was wir nicht fühlen möchten, weil wir es ablehnen oder fürchten.

Ein verschlossenes Herz ist isoliert; der Mensch, dessen Herz verschlossen ist, ist einsam, und niemand kann ihn aus dieser Einsamkeit erlösen: kein Freund, kein Ehepartner, kein Geliebter, denn das Herz, das verschlossen ist, kann auch die Liebe, die dem Menschen entgegengebracht wird, nicht aufnehmen; es kann überhaupt nichts aufnehmen. So kann ein Mensch an Liebesmangel gewissermaßen verhungern, obwohl er von Menschen umgeben ist, die ihn aufrichtig lieben.

Ein verschlossenes Herz schafft unlösbare Probleme. Das Herz ist unser Kern, unser Zentrum als fühlendes Wesen. Etwas in sein Herz hineinzulassen heißt, bereit zu sein, es zu fühlen – und dieses Fühlen bedeutet zugleich Verstehen. Und Verstehen wiederum bedeutet Lieben (»Verstehen und Lieben sind nicht zwei verschiedene Dinge, sondern eines«, sagte schon Sufi-Meister Hazrat Inayat Khan). Der natürliche Zustand des Herzens ist Liebe; seine natürliche Fähigkeit ist das Mitfühlen. Das ist nicht dasselbe wie Mitleid, das entweder herablassend ist (»du Ärmster!«) oder uns selber herunterzieht, indem wir unglücklich sind, weil ein anderer leidet; das Herz fühlt einfach, was ein anderer fühlt – es fühlt das unmittelbar, im eigenen Innern. Vom Herzen aus kann man auch mit sich selber mitfühlen. Das heißt, man nimmt Gefühle bewusst wahr und kümmert sich um sie wie eine Mutter um ihre Babys (ein sehr hilfreicher Vergleich, den der buddhistische Meditationslehrer Thich Nhat Hanh gern gebraucht).

Deshalb stimmt die Gleichung von »Herz und Schmerz« nicht. Der Schmerz, der in dieser populären Formel gemeint ist, ist der emotionale Schmerz – jener Schmerz, der dadurch entsteht, dass man mit den Emotionen, die andere Menschen oder Ereignisse in einem auslösen, identifiziert ist. Das Herz kennt auch Schmerz, aber es ist der Schmerz der Liebe: Überwältigt von der Liebe des Herzens, vom Leid der geliebten Menschen, das man nicht lindern kann, von der Schönheit ihres Wesens, von ihrer Größe und ihrer Zerbrechlichkeit, überwältigt von der unvorstellbaren Liebe Gottes kann man einen Schmerz empfinden, der zur Liebe selbst zu gehören scheint und ganz anders ist als der psychische Schmerz, der entsteht, wenn man sich durch die Taten oder Worte anderer Menschen angegriffen, gekränkt oder enttäuscht fühlt. Ich werde hier nicht weiter auf das Wunder des Herzens eingehen, da ich in einem anderen Buch *(Die Stimme des Herzens)* sein Lob gesungen habe.

In diesem Buch geht es um Technik. Wie können wir erkennen, dass unser Herz verschlossen ist? Wie können wir es öffnen? Wie können wir es offen halten? Ist es nicht gefährlich, in dieser rücksichtslosen Welt sein Herz zu öffnen? Macht es uns verletzlicher? Kann man sich trotzdem schützen, auch wenn man sein Herz offen hält? Und vor allem: Wie können wir mit unseren Problemen, Sorgen und Konflikten auf eine neue, bessere Art umgehen, eine Art, die unsere Tiefe berührt und uns nicht nur von lästigen Symptomen und Problemen kuriert, sondern Heilung und Verwandlung bewirkt? Das sind die Fragen, auf die ich in diesem Buch eingehen möchte, und ihre Beantwortung kreist um einen Kern: um die Methode oder eigentlich Nichtmethode (denn es sollte das Natürlichste von der Welt sein, sie anzuwenden), die ich hier vorstelle und die uns zu einer vollständigen Wahrnehmung unser inneren Probleme und einer echten Wandlung verhilft.

Gefühle sind der Hintergrund aller zwischenmenschlichen Konflikte; Gefühle, die entweder völlig aus dem Bewusstsein verdrängt sind (»unbewusste« Gefühle, deren Gesamtheit das bildet, was man den Emotionalkörper oder das Unterbewusstsein nennt) oder von deren Existenz wir zwar wissen, die wir aber nie vollständig erlebt und angenommen haben. Selbst Konflikte, die scheinbar überhaupt nichts mit Emotionen zu tun haben wie etwa Kriege, die aus wirtschaftlichen oder machtpolitischen Interessen geführt werden, könnte man letztlich auf verdrängte Gefühle zurückführen. Hinter Staaten und Konsortien, die Kriege führen, stehen immer Menschen; Menschen, die wünschen, ihren Grad an Macht oder Reichtum zu steigern oder welches persönliche Interesse auch immer zu befriedigen. Der Hunger nach Macht oder Reichtum aber ist ein Gefühl; was ihm zugrunde liegt, ist ein tief vergrabener, nie gefühlter, nie gewürdigter, nie mit Erbarmen ins Herz geschlossener Mangel.

Es wäre allerdings ein Fehler, die menschlichen Probleme ausschließlich von dieser psychologischen Warte aus zu betrachten. Denn alles, was geschieht, hat nicht nur eine Ursache, sondern dient auch einem Zweck. Aus psychischem Hunger, Mangel und in Extremzuständen wie im Krieg können vielleicht Qualitäten, Bestrebungen, Fähigkeiten, Erkenntnisse, Ideen, Werke und Leistungen erwachsen, die ohne Hunger, Mangel oder Krieg nie entstanden wären – ein Gedanke, der allerdings nicht als Grund missbraucht werden darf, nicht zu helfen, das Leid auf unserem Planeten zu lindern, dort, wo man kann und sich aufgerufen fühlt.*

Verdrängte Gefühle sind also der Hintergrund aller zwischenmenschlichen Probleme und Konflikte. Und ich behaupte, dass wir fast alle unsere Gefühle verdrängen. Verdrängt sind nämlich interessanterweise nicht nur die uns unbewussten Gefühle, sondern auch diejenigen, von deren Existenz wir wissen, um die unsere Gedanken kreisen und die unsere Handlungen und Worte ganz offensichtlich bestimmen. Denn das Verrückte ist, dass wir überhaupt nicht wissen, was es bedeutet, ein Gefühl zu fühlen. Ich war sehr verblüfft, als ich das entdeckte. Erst als ich zum ersten Mal ein Gefühl, das ich durchaus zu kennen meinte, als Körperzustand und als Gemütszustand mit ausschließlicher Aufmerksamkeit erlebt und ihm mein Herz geöffnet hatte,

---

* Auf diese Zusammenhänge wird in meinem Buch *Neues Wissen, neues Denken für eine bessere Zukunft* näher eingegangen.

wusste ich, was es bedeutet, ein Gefühl zu fühlen. Und bemerkte mit Erstaunen, dass ich das noch nie zuvor getan hatte. Das Gleiche stellte ich bei allen Menschen fest, mit denen ich jemals gearbeitet habe. Nun sind das aber Menschen, die bereits bewusster leben als der Durchschnitt; Menschen, die entweder meditieren und spirituelle Übungen praktizieren oder Therapieerfahrung haben oder sogar selber Therapeuten sind.

Was ist ein Gefühl? Zunächst einmal: So etwas wie »ein Gefühl« gibt es eigentlich nicht. Gefühle sind keine Objekte, die man abtrennen und betrachten und bezeichnen kann. In unserer Sprache tun wir das zwar, aber es entspricht nicht ganz der Realität. Die Realität könnte man eher »Fühlen« nennen als »Gefühl«. Es geht darum, wie wir uns fühlen in einer gegebenen Situation, in bestimmten Umständen, aufgrund bestimmter Gedanken. Dieses »Fühlen« können wir auf verschiedenen Ebenen wahrnehmen. Die unterste, in gewisser Weise realste, jedenfalls am meisten manifeste Ebene ist die körperliche. Wenn wir wütend sind, fühlen wir – wenn wir darauf achten – eine körperliche Verspannung, zum Beispiel im Kiefer, in den Armen, den Beinen, im Bauch. Wenn wir traurig sind, fühlen wir vielleicht einen Kloß im Hals, einen Druck auf der Brust oder eine allgemeine körperliche Schwäche. Wenn wir Angst haben, fühlen wir vielleicht, wie unser Bauch, unser Po, unser Hals oder die Gesamtheit unseres Körpers sich zusammenzieht. Wenn wir Verbitterung fühlen, spüren wir vielleicht, wie unsere Mundwinkel sich nach unten ziehen. Und so fort.

Schenken wir nun dem betreffenden Körperzustand – der Verspannung, dem Kloß im Hals oder den verzogenen Mundwinkeln – unsere ganze Aufmerksamkeit, indem wir mit unserem Bewusstsein in die betroffenen Körperstellen hineingehen, so lernen wir das, was wir fühlen, auf der körperlichen Ebene kennen. Wir erleben den betreffenden Körperzustand von innen.

Wenn wir diesen Körperzustand gründlich von innen kennen gelernt und gewürdigt haben – ohne darüber nachzudenken und zu versuchen, ihn irgendwie zu kategorisieren oder uns auf sonst eine Weise von der reinen Wahrnehmung zu entfernen –, so können wir uns fragen, wie wir uns in diesem verspannten Hals, in diesen heruntergezogenen Mundwinkeln fühlen.

Auf diese Weise richten wir unsere forschende Aufmerksamkeit auf die Ebene der Emotion. Hierbei werden wir oft feststellen, dass das Gefühl, das wir dabei entdecken, ein anderes ist, als wir gedacht hatten. Auf diese Weise, beginnend bei der Körperwahrnehmung, gelangen wir zu dem, was wir wirklich fühlen. Vielleicht geht es gar nicht um Wut, wie wir ursprünglich gemeint hatten, sondern um ein Gefühl von Ohnmacht.

Dies ist der nächste Schritt: die Aufmerksamkeit einfach auf dem ruhen zu lassen, was wir fühlen, während unser Bewusstsein in den betroffenen Körperzonen konzentriert ist; den Gemütszustand einfach zuzulassen und aufmerksam wahrzunehmen – ohne uns von unseren Gefühlen überwältigen und davontragen zu lassen.

Wenn die ersten beiden Schritte – Kennenlernen des Körperzustands und Kennenlernen des Gemütszustands – getan sind, kommt der dritte und entscheidende: das Gefühl »ins Herz zu schließen«. Hier geht es darum, das, was wir fühlen, nicht nur wahrzunehmen, sondern auch anzunehmen, sein Herz zu öffnen für sich selbst – für den Teil seiner selbst, der Schmerz, Trauer, Ärger, Wut, Angst, Bitterkeit, Hass oder welche Not auch immer leidet.

Das sind die drei Stufen: Körper, Gefühl, Herz. Der Schlüssel, der Anker und das verbindende Element ist der Atem. Vom ersten Augenblick der Übung an bis zum Schluss bleiben wir uns des Atems bewusst. Das sorgt dafür, dass wir gegenwärtig bleiben (anstatt uns von Gedanken und Gefühlen davontragen zu lassen, wie wir es üblicherweise tun) und dass die Gefühle, um die es geht, tatsächlich erlebt und umgewandelt werden können. Die Umwandlung geschieht dabei, paradoxerweise, durch das Annehmen. Jeder Versuch, das, was wir fühlen, absichtlich umzuwandeln, entspringt einer Ablehnung, und Ablehnung verfestigt das betreffende Gefühl.

Das ist, kurz gesagt, die Methode. Was ihre Vollständigkeit betrifft, so muss ich noch hinzufügen, dass man eine Emotion außer auf den drei genannten Ebenen – Körper, Gefühl, Herz – natürlich auch noch auf anderen Ebenen wahrnehmen könnte: beispielsweise der energetischen, als Energiezustand oder auf der Ebene der Aura als Lichtfarbe. Es bleibt natürlich jedem überlassen, auch diese Ebenen in seine Wahrnehmung einzubeziehen. Im Sinne der Heilung, Bewusstwerdung und Integration jedoch hat sich die körperzentrierte Herzensarbeit in ihrer Dreiteilung Körper–Emotion–Herz als vollständig erwiesen. Alle anderen feinstofflichen Ebenen sind implizit darin enthalten. Die eigentliche Heilung geschieht, sobald das Herz sich öffnet und das zuvor verdrängte, abgelehnte oder verstoßene Gefühl aufnimmt.

3. KAPITEL

Fühle, was du fühlst: Mehr ist nicht nötig

> Wir glauben, wir könnten unserem Leiden entrinnen, es ignorieren oder wegdenken oder jemand anderen dazu überreden, es uns zu nehmen. Wir glauben, nicht dazu bestimmt zu sein, den Schmerz unseres Lebens auf uns zu nehmen. Das Traurige dabei ist, dass wir, solange wir ausweichen wollen, uns selbst vom Wunder des Lebens und vom Wunder dessen, was wir sind, ausschließen.
>
> *Charlotte Joko Beck*

Wenn es uns schlecht geht, halten wir Ausschau nach einem Gegenmittel. Was kann ich tun, damit es mir besser geht? Wenn wir wütend sind, möchten wir unsere Wut am liebsten hinaustoben oder schreien. Wenn wir Angst haben, versuchen wir uns zu beruhigen und Mut oder Vertrauen aufzubauen. Wenn wir zu jemandem sagen: »Ich bin traurig«, meinen wir im Allgemeinen: »Bitte tröste mich.« Wir lenken uns ab, wir muntern uns auf, heitern uns auf, wir versuchen unsere Gefühle zu überwinden.

Dabei reicht es aus, sie zu fühlen. Dadurch wandeln sie sich um, und nicht dadurch, dass wir sie ablehnen, überwinden oder von ihnen wegdenken. Wenn man seinen Schmerz – letztlich läuft jedes negative Gefühl auf Schmerz hinaus – vollständig wahr- und annimmt, wandelt er sich von selber um. Nicht nur in ein Gefühl, das etwas angenehmer ist, sodass wir sagen können: »Es geht mir schon besser«, sondern in ein tieferes, umfassenderes Seinsgefühl, das getragen und durchdrungen ist von Liebe, Verstehen und Frieden. Es ist der Zustand, der sich einstellt, wenn man »im Herzen« ist und etwas, das zuvor daraus verstoßen war, heimgeholt hat in sein Herz.

Wendet man hingegen ein Gegenmittel an – seinen Schmerz mit guten Worten wegtrösten, mit Scherzen, Spaß und Aktivität vertreiben oder sich mit etwas anderem beschäftigen, um ihn zu vergessen –, so hilft das vielleicht momentan, sich besser zu fühlen, aber im Innern bleibt etwas zurück, das einsam, unbeachtet, ungewürdigt, ungeliebt ist. Da es im Bewusstsein und im Herzen nicht existieren darf, sucht es sich einen Platz im Körper. Und da es dort nicht hingehört, sorgt unsere Natur dafür, dass es wieder auftauchen kann. Sie serviert uns Ereignisse, die das versteckte Gefühl veranlassen, aufzutauchen wie ein Springteufel aus der Kiste. Der Schmerz, den wir uns heute zu fühlen geweigert haben, wird sich morgen bei einem anderen Anlass wieder melden.

Die große Entdeckung liegt darin, dass wir kein Gegenmittel brauchen. Wir brauchen keine Medizin gegen unseren Schmerz, unsere Angst, unsere Wut. Wir können diese Gefühle einfach annehmen. Und durch das Annehmen geschieht das Wunder der Heilung. Diese Heilung ist nicht nur Rückkehr zu einem ursprünglichen Zustand des Heilseins; sie ist viel mehr. Sie beinhaltet immer einen neuen Schritt in unserer Entwicklung. Wir finden dieses neue Heilsein dadurch, dass wir uns erweitern – unser Herz und damit unsere Erkenntnis erweitern. Diese Art von Heilung mündet immer in der Entwicklung einer neuen Qualität – Selbstannahme, Kraft, Mitgefühl, Vertrauen, Unabhängigkeit, unterschiedliche Qualitäten, je nach Fall.

Das Annehmen, von dem hier die Rede ist, ist kein oberflächliches Sichfügen. Es ist auch keine absichtliche Anstrengung, etwas anzunehmen, das man in Wirklichkeit überhaupt nicht haben will – wer will schon traurig, wütend oder von Angst erfüllt sein? Das tiefere Annehmen beginnt mit Wahrnehmen, mit dem bewussten und vollständigen Erleben des Gefühls. Wenn ich mir selber gegenüber aufrichtig bin, weiß ich, dass ich nur etwas, was ich vollständig kennen gelernt habe, vollständig annehmen kann. Und um ein Gefühl vollständig kennen zu lernen, muss ich es mit Interesse und ungeteilter Aufmerksamkeit auf all seinen Ebenen wahrnehmen.

Das bewusste Annehmen des Gefühls – dem Gefühl sein Herz öffnen – ist erst der zweite Schritt. Versucht man ihn vor dem ersten zu gehen, bleibt das Ergebnis oberflächlich. Geht man jedoch tief und aufrichtig in die Wahrnehmung aller Schichten des betreffenden Gefühls hinein, so ist die Chance groß, dass das Herz sich von allein öffnet und die Emotionen, die zuvor daraus verbannt waren, in sich aufnimmt. Der Übergang zwischen Wahrnehmen und Annehmen ist in der Praxis fließend. Und doch müssen wir der Vollständigkeit halber darauf achten, dass alle Schritte der Methode eingehalten werden: Körperwahrnehmung – Wahrnehmen der Emotion – die Emotion ins Herz schließen.

Wahrnehmen und Annehmen: Das ist das ganze Geheimnis. Es ist unendlich einfach. Das sind die drei Stufen der körperzentrierten Herzensarbeit: Wir erleben die Emotion ganz – körperlich, Stufe eins, und als Gefühl, Stufe zwei – und öffnen ihr unser Herz, Stufe drei. Nichts weiter. Jegliches Suchen nach einem Gegenmittel, einer Problemlösung, einer heilenden Maßnahme, einer Möglichkeit der Umwandlung, der Auflösung, auch nach einem besseren Verständnis der Situation – das hat sich in unzähligen Sitzungen gezeigt –, ist überflüssig, oberflächlich und kann entfallen, wenn man sich stattdessen einfach hinsetzt und sein Problem vollständig, das heißt körperzentriert und atemverbunden, wahrnimmt und sein Herz öffnet für alles, was man wahrnimmt. Alles Übrige kommt von selber, sozusagen als Abfallprodukt dieser Übung: Erkenntnis – ein

Wissen, das aus der Tiefe aufsteigt –, Veränderung, Lösung, Heilung.

Wenn es uns schlecht geht, können wir mehr tun, als nach einem Gegenmittel zu suchen, mehr, als unser Unbehagen ins Herz zu schließen – wir können es begrüßen als Gelegenheit, einen verstoßenen Teil unser selbst nach Hause zu holen und zu einem umfassenderen Bewusstseins- und Seinszustand zu erwachen. Alles, was wir dazu zu tun haben, ist, unserem Unbehagen körperlich und emotional ungeteilte Aufmerksamkeit zu schenken, es ganz zuzulassen und ihm unser Herz zu öffnen.

All unseren Problemen – ich habe schon darauf hingewiesen – liegen Gefühle zugrunde, denen das verwehrt wurde, was ihr natürliches Bedürfnis und Recht ist: nämlich gefühlt, gewürdigt und angenommen zu werden.

Nun gibt es ja auch Probleme, die sachlicher Natur sind, die offenkundig nichts mit Herz und Gefühl zu tun haben – wenn einem zum Beispiel das Konto gesperrt wird oder wenn der Küchenabfluss verstopft ist. Ein gesperrtes Konto und ein verstopftes Abflussrohr sind Tatsachen, keine Probleme. Das, was eine Tatsache für uns zu einem Problem macht, sind die Gefühle, die diese Tatsache in uns auslöst. Vielleicht macht sie uns Angst oder wir werden wütend oder ärgerlich, fühlen uns blockiert, mutlos, ohnmächtig oder traurig. Darin liegt das Problem, nicht in der Tatsache selbst. Es liegt in den Gefühlen. Gäbe es sie nicht, wir würden einfach unser Bestes tun, um die Tatsachen zu ändern, und wenn wir es nicht könnten, würden wir sie einfach hinnehmen. Das Problem liegt in den Gefühlen. Und mehr als das: Gefühle liegen auch dem Entstehen der Problemsituation zugrunde. Vielleicht hängt das gesperrte Konto mit einem unerkannten emotionalen Mangel zusammen, der sich in Geldmangel niederschlägt; und der verstopfte Abfluss mit einer Nachlässigkeit im Umgang mit Haushaltsdingen, die in einer Depression wurzelt … Zusammenhänge, die ich anhand meiner persönlichen Kämpfe in dem Buch *Den Weg des Herzens gehen* beschrieben habe.

Unsere zwischenmenschlichen Probleme gehen darauf zurück, dass wir unser Herz verschließen, um Gefühle, die uns bedrohlich erschienen – seien es eigene oder die anderer –, nicht fühlen zu müssen. Warum streiten wir mit unserem Ehepartner? Weil wir unfähig oder nicht willens sind, mit ihm oder ihr mitzufühlen; oder weil wir unseren eigenen Schmerz aus unserem Herzen und unserem Bewusstsein verbannen und, statt ihn zu fühlen, auf unseren Partner wütend sind. Warum werden wir krank vor Ärger? Weil wir unfähig sind, unseren eigenen Gefühlen die Aufmerksamkeit und Achtung zu schenken, die sie verdienen; weil wir unserem Herzen nicht erlauben, sich um unseren Ärger und um das, was hinter ihm steckt, zu kümmern; und weil wir, als Folge dieser Hartherzigkeit uns selbst gegenüber, unser Herz dem anderen verschließen. Warum reagieren wir auf Situationen manchmal in einer Weise, die wir selber nicht verstehen? Weil es tief in unserem Innern Wunden gibt, die nie angeschaut, nie gereinigt und nie versorgt wurden – weil wir unser Herz verschlossen haben. Warum gibt es Konflikte, die Menschen dazu treiben, sich bis aufs Blut zu bekämpfen? Weil die Menschen ihre Herzen verschlossen halten.

Vielleicht klingt das wie eine Binsenweisheit oder wie eine Sonntagspredigt. Aber ich meine es ganz sachlich: Wir alle haben von Kindesbeinen an gelernt, unser Herz zu verschließen, und kaum einer von uns ist je darauf aufmerksam gemacht, geschweige denn gelehrt worden, wie man es wieder öffnen kann.

Viele Menschen bemühen sich, ihrer Gefühle gewahr zu werden; jedoch werden dabei meistens zwei Ebenen vernachlässigt: zum einen die des Herzens und zum anderen die des Körpers. Fehlt das Herz, so wird ein Gefühl zwar bewusst gemacht, aber nicht ins Herz aufgenommen, und wenn es nicht ins Herz aufgenommen wird, kann es sich nicht umwandeln. Man weiß dann, dass man beispielsweise Angst hat, vielleicht lernt man auch, irgendwie mit ihr umzugehen, aber die Angst bleibt. Fehlt der Körper, so nimmt man zwar das Gefühl zur Kenntnis, aber man erlebt es nicht zur Gänze, und so bleibt immer ein verdrängter Bodensatz zurück – im Körper.

Erst wenn ein Gefühl vollständig, also auch körperlich erlebt und vollständig vom Herzen angenommen wurde, kann es das tun, was es natürlicherweise, wenn man es ließe, immer tun würde: sich umwandeln, sich auflösen. Gefühle sind eigentlich wie das Wetter, sie verändern sich andauernd. Die Sonne scheint, dann ziehen Wolken auf; es blitzt und donnert, es stürmt, es regnet, dann wieder herrscht Frieden und Sonnenschein. Das Wetter befindet sich in unaufhörlicher Veränderung. So auch unsere Gefühle – wenn wir sie lassen. Nur leider lassen wir sie nicht. Wir haben von klein auf gelernt, dass man angenehme Gefühle festhalten und unangenehme bekämpfen muss – leider meist mit umgekehrtem Effekt, dass nämlich die angenehmen, die wir festzuhalten versuchen, verschwinden und die unangenehmen bleiben. Was zurückbleibt, ist eine Ansammlung nicht oder nicht vollständig wahrgenommener Gefühle, die sich formiert zu einer Gestaltung, die man »Emotionalkörper« nennt. Früher dachte ich, dieser Emotionalkörper sei etwas Natürliches; da wir mehrschichtige Wesen sind, sei eben eine Schicht unseres Wesens die Schicht der Emotionen, die einen »Körper« bilden. Bei Barry Long, dem bekannten australischen Weisheitslehrer, las ich jedoch, dass dieser Emotionalkörper etwas Unnatürliches ist, nämlich eine Zusammenballung vergangenen Unglücks, die bei einer natürlichen Lebensweise nicht zu existieren bräuchte und die man auflösen könne und müsse. Zuerst war ich entsetzt über diese Aussage; aber die Erfahrungen, die wir mit der körperzentrierten Herzensarbeit gemacht haben, bestätigen ihre Richtigkeit. Ebenso wenig, wie es Schlacken in unserem Körper zu geben bräuchte, wenn wir eine natürliche Lebensweise hätten, müsste es, so vermute ich heute, einen »Emotionalkörper« geben. Es gäbe nur das aktuelle Gefühl, und das wäre im nächsten Augenblick in ein anderes verwandelt, wie bei einem kleinen Kind, das in einem Augenblick weint und im nächsten lacht, oder wie bei einem Hund, der knurrt, wenn er befürchtet, dass wir ihm seinen Knochen nehmen wollen, und im nächsten Augenblick den Knochen fallen lässt und freudig mit uns zu neuen Abenteuern aufbricht.

Ein Gefühl will also vollständig erlebt und angenommen werden; das ist alles, was es braucht. Danach ist seine Existenz überflüssig geworden und es löst sich auf beziehungsweise wandelt sich um. Dieses vollständige Erleben und Annehmen wäre eigentlich etwas Natürliches, aber wir haben es, wie gesagt, verlernt, und zwar schon sehr früh, sodass wir uns auch nicht erinnern können, wie es vorher war. Deshalb brauchen wir, um es wieder zu lernen, eine Methode, die uns dieses vollständige Erleben und Annehmen in einfachen praktikablen Schritten ermöglicht.

Diese Methode ist die körperzentrierte Herzensarbeit. Sie setzt beim Körper an und ermöglicht es, durch Wahrnehmung des mit dem jeweiligen Problem verbundenen Körperzustands mit gebündelter und atemverbundener Aufmerksamkeit alle Schichten des verdrängten Gefühlskomplexes einschließlich der dazugehörigen Erinnerungen sogar aus fernster Vergangenheit ins Bewusstsein zu befördern. Der zweite Schritt ist das vollständige Erleben dieser Gefühle, und der dritte ihr ebenso vollständiges Annehmen, das dadurch geschieht, dass man diesen Gefühlen sein Herz öffnet.

Eigentlich sollte das alles selbstverständlich sein. Es ist ja nichts weiter als das vollständige Erleben und Annehmen dessen, was man fühlt. Tun wir das nicht sowieso?

Betrachten wir den Aspekt »Wahrnehmen«. Wenn wir wütend sind, nehmen wir dann unsere Wut wahr? Nein. Wir beschäftigen uns stattdessen damit, über die Ursache und den Verursacher der Wut nachzudenken und das, wovon wir uns bedroht oder beleidigt fühlen, abzuwehren. Wenn wir verliebt sind, nehmen wir dann unser Verliebtsein wahr? Nein, wir beschäftigen uns stattdessen damit, über das Objekt unserer Verliebtheit nachzudenken und uns vorzustellen, wie es wäre oder wie es sein wird, mit ihm oder ihr dies oder das zu tun, oder uns an die letzte Begegnung zu erinnern. Wir kanalisieren unsere Emotionen in Gedanken, Worten oder Handlungen; aber wir nehmen sie nicht wirklich wahr oder, wenn überhaupt, nur flüchtig oder unvollständig. Wir nehmen bestenfalls zur Kenntnis, dass sie vorhanden sind.

Wenn Sie verliebt sind und gerade an das Objekt Ihrer Verliebtheit denken, versuchen Sie einmal, anstatt zu träumen, Ihre Aufmerksamkeit ganz in den gegenwärtigen Augenblick zu ziehen und wahrzunehmen, was von Ihrer Verliebtheit im jetzigen Moment real in Ihnen vorhanden ist. Vielleicht ist es das Gefühl des Sich-geliebt-Wissens, verbunden mit einem Dauerlächeln in Ihrem Gesicht; vielleicht Herzklopfen; vielleicht die Anspannung der Angst in der Kehle; vielleicht ein Gefühl von Verlangen, das Ihren ganzen Körper belebt. Bleiben Sie ganz gegenwärtig, nehmen Sie einfach diese Gefühle wahr. Wenn Sie das gründlich und ausgiebig tun, werden Sie vielleicht entdecken, dass Ihr ganzer Körper und Ihr Gemüt vibrieren können vor Verlangen und Sie doch in sich ruhen. Wenn man Verlangen auf diese Weise erlebt und annimmt, bedarf es, paradoxerweise, keiner Erfüllung.

Oder am Beispiel eines negativen Gefühls: Sie sind ungeheuer wütend auf jemanden, der Sie ungerecht behandelt hat. Anstatt ihn zu beschimpfen, auf den Tisch zu hauen oder wütend über ihn nachzudenken, werden Sie einfach

Ihrer Wut gewahr. Sie lernen Ihre Wut als körperlichen Zustand und als Gefühl kennen, indem Sie sie mit hundertprozentiger Aufmerksamkeit wahrnehmen. Es kann ein bisschen schwierig sein, weil Sie zu Anfang den Eindruck haben werden zu explodieren, wenn Sie nicht sofort etwas zerschlagen oder zerreißen dürfen oder laut schreien. Wenn Sie all das nicht tun und einfach sitzen, atmen und Ihre Wut wahrnehmen, werden Sie schließlich feststellen, dass das, was Sie erleben, einfach vibrierende Energie ist. Vibrierende Energie, die Ihren Körper erfüllt und in sich ruht, so paradox das klingt, und auf nichts und niemanden gerichtet zu werden braucht.

Kommen wir dann zum zweiten Schritt, dem Annehmen. Wenn wir, um bei unseren beiden Beispielen zu bleiben, nun unser Herz für unsere eigene Emotion öffnen, so kommt all diese Kraft – die vibrierende Kraft des Verlangens beziehungsweise der Wut – unserem Herzen zugute. Anstatt die Kraft zu verdrängen oder zu versuchen, sie aus uns herauszukanalisieren, nehmen wir sie in unser Herz auf – das heißt, wir nehmen sie an als unsere eigene, umfangen sie mit unserer Liebe und verwandeln sie, dies geschieht absichtslos, durch das Annehmen der Emotion, ganz von allein – in Liebe.

Das ist die Stufenleiter des Wahr- und Annehmens: Körper, Emotion, Herz. Diese Stufenleiter geht übrigens noch weiter. Sobald wir auf Stufe drei – Herz – angekommen sind, öffnet sich eine Tür zum Himmel, sozusagen zu einer höheren Oktave der Emotion. Plötzlich stellen sich, ganz von selber, höhere Emotionen ein – Liebe, Verzückung, tiefer Friede, ein Gefühl von Licht oder der Gegenwart von Engeln. Plötzlich weiß man, was zu tun ist, erhält Führung, Inspiration, Wissen. So hat die Praxis dieser Übung uns bestätigt, dass das Herz tatsächlich das Tor zum Himmel ist.

Körperzentrierte Herzensarbeit ist nicht nur eine Technik, die man in einem vom Alltagsleben isolierten Zustand –

einer Extrasitzung – anwendet, sondern gleichzeitig ein *Weg*, etwas, das man im tagtäglichen Leben praktizieren kann. Anstatt die Emotionen, die durch Ereignisse und Gespräche in uns ausgelöst werden, aus sich heraus- und in etwas hineinzukanalisieren – in Gedanken, Worte, Handlungen, Fantasien –, oder zu versuchen, sie zu verändern oder zu verdrängen, nimmt man sie mitten in der auslösenden Situation vollständig (körperlich und emotional) wahr. Auf diese Weise erfährt man Gefühle nicht mehr als etwas, das eine Richtung hat und uns zu etwas treiben will, sondern als etwas, das in sich ruht. Und ebenso vollständig schließt man sie ins Herz, indem man Mitgefühl, Verständnis, Erbarmen und Achtung für sich selber aufbringt – für das, was die Situation in einem auslöst.

Durch diese Praxis können wir lernen, mit allen auftauchenden Gefühlen so umzugehen, dass kein Rest zurückbleibt. Aber was ist mit all den alten Gefühlen, die in unserem Unterbewusstsein sitzen, in unseren Körper eingesperrt sind, mit dieser Anhäufung alten Unglücks, die den Emotionalkörper bildet? Das Wunderbare ist, dass wir durch das Tor unserer aktuellen Gefühle mühelos an diese alten Emotionen herankommen. Natürlich nur, wenn wir durch dieses Tor auch hindurchgehen.

Ein Beispiel: Ich hatte mich über einen Freund geärgert, der mir in strengem Ton wegen einer Kleinigkeit Vorhaltungen gemacht hatte. Ich fühlte mich gemaßregelt, herabgesetzt und ohnmächtig. Ich fühlte den Wunsch in mir entstehen, ihn irgendwie zu bestrafen. Stattdessen setzte ich mich hin und richtete meine Aufmerksamkeit auf das, was in meinem Körper geschah, während ich an den ärgerlichen Vorfall dachte. Ich stellte fest, dass sich mein Solarplexus verkrampft hatte und dass meine Schultern sich zusammenzogen. Ich begab mich mit meinem Bewusstsein in die verkrampften Zonen hinein, um ihren Zustand von innen zu erleben, während ich meinen Atem wahrnahm. Ich fühlte mich dabei weinerlich, jämmerlich, hilflos und zugleich wütend wegen meiner Ohnmacht. Erinnerungen an meine Kindheit, an Erlebnisse mit meinem Vater tauchten auf; und plötzlich Bilder aus einer ganz anderen Zeit: Ich sehe mich im Staub liegen, von Füßen in Schnürstiefeln getreten. Ich empfinde dabei Unverständnis, Empörung, Hilflosigkeit und Wut. Ich erlebe diese Gefühle bewusst und aufmerksam, während ich meinen Atem spüre und mich sozusagen an ihm festhalte. Mit einem Gedanken von Erbarmen und Verständnis für mich selber öffne ich schließlich mein Herz all dieser Not, und Tränen stellen sich ein zugleich mit einem Seufzer der Erleichterung. Frieden, Liebe, Einssein mit mir selber und vollkommenes Verstehen und Erbarmen stellen sich ein. Als ich nun zurückdenke an den Vorfall, der das Ganze ausgelöst hat, und mir meinen schimpfenden Freund vorstelle, spüre ich keinen Ärger und keine Verkrampfung mehr, auch kein Bedürfnis, ihn zu bestrafen. Eine vage Ahnung von dem, was meinen Freund dazu bewegte, mich so zu beschimpfen, taucht auf; seltsamerweise ist es ein ganz ähnliches Gefühl wie das, das ich auch in meinem Innern gefunden habe: eine Mischung von Unverständnis, Empörung, Hilflosigkeit und Wut – Gefühle, die ich meinerseits durch mein Verhalten in ihm ausgelöst hatte. Ich lächle und beschließe, meinen Freund anzurufen und mich zu entschuldigen. Ich erzähle ihm aber auch, welchen Ärger und welche Pein seine Schimpftirade in mir ausgelöst hat, und bitte ihn, in Zukunft zu versuchen, direkt auszudrücken, was er empfindet, anstatt mich zu beschimpfen. Er ist gerührt und betroffen und entschuldigt sich ebenfalls.

Die Körperwahrnehmung hat in diesem (authentischen) Beispiel eine Mischung von Emotionen zutage gefördert, die ihren Ursprung in der Kindheit, in der Beziehung zum Vater hatte; und ferner Bilder, die man als aussagekräftige Symbolik, als Fantasie interpretieren kann oder als Erinnerung an einen tatsächlichen Vorfall, den man entweder selbst in einem anderen Leben erlebt hat oder der einem irgendwie aus dem kollektiven Gedächtnis zugeflogen ist.

Ich habe in meiner Arbeit einige Fälle erlebt, die man sinnvollerweise kaum anders interpretieren kann als Erinnerungen an eigene vergangene Inkarnationen (wenn wir uns in Begriffen unserer linearen Zeitvorstellung ausdrücken). Detaillierte Erinnerungen traten mit scharfer Deutlichkeit zutage, als gebündelte und atemverbundene Aufmerksamkeit auf bestimmte körperliche Symptome gerichtet wurde, Erinnerungen, die ganz offensichtlich im Körper gespeichert waren und starken Einfluss auf das jetzige Leben der Person hatten, bis sie entdeckt und die ihnen innewohnenden Gefühle zugelassen und angenommen worden waren.

Das sind jedoch Ausnahmefälle. Nur wenige Menschen sind in der Lage, ihre Wahrnehmung so zu konzentrieren, dass so tief vergrabenes Material zutage tritt. Man richte sich also keinesfalls darauf ein, diese Methode dazu zu gebrauchen, interessante Erinnerungen an vergangene Inkarnationen zutage zu fördern. Das würde nur die Fantasie anregen, Bilder zu produzieren, die unsere Neugier und unser Verlangen nach Faszinierendem befriedigen. Es wäre ein Missbrauch der körperzentrierten Herzensarbeit, die ja dazu dienen soll, das Herz der inneren Wahrheit zu öffnen.

Wenn wir jeden Vorfall, der starke Emotionen in uns auslöst oder uns in Probleme stürzt, nutzen, um uns selber kennen zu lernen und unser Herz zu öffnen, können Gefühle, die der Vergangenheit angehören, Schicht um Schicht aufgelöst werden und sie beherrschen und belasten uns nicht länger. Nach und nach erfahren wir Emotionen nicht mehr als bleibende Gegebenheiten, sondern als etwas, das auftritt und wieder verschwindet, wie Regen oder Sonnenschein. Je umfassender unser Bemühen, desto vollständiger ist diese Auflösung. Wenn wir uns nur punktuell bemühen – nur, wenn wir »richtige Probleme« haben – und dann wieder nachlassen und auf die übliche unbewusste Weise leben, tragen wir zwar einiges ab, häufen aber auch Neues an.

Was uns hilft, diese Arbeit zu tun, ist eine radikale Absicht. Radikal heißt nicht fanatisch; radikal heißt bis an die Wurzeln. Wenn wir bis an die Wurzeln aufrichtig mit uns selber sind, bis an die Wurzeln gewillt, uns der Wahrheit zu öffnen, und bis an die Wurzeln der Liebe verpflichtet, dann haben wir die radikale Absicht, die uns führen und uns die Kraft geben wird, alles Verdrängte nach und nach ans Licht des Bewusstseins zu holen und durch die Liebe unseres Herzens zu erlösen.

4. KAPITEL

Gefühle wollen ausgedrückt werden – wenn wir wissen, was wir fühlen

> Solange unsere Worte noch im Geringsten an unser Ego gebunden sind, sind sie nicht aufrichtig. Die wahren Worte kommen dann, wenn wir verstehen, was es bedeutet zu wissen, dass wir wütend sind, zu wissen, dass wir Angst haben, und wenn wir warten können, bis wir zur Ruhe gekommen sind. Dazu müssen wir nicht unbedingt sitzen und meditieren; manchmal müssen wir nur tief einatmen, einen Augenblick warten, spüren, was in uns vorgeht, und dann sprechen.
>
> *Charlotte Joko Beck*

Manche Teilnehmer an meinen Seminaren – vor allem Menschen, die entweder Therapieerfahrung als Klienten hatten oder selber Therapeuten waren – stießen sich daran, dass meine Arbeit sich auf das Wahr- und Annehmen der Emotionen beschränkt und nicht den Ausdruck der Gefühle einbezieht.

Das ist ein wichtiger Punkt. In meiner Arbeit habe ich festgestellt – und auch die zitierte Zen-Lehrerin Joko Beck weist darauf hin –, dass das Ausdrücken eines Gefühls oftmals der Versuch ist, es nicht fühlen zu müssen, es loszuwerden. Wut zu fühlen finden wir sehr unangenehm – tatsächlich wissen die meisten von uns überhaupt nicht, wie es ist, Wut wirklich zu fühlen, denn das Übliche ist, dass wir sie verdrängen, dass wir sie in Gedanken kanalisieren oder an anderen auslassen. Einfach nur dazusitzen und wütend zu sein, kommt uns beängstigend und bedrohlich vor. Außerdem ist man ja Opfer, und der Täter (der Mensch, der uns wütend gemacht hat) muss bestraft oder wenigstens darauf hingewiesen werden, was er angerichtet hat – gute Gründe, um die Wut auszudrücken. Dann ist das unangenehme Gefühl, so hoffen wir, an den anderen weitergereicht – an die Person, die schließlich ja auch dafür verantwortlich ist, denn sie hat uns ja durch ihr Handeln wütend gemacht.

So vermeiden wir, unsere Wut zu fühlen, indem wir sie in Worte oder Handlungen kanalisieren – in der Hoffnung, sie dadurch aus uns herauszubringen und nicht mehr in uns haben zu müssen. Leider ist das ein Trugschluss. Tatsächlich kann niemand anderes Wut in uns erzeugen. Wut ist etwas, das dadurch hervorgerufen wird, dass der andere in uns einen wunden Punkt trifft (ich spreche hier von Wut, die dadurch entsteht, dass uns etwas persönlich getroffen hat, nicht von unpersönlicher Empörung angesichts einer ungerechten oder grausamen Handlung). Der wunde Punkt ist da; nichts kann ihn aus uns heraus- oder von uns fortbringen, auch nicht der Ausdruck unserer Wut. Die Wut aber kann uns helfen, ihn aufzuspüren und zu heilen. Das geschieht dadurch, dass man sich den Vorfall, der uns wütend gemacht hat, vergegenwärtigt und sich dann mit ganzer Aufmerksamkeit dem zuwendet, was er in uns bewirkt … Körper, Atem, Emotion, Herz, wie bereits beschrieben. So finden wir das, was eigentlich in uns die Wut erzeugt hat, und immer werden wir feststellen, dass das nicht etwas ist, das von dem anderen ausgeht, sondern etwas, das in uns selber liegt. Um dieses Etwas – diesen wunden Punkt – können wir uns dann, wenn wir ihn auf diese Weise mithilfe der Wut aufgespürt haben, kümmern und ihn verarzten. »Verarzten« geschieht durch Zuwendung. Zuwendung ist alles, was wunde Punkte brauchen, um zu heilen.

Wenn man das getan hat und dann wieder zurückschaut zu dem Vorfall, der die Wut ausgelöst hat, wird das Ereignis im Allgemeinen keine emotionale Reaktion mehr auslösen; man kann es mit Gleichmut anschauen, es sei denn, es sind noch unerkannte wunde Punkte im Spiel. Das würde man daran erkennen, dass der Körper sich immer noch an irgendeiner Stelle verspannt, wenn man an das betreffende Ereignis oder die betreffende Person denkt. Wenn das der Fall ist, muss man denselben Weg noch einmal gehen: Körperwahrnehmung, Atem, Emotion, Herz. Schließlich wird man das Ereignis friedvoll und gesammelt anschauen können, und wenn man dann an die Person denkt, die die Wut in Gang gesetzt hat, wird man wahrscheinlich, wie in meinem im letzten Kapitel geschilderten Beispiel ersichtlich, Mitgefühl empfinden – das heißt, man wird mit dem Herzen verstehen können, was eigentlich diesen Menschen dazu getrieben hat, so zu handeln, wie er uns gegenüber gehandelt hat.

Allerdings ist es nach einer Sitzung, in der man sich einem bestimmten Emotionskomplex – wie hier der Wut – zugewandt hat, nicht immer gut, sofort einen Schritt weiter zu gehen, indem man sich bemüht, sein Herz der Person zu öffnen, die das betreffende Gefühl ausgelöst hat. Oftmals bedarf es zuerst einer Zeit der »Nachsorge«, in der man das aufgespürte eigene Gefühl (den wunden Punkt, der die Wut ausgelöst hat) ganz bewusst existieren lässt und sich liebevoll darum kümmert. Als Folge dieser Selbstzuwendung geschieht der nächste Schritt – das Herz öffnet sich dem anderen – meist von selber. Versucht man hingegen, ihn zu forcieren, so macht man unter Umständen die Wirkung der Arbeit zunichte. Denn man kann sich den Gefühlen der anderen Person erst dann öffnen, wenn man sich den eigenen Gefühlen geöffnet hat, indem man sie erlebt, würdigt und annimmt. Dann ist man auch viel besser in der Lage, zu beurteilen, ob es angemessen ist, dem anderen zu sagen, dass man sich über ihn geärgert hat. Vielleicht ist man zu dem Schluss gekommen, dass die Wut, die er in einem ausgelöst hat, nur mit einem selber zu tun hat und nicht mit ihm, und verspürt kein Bedürfnis nach einer Aussprache. Oder aber man fühlt, dass man sich etwas vom Herzen reden muss. In diesem Fall wird man nun in der Lage sein, aus der Wahrheit seines Herzens heraus die richtigen Worte zu finden, Worte, die für den anderen eine Information sind, mit der er etwas anfangen kann, da sie ihn nicht angreifen oder herabwürdigen.

Eine solche Aussage kleidet man natürlich am besten in die Ichform, denn die einzige wahre Aussage, die man treffen kann, ist eine Ichaussage (»Ich bin wütend über ...«). Und das kann manchmal sehr wichtig sein und klärend wirken; denn wie soll ein anderer wissen, was in uns vorgeht, wenn wir es ihm nicht sagen?

Wer jemals an einem gut geführten Familienaufstellungsseminar nach Hellinger teilgenommen hat, hat wahrscheinlich einige Male in beeindruckender Weise erlebt, dass selbst unangenehme Wahrheiten, sobald sie erkannt und ausgesprochen werden, befreiend und heilend wirken. Wenn ich also immer wieder darauf hinweise, dass es bei der Methode der körperzentrierten Herzensarbeit einzig und allein darauf ankommt, Gefühle wahr- und anzunehmen, und nicht darum, sie auszudrücken, so bezieht sich dies auf die Methode selber, nicht aber grundsätzlich auf den Umgang mit unseren Mitmenschen. Unsere innere Wahrheit auszudrücken, kann sehr wichtig sein. Aber, wie auch Joko Beck in dem Zitat, das ich diesem Kapitel vorangestellt habe, sagt: Erst muss man wissen, was man fühlt, und es wirklich fühlen; dann ist man in der Lage, ganz aufrichtig und ganz aus dem Herzen heraus zu sprechen. Wir sprechen dann auf eine Art, die den anderen freundschaftlich einbezieht, anstatt ihn auszugrenzen.

Allerdings benutzen wir das verbale Ausdrücken von Gefühlen manchmal als Hilfsmittel der körperzentrierten Herzensarbeit. Es kann manchmal helfen, sich einer Emotion bewusst zu werden, die man zuvor nicht wahrgenommen hatte. Man hat die körperliche Anspannung oder den körperlichen Schmerz wahrgenommen, man weiß oder ahnt auch irgendwie, welche Emotion sich darin manifestiert, aber man fühlt sie nicht. Dann ist es hilfreich, das vermutete Gefühl in Worten auszudrücken. Dabei sollte man sich aber nicht in das Ausdrücken hineinsteigern (was ja dem entspricht, was wir nur allzu gern tun und was uns wieder vom eigentlichen Fühlen entfernt und uns deshalb nicht weiterhilft), sondern an dem Punkt innehalten, an dem die Emotion fühlbar geworden ist, um sich dann erneut aufs bewusste Wahrnehmen und Atmen zu konzentrieren.

5. KAPITEL

Bewusst und doch verdrängt: Um ein Gefühl zu wissen, ist nicht genug

Die Suche nach Befreiung vom Leid ist selber eine Form von Leid. Sie ist nicht die Lösung des Problems … Der Grund, dass ihr so verstört seid angesichts der Gegebenheiten eures Lebens, die euch Angst, Trauer und Zorn einflößen, besteht darin, dass ihr nie diese Gefühle vollständig fühlt. Wenn ihr euch nicht verkrampft und das Fühlen unbegrenzt wird, dann wird es zum Sein an sich … Es ist Liebe, Glückseligkeit … die aus sich heraus existierende, strahlende, völlig ungehinderte Kraft des Daseins.

Da Avabhasa

Ich hatte Angst. Ich fürchtete, dass etwas wahr sein könnte, was auf keinen Fall wahr sein durfte, weil ich es nicht hätte ertragen können. Ich tat alles, um der Konfrontation mit dem, was ich fürchtete, aus dem Weg zu gehen. Eines Tages wurde ich doch gezwungen, mich mit diesem angstbesetzten Thema auseinander zu setzen. Ich lenkte meine Aufmerksamkeit in meinen Körper und stellte fest, dass Kopf, Nacken, Brust und Rücken, vor allem aber meine Hände völlig verkrampft waren. Als ich in diese »Verspannungsgestalt« forschend hineinspürte, merkte ich, dass ich große Angst hatte, die Hände wollten sich abwehrend ausstrecken, der Schrei »Nein! Bitte nicht!« tauchte in mir auf.

Erst in diesem Augenblick lernte ich meine Angst kennen. Da erst fühlte ich sie. Vorher wusste ich, dass sie existierte, ich erlaubte ihr, mein Handeln zu bestimmen, und wusste auch das, aber ich fühlte sie nicht. Denn hätte ich es zugelassen, sie zu fühlen, so hätte ich mich mit dem, was die Angst auslöste, auseinander setzen müssen. Deshalb hatte ich sie aus meinem Bewusstsein verdrängt. Obendrein hatte ich sie auch noch aus meinem Herzen verstoßen, indem ich sie ablehnte. Ich lehnte sie deshalb ab, weil sie meiner Idealvorstellung von mir selber nicht entsprach, die darin bestand, jemand zu sein, der unter allen Umständen der Wahrheit ins Gesicht blickt. Ich verweigerte meiner Angst meine Anerkennung, meine Achtung, meine Zuwendung. Ich fühlte sie nicht. Und doch hatte ich die ganze Zeit über gewusst, dass sie da war.

Um ein Gefühl zu wissen, ist also nicht genug. So viele Menschen werden von negativen Gefühlen beherrscht, die ihnen durchaus bekannt sind, die sie aber nicht fühlen und demzufolge für unveränderliche Gegebenheiten halten (denn Gefühle, die wir fühlen, verwandeln sich im gleichen Moment, während Gefühle, die wir nicht fühlen, unverändert bleiben). »Ich habe eben Angst, da kann man nichts machen.« – »Immer wenn … werde ich traurig / wütend / ärgerlich …« Manche wissen genau, dass sie auf ihre Eltern wütend sind, und versagen sich als Erwachsene Glück, Erfolg oder Gesundheit, um ihren Eltern zu demonstrieren, wie schlecht sie sie behandelt haben (»Ihr seid selbst schuld, wenn mir die Finger abfrieren, wieso kauft ihr mir auch keine Handschuhe!«) – und doch ist diese Wut verdrängt! Sie ist nie wirklich gefühlt worden.

Man kommt nicht gleich darauf, dass es sich um eine Verdrängung handelt; man kennt ja das Gefühl, wieso soll es verdrängt sein? Wenn Sie sich ärgern und ich Ihnen sage: »Setzen Sie sich mal hin mit Ihrem Ärger, lernen Sie ihn kennen und machen Sie Ihr Herz auf für ihn«, werden Sie mir entgegenhalten: »Wieso denn? Ich kenne den Ärger und ich fühle ihn, und selbstverständlich ist mein Herz für diesen Ärger offen – ich bin durchaus einverstanden mit ihm, ich bin nämlich im Recht, XY benimmt sich wirklich unmöglich.« Und Sie werden sich weiter ärgern. Tatsächlich fühlen Sie Ihren Ärger eben nicht. Sie verdrängen ihn. Wenn Sie sich das nächste Mal ärgern, machen Sie das Experiment: Setzen Sie sich hin und denken Sie an die Person oder Situation, die Ihren Ärger auslöst. Beobachten Sie Ihren Atem und beobachten Sie, was sich in Ihrem Körper tut. Dann erst fangen Sie an, das, was Sie fühlen, wirklich kennen zu lernen. Wenn Sie weiter bewusst atmen, in den reagierenden Körperzonen präsent bleiben und den in ihnen eingesperrten Gefühlen erlauben, in ihrem Bewusstsein aufzusteigen, damit Sie sie bewusst fühlen können, werden Sie vielleicht entdecken, dass es das erste Mal ist, dass Sie Ihren Ärger wirklich erleben. Wenn es Ihnen dann noch gelingt, diesem Gefühl Ihr Herz zu öffnen, indem Sie es mit Erbarmen, Liebe und Verständnis umfangen, werden Sie wahrscheinlich feststellen, dass dies das erste Mal ist, dass Sie ein Gefühl wirklich annehmen.

Ebenso ist es mit jenen Gefühlen, die wir seit langem, oft seit frühester Kindheit in uns herumtragen und die uns durchaus vertraut sind. Würde uns jemand sagen, es handle sich um Verdrängungen, so würden wir erstaunt oder empört reagieren. »Ich kenne dieses Gefühl sehr wohl; schon immer fühle ich mich so, wenn diese bestimmte Sache passiert.« Aber denken Sie an diese bestimmte Sache, die immer das altbekannte Gefühl auslöst, und nehmen dabei wahr, was in Ihrem Körper geschieht und wie Sie sich fühlen, während Sie in seine Verspannungen hineinspüren und atmen – dann erst erleben Sie dieses Gefühl. Und wenn Sie dann Ihr Herz öffnen und diesem Gefühl sagen: »Komm her, du gehörst zu mir, ich achte dich und nehme dich an«, dann erst erkennen Sie es ganz. Und dieses Erkennen löst oft Tränen aus – gute Tränen, kein erschöpfendes Schluchzen, sondern Tränen der Liebe, des Erbarmens, der Erleichterung. Es ist wie Heimkehren.

Allerdings habe ich beobachtet, dass die Anzahl der uns selbstverständlich von klein auf begleitendenden negativen Grundgefühle, deren wir uns überhaupt nicht bewusst sind, größer ist als die, von deren Vorhandensein wir immerhin wissen. Zum Beispiel das Grundgefühl, nicht geliebt zu werden, nichts wert zu sein, schuldig zu sein und so fort. Sie glauben gar nicht, wie viele Menschen in unserem Kulturkreis von Gefühlen dieser Art beherrscht werden, ohne es überhaupt zu bemerken. Wir bemerken sie deshalb nicht, weil sie uns so selbstverständlich sind, weil wir uns so selbstverständlich damit identifizieren, dass wir uns noch nie genügend von ihnen distanziert haben, um sie überhaupt wahrzunehmen. Aber sobald wir uns auf den Weg der Bewusstwerdung gemacht haben, hilft uns das Leben, diese Gefühle zu entdecken und zu erlösen (es tut immer sein Bestes, um uns zu heilen, aber wenn wir noch nicht am Abenteuer der Bewusstwerdung teilnehmen, merken wir das nicht). Es liefert uns Begebenheiten, die diese tief in uns vergrabenen Gefühle auslösen, damit wir sie endlich bemerken. In diesem Sinne benutze ich jede Begebenheit, die ein ungutes Gefühl in mir auslöst, um mich an die Arbeit zu machen – die Arbeit des Wahr- und Annehmens, die ich körperzentrierte Herzensarbeit genannt habe –, denn jedes Ereignis dieser Art hilft mir, ein altes verbanntes, verstoßenes Gefühl, einen inneren Gefangenen aus seinem Gefängnis zu befreien.

Sobald ein Gefühl gefühlt und vom Herzen angenommen ist, beherrscht es nicht mehr unser Handeln – oder jedenfalls mit der Zeit immer weniger. Das Paradoxe ist: Wenn wir ein Gefühl wirklich angenommen haben – ins Herz geschlossen – und ihm auch in der Folgezeit erlauben zu existieren, hört es auf, uns mit eisernem Griff zu umklammern, und obwohl es da ist und wir es fühlen, werden wir nach und nach frei von ihm. Dafür ist allerdings zweierlei nötig: einmal eine Sitzung körperzentrierter Herzensarbeit, in der wir diesem Gefühl vollständige Aufmerksamkeit widmen, und zum anderen eine »Nachsorge«, die sich über Tage oder Wochen erstrecken kann (das wird bei jedem Gefühl und jeder Person anders sein). Während dieser Nachsorgezeit gilt es, dem Gefühl ganz bewusst zu erlauben zu existieren, ihm, wann immer es auftaucht, liebevolle Zuwendung zu widmen und auf gar keinen Fall irgendetwas zu unternehmen, um es zu überwinden. Auf diese Weise verliert es nach und nach an Realität und Macht. Der Versuch hingegen, es absichtlich zu verwandeln oder zu überwinden, führt zu erneuter Verdrängung und Verfestigung des unerwünschten Gefühls.

Ich schreibe das mit der Sicherheit innerer Gewissheit und vieler Jahre Erfahrung mit mir und anderen; aber meine Kenntnis kann natürlich trotzdem unvollständig sein. Vielleicht gibt es doch Möglichkeiten, Gefühle zu verändern, loszuwerden oder zu überwinden, ohne sie gewürdigt und angenommen zu haben. Mir sind keine bekannt, beziehungsweise alle Versuche, die ich in früheren Jahren unternommen habe, haben sich als oberflächlich und nur kurzfristig wirksam erwiesen, und dasselbe habe ich bei anderen beobachtet. Mir sind viele Menschen begegnet, die aufgrund spiritueller, religiöser oder esoterischer Lehren oder therapeutischer Selbstversuche daran gearbeitet haben, sich über ihre Gefühle zu erheben, ihre Gefühle zu überwinden oder sie absichtlich zu verwandeln, und bei denen doch das abgelehnte und unerwünschte Negative deutlich sichtbar, ungebrochen und unverwandelt vorhanden war. Es zeigt sich im Mienenspiel, in der Wortwahl, in Nebensätzen, in der Körperhaltung und, direkter wahrnehmbar, aber subtiler, in der Atmosphäre um den betreffenden Menschen. Das ist natürlich ein Nebeneffekt der Übung, dass man mit der

Zeit immer deutlicher wahrnimmt, was in anderen vorgeht – es sei denn, man ist nicht frei für diese Wahrnehmung, weil man in Bezug auf die betreffende Person zu stark in seinen Emotionen gefangen ist.

Wenn diese Art der Wahrnehmung anderer sich zu verstärken beginnt, ist es allerdings sehr wichtig, dass man sie nicht missbraucht, um das verdrängte Negative, das man in anderen wahrnimmt, zu geißeln. Wenn man sich dabei erwischt, kann man es als sicheres Zeichen dafür werten, dass erstens das Herz nicht eingeschaltet ist und man zweitens genau das, was man bei dem anderen Menschen anprangert, selber in sich trägt, es nur eben unterdrückt. Es ist nicht damit getan, dass wir uns dessen bewusst werden, was in anderen (oder in uns) vorgeht; es geht darum, dass wir unser Herz öffnen. Es geht um Liebe. Dann ist unser Wahrnehmen nicht ein Akt, der aus Distanz und Entfremdung, womöglich Überheblichkeit hervorgeht, sondern es ist unmittelbar. Für den Moment, da wir den anderen mit dem Herzen wahrnehmen, sind wir eins mit ihm – und übrigens, paradoxerweise, genau dadurch auch davor geschützt, von dem, was er oder sie ausdrückt, verletzt zu werden.

Eines Tages saß ich am Steuer meines Autos, neben mir auf dem Beifahrersitz saß ein Freund. Ich fuhr mit mittlerer Geschwindigkeit und ein Auto raste an uns vorbei, das mindestens doppelt so schnell fuhr. Ich machte eine Bemerkung über die Gefährlichkeit des Schnellfahrens auf der Autobahn. Es war harmlos dahingeplaudert, aber mein Freund ging hoch wie eine Rakete. Meine Bemerkung hatte ihn in große Wut versetzt. Ich hatte meine Bewusstheit eingeschaltet und reagierte nicht emotional, sondern fragte nur: »Was macht dich so wütend?«, worauf er noch zorniger wurde. Ich hatte den Eindruck, dass er sich selber aus irgendeinem Grund mit dem schnell fahrenden Autofahrer identifizierte und mich mit irgendeiner Instanz, die anderen die Freude an Rausch, Freiheit oder Abenteuer nehmen will.

Ich fragte: »Warum identifizierst du dich mit ihm?«, und mein Freund wurde noch wütender.

Ich war bewusst geblieben. Ich hatte nicht emotional reagiert. Trotzdem fühlte ich mich den ganzen nächsten Tag über so verletzt, dass ich mit meinem Freund nicht mehr sprechen konnte. Ich ärgerte mich über seine Wutausbrüche, obwohl ich meinte, verstanden zu haben, was dahinter steckte. Schließlich schaute ich mir die Situation im Rückblick noch einmal an und stellte fest, was geschehen war: Genau in dem Augenblick, als die Wut in ihm losbrach, hatte ich mein Herz verschlossen, aus Angst, von dieser Wut verletzt zu werden. Ich entdeckte, dass ich genau durch dieses Verschließen getroffen worden war. Hätte ich mein Herz offen gehalten, ich wäre mit meinem Freund gewesen, anstatt mich als Opfer seiner Wut zu erleben; ich hätte mit ihm fühlen können. Da ich dies aber nun einmal nicht getan hatte, hätte ich mich wenigstens um meine eigenen verletzten Gefühle kümmern müssen. Natürlich holte ich beides nach und danach konnte ich wieder mit ihm reden.

Gefühle sind wie Wasser. In der esoterischen Tradition sind sie ja auch dem Element Wasser zugeordnet. Die Natur der Gefühle ist Fließen. Besser gesagt, die Natur unseres Fühlens – denn »Gefühle« als Gegenstand gibt es ja eigentlich nicht – ist stetige Veränderung. Jeden Augenblick fühlen wir uns anders. Das ist natürlich – wäre natürlich, wenn wir aufhören würden zu versuchen, Gefühle festzuhalten.

Festhalten entsteht durch zweierlei: dadurch, dass wir versuchen, angenehme Gefühle über ihre natürliche Dauer hinaus zu verlängern oder am liebsten zu verewigen, und dadurch, dass wir versuchen, unangenehme zu verkürzen oder am liebsten abzutöten. So kämpfen wir ständig gegen den natürlichen Fluss der Gefühle.

Es ist leicht, sich vorzunehmen: Heute werde ich meinen Gefühlen freien Lauf lassen. Aber rekapitulieren Sie dann am Abend den Tag und schauen Sie, was Sie wirklich getan haben. Beim Frühstück hat vielleicht Ihr Partner eine Bemerkung gemacht, die Sie geärgert hat; Sie haben einen langen Streit vom Zaun gebrochen, ohne rechtzeitig zu merken, worum es eigentlich ging. Seine Bemerkung oder jedenfalls das, was Sie in sie hineininterpretiert haben, traf in Ihnen auf ein verdrängtes Gefühl von, sagen wir, Minderwertigkeit. Wären Sie ganz wach gewesen, so hätten Sie sich für einen Augenblick diesem Gefühl von Minderwertigkeit aufmerksam und liebevoll zugewandt. Vielleicht hätten Sie Ihrem Partner gesagt, wie Sie sich fühlen, und für eine Weile Ihren Schmerz geteilt; vielleicht hätten Sie sich umarmt, wären plötzlich voller Liebe gewesen und hätten dann gelacht. Vielleicht hätten Sie sich auch nur im Stillen um Ihre Minderwertigkeitsgefühle gekümmert. Stattdessen haben Sie viele Stunden lang Ihren Groll gehätschelt, um das ursprünglich in Ihnen aktivierte Gefühl – Hellinger spricht von »Primärgefühlen« statt Sekundärgefühlen, hier das Gefühl von Minderwertigkeit – nicht fühlen zu müssen.

Später haben Sie vielleicht mit Ihrer Freundin telefoniert und sind danach lange verstimmt gewesen; diese Verstimmung hat dazu geführt, dass Sie sich erlaubt haben, negative Gedanken über Ihre Freundin zu denken, Gedanken vielleicht, die sich in altbekannten Mustern bewegen. Wenn Sie nun das Gespräch rekapitulieren, sehen Sie, dass Sie es versäumt haben, Ihrer Freundin an einem bestimmten Punkt ihrer Ausführungen Ihre Meinung zu sagen. Sie haben mit Ihrer Meinung hinter dem Berg gehalten – warum eigentlich? Weil Sie Angst hatten, die Freundin zu verärgern. Sie wollten die Harmonie nicht stören. Hier hätte »im Fluss sein« bedeutet, nicht zu versuchen, an einem Gefühl von (Schein-)Harmonie festzuhalten, sondern die tatsächlich vorhandene Angst zu spüren; Sie hätten für einen Augenblick Ihre Angst wirklich gefühlt. Wenn Sie sehr wach gewesen wären, hätten Sie vielleicht gesagt: »Ich sage das nicht gern, weil ich Angst habe, dich zu verärgern, aber vielleicht ist es eine wichtige Information für dich«, und dann hätten Sie trotz Ihrer Angst doch sagen können, was Sie zu sagen hatten. Nach diesem Augenblick der Angst wäre dann vielleicht Erleichterung aufgetreten, weil Sie es ausgesprochen haben und trotzdem nicht tot umgefallen sind; und so fort.

Es gibt also Arbeit zu tun, wenn wir wirklich lernen wollen, im Fluss zu sein.

6. KAPITEL

Kann man Hass ins Herz schließen?

Nur was wir lieben, gibt uns frei.
Bert Hellinger

Ich saß im Zug und las in einem Buch des Benediktiner- und Zen-Mönchs David Steindl-Rast. Von Liebe war darin die Rede, und »Bruder David« schrieb, dass das Gegenteil von Liebe nicht Hass sei, sondern Gleichgültigkeit. Hass bindet ebenso wie Liebe und kam deshalb in diesem Buch, im Gegensatz zu Gleichgültigkeit, gar nicht so schlecht weg. An dieser Stelle rührte sich etwas in meinem Innern. Aus verborgenen Tiefen stieg eine Anwandlung, eine Ahnung von Hass schüchtern empor, ein Hass aus Kindertagen, von dessen Vorhandensein ich nicht die geringste Ahnung gehabt hatte. Ich war immer der Überzeugung gewesen, dass Hass ein mir völlig unbekanntes Gefühl sei, und obwohl ich sonst fast alles verstehen konnte, was Menschen bewegte – Hass war mir unverständlich. Hass durfte es nicht geben, und wo es ihn doch gab, war das eine ganz böse Sache.

Und nun entdeckte ich ihn in mir selber! Ein heiliger und von mir hoch geschätzter Mönch hatte gesagt, dass er existieren dürfe, hatte ihn nicht verdammt, sondern ihn sogar an die Seite der Liebe gestellt, und das hatte meinen Hass veranlasst, sich ans Tageslicht zu wagen.

Damals hatte ich die körperzentrierte Herzensarbeit noch nicht entdeckt; ich war – obwohl zuerst erschrocken und entsetzt – einfach froh, dieses Gefühl aus der Verdrängung geholt zu haben, und nahm es erstaunt und erleichtert zur Kenntnis.

Hass ist das Gefühl, das vielleicht am schwersten ins Herz zu schließen ist. Denn wir alle haben die Vorstellung, Hass dürfe nicht sein. Er ist nicht nur ein hässliches Gefühl, sondern der, der eingestandenermaßen hasst, offenbart damit auch Schwäche.

In meiner Arbeit habe ich die Erfahrung gemacht, dass Hass keine primäre Realität hat. Es gibt natürlich einen Gemütszustand, der dem entspricht, was wir »Hass« nennen, aber wenn wir diesem Zustand weiter auf den Grund gehen, finden wir darunter ursprünglichere Emotionen. Die ursprüngliche Emotion ist Schmerz; aus nicht angenommenem Schmerz wird Zorn; aus Zorn wird, wenn er sich steigert, nicht ins Herz geschlossen wird oder sich nicht adäquat äußern kann, Wut; und aus Wut wird Hass, wenn derjenige, der wütend ist, nichts unternehmen kann, um sich gegen den Auslöser seiner Wut zu wehren – mit anderen Worten, wenn die Wut sich mit Ohnmacht verbindet.

Das gilt, meiner Kenntnis nach, auch für jene Arten von Hass, die ein kollektives Gesicht haben: Rassenhass, Fremdenhass, Frauen- oder Männerhass und dergleichen. Geht man Hass mit körperzentrierter Herzensarbeit auf den Grund, so wird man stets – wem auch immer der Hass gilt, einem Einzelnen oder einem Kollektiv – auf verdrängte, eigentlich recht kindliche Gefühle von Wut, Ohnmacht und Verzweiflung stoßen, die ihren historischen Ursprung in Erlebnissen aus ferner Vergangenheit, oftmals aus der Kindheit, haben. Wut, Ohnmacht und Verzweiflung – Gefühle, die dem zugrunde liegen, was wir »Hass« nennen – sind Not, höchste psychische Not. Was diese Not braucht, ist ein offenes Herz, das sich ihrer erbarmt; sobald dieses Erbarmen sich einstellt, schwindet das Leid und mit ihm der Hass.

Ich gebe Ihnen ein Beispiel aus meiner eigenen Erfahrung. In einer Sitzung unter Führung meiner Übungspartnerin entdeckte ich zum ersten Mal, was abgrundtiefer Hass bedeutet. Die Ausgangssituation, mit der ich in die Übung einstieg, war eine banale alltägliche Situation. Beim Vergegenwärtigen dieser Situation entdeckte ich eine sehr tiefe Verspannung, die meinen ganzen Körper umfasste. Als ich diese Verspannung von innen erforschte, tauchte eine Erinnerung auf an einen Zustand des Eingemauertseins. Ich sah mich als Gefangene in einem Raum, der keine Tür hatte, nur ein schmales Fenster, durch das mir der Wärter das Essen reichte. Dieser Wärter nun, so offenbarte mein innerer »Film« weiter, war ein Mann, in den ich sehr verliebt war (seit wann das so war, ob ich ihn vorher schon gekannt hatte oder nicht, habe ich mir nicht angeschaut). Ich war einer politischen Intrige zum Opfer gefallen; es ging um irgendeine Machtposition, und der Mann, der mich hatte einmauern lassen, hatte das getan, um sich diese Macht anzueignen. Ich bekam ihn in meinem Gefängnis nie zu Gesicht, aber ich wusste es. Als ich eingesperrt wurde, war ich jung und schön, ebenso jung und schön wie mein Wärter, in den ich so verliebt war. Aber dem Einfluss von Sonne, frischer Luft, Wind und Leben entzogen, ohne Bewegung, ohne Freude, ohne Kontakte zur Außenwelt, alterte ich blitzartig, sodass ich nach kurzer Zeit – und das ist die Formulierung, die sich mir tief und schmerzhaft eingebrannt hatte – »alt und hässlich vor den Augen meines Geliebten« war (die Angst, »alt und hässlich vor meinem Geliebten« zu sein, erkannte ich sogleich wieder als Gefühl, das mir auch im jetzigen Leben vertraut war).

Nun war dies der größte Schmerz, den man mir nach meiner gefühlsmäßigen Wertung überhaupt zufügen konnte, die größte Demütigung – etwas, das ich auf keinen Fall ertragen wollte und konnte. So verwandelte sich dieser Schmerz, den ich nicht zu erleiden bereit war und deshalb verdrängte, in Hass auf den, der ihn verursacht hatte, in Rachedurst, in den Wunsch, ihn etwas erleiden zu lassen, das so schlimm wäre wie das, was er mir zugefügt hatte. Und weil ich zum Sterben in dieser türlosen Zelle verurteilt war, ohne diesen Mann überhaupt zu Gesicht zu bekommen, konnte ich diesen Hass und Rachedurst nicht an der richtigen Adresse in die Tat umsetzen, und so richtete ich die zerstörerische Kraft dieser Emotion auf mich selber und – so erlebte ich es in der Rückerinnerung mit schmerzlicher Deutlichkeit – tötete an seiner Stelle mich selber ab; nicht indem ich körperlich Selbstmord verübte, sondern indem ich alles in mir absterben ließ und kalt und gefühllos wurde. Irgendwie schien mir das die einzige Art zu sein, Rache zu üben – wahrscheinlich, indem ich nun jenen Bösewicht dazu verurteilte, schuld daran zu sein, dass ich für alle Zeiten kalt und böse geworden war. »Von hier ab«, sagte ich an diesem Punkt der Sitzung zu Gloria, die mich durch die Übung führte, »könnte ich grausam sein.« Der Erinnerungsfilm ging nicht weiter, denn nun konzentrierte ich mich ganz auf die Emotionen und kümmerte mich vor allem darum, den Originalschmerz, den Schmerz, um den es eigentlich ging (»alt und hässlich zu sein vor den Augen meines Geliebten«), zuzulassen und ihm mein Herz zu öffnen. Zunächst erwischte ich mich dabei, in eine Falle zu tappen, in die man an dieser Stelle leicht gerät, was ich sogleich laut aussprach. »Ich glaube«, teilte ich Gloria mit, »ich mache gerade einen Fehler. Ich versuche, den Schmerz wegzutrösten. Aber ich muss ihn so annehmen, wie er ist.« Und das konnte ich. Es war ein sehr erschütterndes Erlebnis. Nie in meinem ganzen Leben habe ich Tränen geweint, die aus solch großer Tiefe kamen. Dieses Ereignis kann ich übrigens kaum anders interpretieren als eine persönliche Reinkarnationserinnerung; zu tief, zu authentisch war dieser Schmerz und zu klar und vertraut die Bilder, um diese Geschichte anders zu verstehen.

Diese Sitzung hat mir etwas geschenkt, das ich mir immer schon gewünscht habe (abgesehen natürlich von der Erlösung verdrängter Seelenqualen): Einsicht in das Wesen von Hass und Grausamkeit, die mir bis dato mein Leben lang ein schockierendes Rätsel gewesen waren. Ich erzähle dieses Beispiel deshalb so ausführlich, weil aus ihm eine ganze Gefühlskette ersichtlich wird, die aus der Verdrängung des Primärgefühls (Schmerz) entsteht und typisch ist für solch eine Verhängniskette. Aus dem Schmerz (der Erniedrigung), der abgelehnt wurde, entsteht Wut; die Wut, gepaart mit Ohnmacht, ergibt Hass und Rachedurst; Hass und Rachedurst, wiederum gepaart mit Ohnmacht, ergeben Selbstabtötung, Gefühllosigkeit und schließlich (Fähigkeit zur) Grausamkeit.

Die Umkehr zur Liebe wurde übrigens in jener Sitzung dadurch ausgelöst, dass ich mich plötzlich – als ich noch mitten in der Kälte von Hass und Grausamkeit steckte – unter Tränen sagen hörte: »Aber das ist doch nicht mein wahres Ich! Mein wahres Ich ist das schöne Ich! Aber das hat jemand getötet.«

Und genau so ist es. Ihr wahres Ich ist das schöne Ich. Wenn Sie die verhedderte Gefühlskette in Ihrem Innern wieder entwirren, indem Sie sich Schicht um Schicht ehrlich und aufmerksam durch alles, was Sie fühlen, hindurchfühlen, stoßen Sie auf Ihr wahres Ich, das schön ist. Das ist nicht einfach eine Behauptung, die ich aus meiner eigenen Erfahrung ableite, sondern das habe ich in all den Jahren meiner Arbeit mit Menschen in jeder einzelnen Sitzung immer wieder bestätigt gefunden.

Neben Hass gibt es auch andere negative Gefühle, die schwer zu akzeptieren sind; für manchen ist es beispielsweise schwer, seine Angst anzunehmen, weil er gelernt hat, dass Angst ein Zeichen von Schwäche sei und dass man nicht schwach sein dürfe. Es gehört zur Technik der körperzentrierten Herzensarbeit, jeweils das wahrzunehmen und anzunehmen, was im Vordergrund steht. In diesem Beispiel muss vor der Angst die Ablehnung der Angst gewürdigt werden. Man kann die innere Partei, die die Angst ablehnt, sprechen lassen (laut, falls man allein arbeitet). Man kann sie bitten, ihre Gefühle und Motive zu äußern, damit man sie besser kennen lernt und versteht. Anschließend ist es ein Leichtes, sie ins Herz zu schließen, und dann kann man sich der Angst zuwenden. Die Angst und die Ablehnung der Angst können im Herzen friedlich nebeneinander existieren.

Hinter jedem noch so negativ bewerteten Gefühl steckt etwas ganz Einfaches und Unschuldiges. Auch das Allerböseste, das zutage tritt, erweist sich, wenn man ihm auf den Grund geht, als etwas sehr Einfaches, Unschuldiges, meist Kindliches, etwas, das jeder kennt und jeder verstehen kann. Eigentlich reduziert die Welt der negativen Gefühle sich an der Basis auf die Primärgefühle Traurigkeit, Wut und Angst, wobei alle drei auf Schmerz zurückzuführen sind; somit könnte man sagen, das ursprüngliche Negativgefühl ist immer Schmerz. Wenn man das erst einmal in sich selber begriffen und am eigenen Leibe erfahren hat, fällt es leichter, seinen Blick auch bei anderen auf das Unschuldige zu richten anstatt auf das vermeintlich Schlechte und Böswillige.

Sophie entdeckte, nachdem sie schon einige Jahre sehr konsequent körperzentrierte Herzensarbeit betrieben hatte, ihren Hass. »Viele Male hatte ich schon das Gefühl gehabt, etwas ganz Grundsätzliches aufgedeckt zu haben«, berichtete sie. »Als aber der Hass auftauchte, sah ich, dass dies die wichtigste aller Entdeckungen war. Er war so tief vergraben, unter so vielen Schichten anderer Gefühle, dass ich nie darauf gekommen wäre, so etwas wie Hass zu fühlen. Noch weniger wäre ich auf die Idee gekommen, dass Hass, wie sich nun herausstellte, viele meiner typischen Verhaltensweisen beherrschte! Erst als ich den Hass entdeckte, wurde mir das klar. Es war eine große Befreiung. Endlich war ich nicht mehr das Opfer all dieser Verhaltensmuster, die, wie ich jetzt wusste, von meinem verdrängten Hass gesteuert waren. Endlich war ich auch befreit von der ständigen – bis dato unbewussten – Selbstverurteilung, denn natürlich verurteilte ich mich dafür, dass ich hasste (auch wenn weder der Hass noch die Verurteilung mir bewusst war). Es war eine große Erleichterung, als der Hass plötzlich da sein durfte. Mich anzunehmen als jemand, der Hass fühlt, und diesen Hass zu verstehen und dahinter zu blicken, brachte mich meiner Unschuld näher. Das ständige Versteckspiel vor mir selbst und anderen kann jetzt wegfallen. Ich bin auch nicht mehr persönlich betroffen, wenn meine Kollegen in Diskussionen etwas sagen, das ich unsinnig oder falsch finde. Früher war ich gezwungen, mich darüber aufzuregen und auf eine bestimmte Weise zu reagieren. Heute diskutiere ich auch noch und ich sehe auch noch, dass sie Unsinn erzählen, aber es regt mich nicht auf diese persönliche Weise auf und ich bin nicht gezwungen zu reagieren. Ich bin viel freier. Und der Hass ist verschwunden. Ich glaube, dass jeder, der an innerer Freiheit interessiert ist, irgendwann dorthin kommen muss, seinen Hass zu finden und zuzulassen – es sei denn, er ist völlig frei davon.«

Niemand würde übrigens auf die Idee kommen, dass die Person, die hier von ihrem Hass spricht, Sophie ist. Sophie ist beliebt und geachtet wegen ihrer Offenheit und Warmherzigkeit. Und doch hat sie, tief vergraben auf dem Grunde ihrer Psyche, Hass in sich getragen (wenn man ihre Geschichte kennt, übrigens mit gutem Grund). Man ersieht daraus, dass Hass ein Gefühl ist, das auch bei den »allerbesten« Menschen vorkommt.

7. KAPITEL

Das offene und das verschlossene Herz

Nur ein Gewahrsein deiner Gefühle
kann dein Herz öffnen.

Gary Zukav

Das Herz kann offen oder verschlossen sein. Der in der Einführung zitierte Kardiologe Dr. Pearsall spricht vom »energetisch offenen« oder »energetisch verschlossenen« Herzen. Was bedeutet das? Ich bin nicht in der Lage, das intellektuell zu analysieren – das Herz, ich habe es eingangs schon gesagt, ist eine Sphäre, die sich der intellektuellen Definition entzieht.

Das Herz mit dem Verstand begreifen zu wollen, ist so ähnlich, wie mit den Ohren sehen zu wollen. Aber ich kann aus Beobachtung und Intuition heraus einige Symptome aufzählen, woran man ein offenes Herz erkennen kann.*

Ein Mensch, dessen Herz offen ist, fühlt mit, was die Menschen fühlen, mit denen er zu tun hat; er verteidigt sich nicht, greift nicht an, fühlt sich nicht angegriffen, gekränkt, verletzt, bedroht oder beleidigt. Nichts von dem, was andere tun, kann ihn persönlich treffen, denn er fühlt, was diese anderen bewegt. Er fühlt ihre Not, ihren Schmerz, ihre Bedrängnis in seinem eigenen Herzen. Er ist im Zustand der Liebe. Er bringt sich selbst und anderen Achtung entgegen. Er hat aufrichtiges Interesse für andere, er hört zu. Er lernt von jedem, der ihm etwas erzählt. Was andere bewegt, in-

* Ausführlich wird darauf eingegangen in meinem Buch *Die Stimme des Herzens*.

teressiert ihn ebenso wie das, was ihn selbst bewegt. Er nimmt sich selbst nicht ernst; er kann lachen. Er hat ebenso viel Mitgefühl und Nachsicht mit sich selbst wie mit anderen. Er fühlt, was er fühlt, und wenn er darüber spricht, sagt er einfach, was er fühlt. Er strahlt zugleich Selbstachtung und Demut aus.

Er hält sich nicht für wichtiger als irgendjemand anderen. In seiner Gegenwart fühlt man sich erhoben, geachtet, verstanden und angenommen. Er ist aufrichtig, und seine Aufrichtigkeit ist ansteckend.

Die meisten Leser werden sich eingestehen müssen, dass diese Beschreibung – die ganz sicher nicht vollständig ist – auf sie nicht zutrifft, ebenso wenig wie auf mich. Ich kenne all diese Merkmale, weil ich den Zustand des offenen Herzens aus sozusagen punktueller Erfahrung kenne – vor allem aber deshalb, weil ich Menschen getroffen habe, auf die all das zutrifft.

Gott sei Dank gibt es einige davon in unserer Welt, und es gibt nichts Wunderbareres und nichts Lohnenderes, als sich in ihrer Gegenwart aufzuhalten.

Unser Herz ist meistens mehr oder weniger verschlossen. Viele von uns wissen das und bemühen sich redlich, es zu öffnen, indem sie versuchen, nett und »herzlich« zu sein, ihren Ärger und Stolz, ihr »Ego« zu überwinden und andere zu verstehen. Leider fruchten diese Bemühungen, wie schon erwähnt, oft wenig. Was dabei herauskommt, ist meist Zwiespalt, Unheil durch Unterdrückung eigener Emotionen und Missachtung der eigenen Wahrheit, Verwirrung durch das Aussenden von Doppelbotschaften (man sagt etwas anderes, als man fühlt), Missverständnisse, Konflikte, in die man gerät, ohne zu verstehen, warum, Krankheit, Scheinheiligkeit.

Drei Bemerkungen möchte ich in diesem Zusammenhang machen. Sie zu verstehen, kann hilfreich sein, wenn man solche Fehlversuche vermeiden will.

1. *Liebe zuerst dich selbst, dann kannst du deinen Nächsten wie dich selbst lieben.*

Hier bedeutet das: Bevor wir uns bemühen, jemand anderen zu verstehen, müssen wir uns selber verstehen; bevor wir uns bemühen, unser Herz einem anderen zu öffnen, müssen wir es uns selber öffnen – einfach deshalb, weil es sonst nicht »funktioniert«.

Wenn wir in uns selber etwas ablehnen – also unser Herz davor verschließen –, lehnen wir es auch in anderen ab. Ein Großteil der Selbstablehnung, unter der wir alle, die einen mehr, die anderen weniger, leiden, ist kaum bewusst oder völlig unbewusst. Oft merken wir, dass wir einen bestimmten Menschen ablehnen, entweder insgesamt oder aufgrund einer bestimmten Eigenschaft oder Verhaltensweise. Wir wissen aber nicht oder kommen nicht darauf, dass es uns so geht, weil wir dasselbe Merkmal in uns selber ablehnen. Versuche, diese ungerechtfertigte oder ungerechte Ablehnung zu überwinden, werden wenig nützen, solange wir nicht das abgelehnte Merkmal in uns selber entdecken und nach Hause holen ins Herz, indem wir ihm erlauben, zu existieren, indem wir es verstehen und mitfühlen.

Selbstliebe kommt also vor der Liebe zu anderen. Selbstliebe in diesem Sinne bedeutet, dass man sich erlaubt zu fühlen, was man fühlt, und dass man sich selbst samt allem, was man fühlt, annimmt; dass man seinem Körper und seiner Psyche den Trost, den Schutz und die Sicherheit seiner Präsenz schenkt (anstatt ständig außer sich zu sein); dass man seine Bedürfnisse achtet und beachtet. Zu seinem emotionalen Wesen verhält man sich wie eine gute Mutter zu ihrem Kind. Sie achtet auf seine Bedürfnisse, erspürt, was gut für das Kind ist, und gibt es ihm, jedoch lässt sie sich weder von ihm beherrschen, noch identifiziert (= verwechselt) sie sich mit ihm, noch erfüllt sie ihm jeden Wunsch.

Sie achtet es und würdigt zugleich seine Kleinheit und Verletzlichkeit.

2. *Wahrheit kommt vor Liebe.*
Wenn wir versuchen zu lieben, ohne uns zuallererst der Wahrheit zu verpflichten, kann Selbstbetrug und Täuschung des Geliebten dabei herauskommen, eine Scheinöffnung des Herzens, eine Scheinliebe. Wir sind netter, als wir wirklich sind; wir lassen mehr zu, als wir in Wahrheit zulassen; wir lassen uns Dinge gefallen, die wir ablehnen; wir bringen Opfer und nehmen übel. Bei alledem ist unser Herz verschlossen.

Verpflichten wir uns hingegen zuallererst der Wahrheit – sodass wir unter allen Umständen bereit sind, uns der Wahrheit zu öffnen und unserer inneren Wahrheit entsprechend zu handeln –, so kommt Liebe dabei heraus, wahre Liebe. Es geht gar nicht anders. Denn sich der Wahrheit zu öffnen bedeutet, sein Herz zu öffnen; und wenn das Herz offen ist, ist Liebe da, weil Liebe der natürliche Zustand des offenen Herzens ist.

Verpflichten wir uns der Wahrheit, so bedeutet das ferner, anderen Menschen gegenüber wahrhaftig zu sein, unsere Wahrheit auszudrücken. Was ist Ihre Wahrheit, wenn Sie sich über einen Menschen ärgern? Wahrheit ist nicht, dass dieser Mensch ein Idiot oder ein Schuft ist; Wahrheit ist, dass Sie Ärger empfinden. Um das in dieser einfachen und ehrlichen Form auszudrücken, müssen Sie Ihr Herz öffnen – dem anderen Ihr »Herz ausschütten«. Das ist ein Akt der Liebe. Sie erlauben einem anderen, in Ihr Herz zu schauen: Sie vertrauen ihm, Sie erweisen ihm Achtung.

In vielen, wahrscheinlich den meisten Fällen wirkt das ansteckend; der andere fühlt sich betroffen, weil er plötzlich versteht, was Sie fühlen, und so öffnet er ebenfalls sein Herz. Wenn er es nicht tut, sind Sie dann verletzt? Beschließen Sie dann, nie wieder Ihr Herz zu öffnen? Wenn Sie zuallererst der Wahrheit verpflichtet sind, ist Ihnen das unmöglich. Sie werden Ihr Herz trotzdem offen halten – oder wieder öffnen und fühlen, warum der andere nicht in der

Lage ist, auf Ihre Einladung einzugehen. Sie werden immer noch bereit sein, die Wahrheit (hier: die innere Wahrheit des anderen) kennen zu lernen.

So entsteht Liebe aus Wahrheit. Letztlich liegt das daran, dass Liebe der Urgrund und die Ursache von allem ist, was existiert. Ganz tief im Herzen weiß man das und man kann zu diesem Wissen finden, indem man sich konsequent und radikal der Wahrheit öffnet und bereit ist, alles, was da ist, unvoreingenommen und vollständig wahrzunehmen. Genau das ist die Methode, die ich hier vorstelle und »körperzentrierte Herzensarbeit« genannt habe.

3. Die Motive müssen klar sein.

Nicht immer entspringt eine nette und liebevolle Haltung dem aufrichtigen Wunsch, den Mitmenschen zu dienen, sondern oft liegt ihr Angst zugrunde. Die Angst, nicht geliebt zu werden, abgelehnt zu werden, verlassen zu werden, angegriffen zu werden, zu verletzen, selber verletzt zu werden. Wenn wir zu einer wahrhaft liebevollen Einstellung kommen wollen, müssen wir diese Motive klären. Das ist auch im eigenen Interesse wichtig, denn das Echo, das von anderen zurückkommt, bezieht sich in vielen Fällen nicht auf das, was wir bewusst ausdrücken, sondern auf das, was wir unbewusst denken und fühlen. So kann es dazu kommen, dass wir uns von unseren lieben Mitmenschen verkannt, missbraucht oder ungerechterweise abgelehnt fühlen, weil sie auf unsere Liebe und Fürsorge undankbar reagieren – während ihre Reaktion in Wirklichkeit verständlich und angemessen ist, weil das wahre Motiv unseres fürsorglichen Verhaltens nicht die Liebe zu ihnen ist, sondern unsere Angst oder Bedürftigkeit, und weil diese von uns ausgesandten Doppelbotschaften sie verwirren oder gegen uns aufbringen (oft ohne dass es ihnen bewusst ist).

»Motive klären« bedeutet nicht »Motive veredeln«. Ich

habe oft erlebt, dass das verwechselt wird. Viele Menschen sind sich dessen bewusst oder ahnen, dass die Motive hinter ihrem Handeln nicht mit dem übereinstimmen, was sie nach außen hin vorgeben, und in Momenten der Selbsterkenntnis schämen sie sich dieser egoistischen Motive und meinen, sie bereinigen zu müssen, indem sie sich edlere Motive zulegen. Das funktioniert nicht. Es führt nur zu weiterer Verwirrung und Verdrängung, und die Sache wird immer komplexer.

Um das zu entwirren und zu bereinigen, schlage ich vor,
- die wahren Motive festzustellen,
- den diesen Motiven zugrunde liegenden Gefühlen sein Herz zu öffnen.

Das heißt, dass man sich fragt: Warum tue ich das? Warum bemühe ich mich, freundlich und verständnisvoll zu sein? Warum sage ich nicht, dass ich wütend bin? Warum verhalte ich mich nicht entsprechend meinen wahren Gefühlen und Gedanken? Da es sich bei diesem Themenkomplex immer um Angst handelt, ist es am einfachsten, wenn man die Frage stellt, die immer geeignet ist, Angst hervorzulocken: Was ist das Allerschlimmste, das passieren kann? Man stelle sich vor, dass man (je nach Lage des Falls) nicht nett oder ehrlich ist, nicht Ja sagt, dass man auf den Tisch haut, ausspricht, was man auf dem Herzen hat, tut, was man wirklich tun will, authentischer ist etc. Man stelle sich das Allerschlimmste, das infolgedessen passieren kann, möglichst konkret und deutlich vor. Was geschieht dabei im Körper? Wo verspannt sich etwas, tut etwas weh, fällt etwas auf? Hier konzentriert man Aufmerksamkeit und Atem, wie bereits geschildert, spürt die Gefühle auf, die dort verborgen sind, und schließt sie ins Herz (all diese Schritte werden in Teil II dieses Buches ausführlich beschrieben). Es mag die Angst sein, den anderen zu verlieren, die Angst, sich schlecht und schuldig fühlen zu müssen, die Angst, nicht mehr geliebt zu werden, unbeliebt zu sein, die Angst vor Einsamkeit; ja, sogar die Angst vor körperlicher Verletzung steckt uns manchmal unbewusst tief in den Knochen, obwohl wir vielleicht in diesem Leben nie etwas erlebt haben, das sie rechtfertigt.

Eine Teilnehmerin meiner Gruppen war in ihrem ganzen Verhalten Mitmenschen gegenüber von Angst vor körperlicher Gewalt beherrscht, obwohl sie in diesem Leben, jedenfalls soweit sie sich erinnern konnte, nie körperliche Gewalt erlebt hatte. Sie hatte diese Angst offenbar schon mitgebracht, denn sie fürchtete sich schon im Sandkasten vor Gleichaltrigen. Ich selber habe mich dabei erwischt, dass ich nicht wagte, einem Taxifahrer zu widersprechen, weil ich Angst hatte, geschlagen, verletzt, aus dem Auto geworfen, getötet zu werden. Eine unsinnige Angst, wenn man meine derzeitige Biografie betrachtet; eine ganz und gar nicht unsinnige Angst, wenn man bedenkt, dass es in der Geschichte der Menschheit bis heute jeden Tag hundert- und tausendfach vorkommt, dass Menschen misshandelt, geprügelt, getötet werden, weil sie ihre Meinung äußern. Es ist nicht verwunderlich, dass eine solche Angst auf dem Grunde unserer Psyche existieren kann – denn ist nicht unsere Psyche Teil der kollektiven Psyche der Menschheit? Einmal ganz abgesehen davon, dass wir möglicherweise selber schon in anderen Inkarnationen Gewalt am eigenen Leibe erfahren haben.

Es gibt keine Angst, die nicht ihren Grund hätte. Jede Angst verdient Respekt. Ist die Angst erst bewusst gefühlt, gewürdigt und angenommen, so bestimmt sie nicht mehr aus dem Untergrund heraus unser Verhalten. Sie wird noch eine Zeit lang vorhanden sein, aber wir werden ihrer gewahr sein und mit der Zeit immer freier von ihr werden.

Wenn wir gelernt haben, uns selber Liebe entgegenzubringen, wenn wir uns in unseren Beziehungen vorrangig der Wahrheit verpflichten und wenn wir die Motive, die unser Verhalten bestimmen, geklärt und mit dem Herzen verstanden haben, kann sich unser Herz nach und nach öffnen, und unsere Beziehungen wandeln sich. Weniger und weniger werden sie von Verhaltensmustern, Unechtheit, Abwehrstrategien, von Angst und Mangel geprägten Verstrickungen beherrscht, mehr und mehr lassen sie Mitgefühl, echtes Interesse, Verständnis, Achtung und Offenheit herein.

Manche Menschen haben mich gefragt, was denn passiert, wenn zwar sie ihr Herz öffnen, ihr Partner aber nicht. Meist fangen sie an dieser Stelle an, sich bitterlich über das Unverständnis, die Verschlossenheit oder die Bockigkeit ihres Partners zu beschweren. Wenn Sie sich in einer derartigen Lage befinden, ist es höchste Zeit, sich um die Gefühle, die das unverständliche, verschlossene oder bockige Verhalten Ihres Partners in Ihnen auslöst, zu kümmern: Ihre Enttäuschung, Ihre Frustration, Ihren Ärger, Ihre Wut, Ihre Traurigkeit, Ihre Resignation, je nachdem. Das ist Liebe. Wenn Sie das tun, ist Ihr Herz wieder offen, und Sie werden Ihren Partner mit anderen Augen sehen. Vielleicht verstehen Sie sein Verhalten jetzt besser; vielleicht verstehen Sie es nicht, sind aber weniger abhängig von seinem Verhalten und können es respektieren; vielleicht sind Sie jetzt sogar in der Lage, die Gefühle, die sein Verhalten bestimmen, zu fühlen.

Zunächst hört man so etwas nicht gern. Wieso muss ich mich hinsetzen und an mir arbeiten, wenn mein Partner sich falsch verhält? Das Verhalten unseres Partners oder eines anderen Menschen müsste uns an und für sich keine Probleme bereiten, es sei denn, er schlüge uns, verspielte unser Vermögen, setzte das Haus in Brand oder die Kinder auf die Straße. Um solch krasse Übergriffe handelt es sich bei den Problemen, mit denen wir arbeiten, im Allgemeinen aber nicht. Sondern wir ärgern uns, dass er oder sie uns nicht antwortet, nicht zuhört, muffig dreinschaut, mal wieder vergessen hat, dies und das zu tun, sich bockig verhält, falsch auf Stichworte reagiert, Geburtstage vergisst oder anderen Frauen/Männern hinterhersieht. Die Probleme, die wir mit dem Verhalten unseres Partners haben, entstehen aus und in uns selber, nämlich daraus, wie wir sein Verhalten interpretieren (zum Beispiel als für uns bedrohlich oder kränkend) und auf welche Reaktionsmuster und darunter vergrabenen verdrängten Gefühle dieses Verhalten in uns stößt.

Eigentlich ist der Partner, mit dem wir zusammenleben, von einer höheren Warte aus betrachtet grundsätzlich immer unser Freund – ganz gleich, wie er sich verhält. Er gibt uns durch das, was er mit seinem Verhalten in uns auslöst, Gelegenheit, uns selber kennen zu lernen, uns zu erweitern und uns zu heilen – wenn wir die Chance nutzen, die er uns bietet, indem wir bewusst wahrnehmen, was sich in uns abspielt, und unser Herz dafür öffnen. Oft ist er oder sie auch Spiegel für uns: Er oder sie verhält sich uns gegenüber so, wie wir uns selbst gegenüber verhalten. Es lohnt sich immer zu prüfen, ob das der Fall ist. Vielleicht leiden wir darunter, dass er oder sie uns nicht genügend beachtet oder achtet. Dann sollten wir prüfen, ob wir uns selber genügend Beachtung oder Achtung schenken.

Eine andere Frage, die viele Menschen in diesem Zusammenhang beschäftigt: Ist es nicht gefährlich, in dieser rücksichtslosen Welt sein Herz zu öffnen?

Wenn wir unser Herz öffnen und die Wahrheit sagen, also das aussprechen, was wir fühlen, machen wir uns verletzbar. Der andere kann unser Gefühl würdigen und verstehen, aber er kann sich auch angegriffen fühlen oder er kann unser Vertrauen missbrauchen, indem er sich über unsere Gefühle lustig macht oder das Wissen um sie für seine Zwecke benutzt. Das ist es, was wir fürchten und warum wir es oft vorziehen, den Menschen, mit denen wir zu tun haben, unser Herz nicht auszuschütten. Lieber greifen wir den anderen an, machen ihm Vorwürfe, beschimpfen ihn, setzen ihn herab, als schlicht zu sagen: »Ich bin sehr ärgerlich.« Oder: »Ich bin traurig. Ich fühle mich enttäuscht.« Das würde ja auch bedeuten, das Problem als etwas zu betrachten, das zu einem selber gehört (und nicht zum anderen), und es auch noch auszusprechen. Unser Ärger scheint aber nach Rache, nach Bestrafung, zumindest nach Befriedigung dadurch, dass man uns Recht zugesteht, zu schreien. Deshalb sagen wir: »Du hast ...« oder »Du bist ...«, anstatt unser Herz auszuschütten und zu sagen: »Ich fühle ...« Tatsächlich aber verlangt unser Ärger nur eins: gefühlt, gewürdigt und angenommen zu werden, und zwar vollständig. Nur dadurch stellt sich wieder Frieden und Einssein mit uns selber ein. Und dann sind wir tatsächlich, ohne dass es ein Problem für uns darstellt, in der Lage, schlicht und ehrlich und ohne den anderen anzugreifen zu sagen, was wir auf dem Herzen haben. Dann ist dies ein Beweis unseres Vertrauens und unserer Liebe.

Wenn wir, andersherum, unser Herz aufmachen, um das, was ein anderer fühlt, in uns hineinzulassen, so laufen wir Gefahr, von diesem Gefühl verletzt, gekränkt, vergiftet, herabgesetzt oder sonst wie geschädigt zu werden. Das befürchten wir und deshalb ziehen wir es meist vor, unser Herz verschlossen zu halten. Wenn unser Partner wütend auf uns ist, fürchten wir unbewusst, dass diese Wut, wenn wir sie hereinlassen, uns vernichten kann; wenn er auf uns ärgerlich ist, befürchten wir, dass sein Ärger, wenn wir ihn hereinlassen, uns das offenbart, was wir ohnehin wissen, aber ängstlich verdrängen: unsere Schlechtigkeit. Sogar vor der Traurigkeit unseres Partners verschließen wir manchmal unser Herz, weil wir Angst haben, verantwortlich zu sein für diese Trauer und uns schuldig fühlen zu müssen, und deshalb ziehen wir es vor, sie nicht an uns heranzulassen.

Tatsächlich sieht es ganz anders aus, wenn wir unser Herz dem Gefühl eines anderen öffnen. Es geschieht uns gar nichts Schlimmes. Alles, was passiert, ist ein Durchbruch von Liebe und Verstehen. Plötzlich fühlen wir die Not des anderen und verstehen ihn. Vielleicht haben wir wirklich etwas getan, das falsch war, etwas, das wir aus Achtlosigkeit oder Zorn heraus getan haben; dann werden wir jetzt, im Zustand des mitfühlenden Verstehens, den Wunsch empfinden zu sagen, dass es uns Leid tut, und etwas für den anderen zu tun, das ihm hilft, wieder froh zu sein. Vielleicht aber erkennen wir, dass seine Trauer zwar durch etwas ausgelöst wurde, das wir getan haben, dass wir aber trotzdem nicht dafür verantwortlich sind, denn wir haben getan, was wir tun mussten. Wir fühlen seinen Schmerz und sind im Zustand der Liebe, lassen aber die Verantwortung für den Schmerz bei ihm und achten ihn als ein Wesen, dessen Leben und Schicksal Sinn macht und das in der Lage ist, sie zu meistern. Das ist eine Haltung, die sich von selber einstellt, wenn unser Herz offen ist.

8. KAPITEL

Mit dem Herzen zuhören

> Da Liebe erfordert, dass wir uns selbst ausdehnen, ist sie immer entweder Arbeit oder Mut … Die Hauptform, die die Arbeit der Liebe annimmt, ist Aufmerksamkeit.
>
> *M. Scott Peck*

Von der Ebene des Herzens aus gesehen, ist jede Erfahrung heilig. Hört man einem Menschen, der einem seine Probleme anvertraut, mit dem Herzen zu, so verspürt man keinerlei Bedürfnis, etwas von dem, was dieser Mensch fühlt oder erlebt, zu verbessern oder zu verändern. Es gibt nichts zu raten, nichts zu heilen, nichts zu verändern; irgendwie ahnt oder weiß man, dass der Mensch, den man vor sich hat, ein integres Ganzes ist, etwas, das heil und ganz ist und so, wie es ist, seine Richtigkeit hat. Und während man auf diese Weise zuhört, lernt man etwas darüber, wie es ist, dieser andere Mensch zu sein. Dass man sich nicht auf der Ebene des Herzens befindet, kann man daran erkennen, dass man sich angesichts eines Menschen, der einem seine Nöte anvertraut, ständig getrieben fühlt, nach Abhilfe zu suchen; man versucht recht und schlecht Ratschläge zu geben, Auswege oder etwas zu finden, das ihn von seiner Not befreien kann. Ich will damit nicht sagen, dass ein Mensch, der ein offenes Herz und ein offenes Ohr für die Nöte seiner Mitmenschen hat, diesen nicht auch helfen würde; der entscheidende Unterschied besteht jedoch darin, dass er die Not des anderen in sich aufnimmt, anstatt sie abzuwehren. Er würdigt und achtet diese Not und fühlt sie in seinem eigenen Herzen, anstatt gleich zu versuchen, sie zu beheben oder fortzureden.

Das ist die größte Hilfe, die man einem Menschen geben kann, der sich in emotionaler Not befindet: seine Not würdigen und mitfühlen. Wir haben die Erfahrung gemacht, dass allein die Tatsache, dass jemand uns mit dem Herzen zuhört, wenn wir ein Problem schildern, die Last schon leichter und das Thema klarer macht. Die Offenheit des Zuhörers wirkt ansteckend auf den Erzähler, sodass auch dieser sein Herz öffnen kann; und ist dies erst einmal geschehen, so stellt sich auch die Lösung ein. Diese Lösung kommt dann aus der Tiefe des Herzens des Betreffenden. Sie muss nicht immer so aussehen, wie wir uns eine explizite Problemlösung vorstellen (»Ich werde das und das tun, und damit ist das Problem gelöst«); sie kann auch einfach in einem Gefühl von Frieden, Klarheit, wieder hergestellter Offenheit oder neuem Verständnis liegen oder in dem Wissen um den nächsten Schritt, der zu tun ist.

Wenn man sich also dabei erwischt, dass man gerade versucht, die Probleme eines anderen zu lösen oder hinwegzureden, kann man es als Hinweis darauf nehmen, dass man sein Herz nicht »eingeschaltet« hat.

Manchmal geraten wir in Resonanz oder Konflikt mit dem, was der andere fühlt; das heißt entweder, dass das Geschilderte uns vertraut zu sein scheint und wir »O ja, das kenne ich« seufzen, in eigene Erinnerungen abgleiten und zu verstehen meinen, was der andere durchmacht, weil wir etwas Ähnliches durchgemacht haben – oder etwas von dem, was der andere fühlt, löst in uns Wut, Ärger, Abneigung aus, weil es einen Nerv unserer persönlichen Geschichte berührt. Auch dies sind klare Anzeichen dafür, dass wir nicht mit dem Herzen zuhören.

Wenn man niemals ein schlimmes Gefühl zur Gänze zugelassen und bis zu Ende gefühlt hat, dann weiß man nicht, dass man das überleben kann. Man kann es überleben, sich ungeliebt, hässlich, minderwertig, schlecht, schuldig zu fühlen; man kann durch den schrecklichsten psychischen

Schmerz hindurchgehen – auch durch solchen, der von durchaus realen und wirklich schlimmen Ereignissen unserer Geschichte herrührt – und man kann es gut überstehen. Die meisten Menschen haben das nie erlebt und wissen es deshalb nicht. Ich habe die Erfahrung gemacht, dass jeder ein Allerschlimmstes hat, das er auf keinen Fall fühlen will. Manchmal meint man, das Allerschlimmste schon aufgedeckt zu haben, und dann geschieht etwas, das uns auf etwas noch Schlimmeres stößt, das darunter verborgen lag, eine noch tiefere Schicht. Auch ich, die ich seit Jahren bewusst mit Körper, Herz und Emotionen arbeite, mit mir selbst und mit anderen, stoße bisweilen noch auf irgendein Allerschlimmstes, das ich auf keinen Fall fühlen will, weil ich offenbar Angst habe, das nicht zu überstehen. Natürlich setze ich mich, wenn ich so etwas entdecke, gleich hin und kümmere mich darum; als Erstes akzeptiere ich, dass ich das Schlimme auf gar keinen Fall fühlen will, spüre die Angst davor in meinem Körper auf, lerne sie kennen und hole sie ins Herz, und dabei lasse ich es erst einmal bewenden. Ich erlaube dieser Angst, da zu sein, und versuche nicht, sie zu überwinden. Oft bin ich aber schon im selben Augenblick, in dem ich die Angst vor einem schlimmen Gefühl zulasse und ins Herz schließe, in der Lage, das Schlimme selbst zuzulassen und ihm mein Herz zu öffnen.

Wenn man nie in sich selber erlebt hat, dass man ein furchtbares Gefühl ganz und gar zulassen und das überleben kann, dann kann man natürlich auch die furchtbaren Gefühle anderer nicht zulassen und mitfühlen. Das heißt, wenn ein Mensch, dem wir wohlwollend gegenüberstehen, uns seine Nöte anvertraut, werden wir so schnell wie möglich versuchen, diese Nöte zu beheben, denn unbewusst meinen wir ja, dass sie nicht erlebbar und überlebbar sind. Weder darf der andere – unserer Meinung nach – sie erleben, noch dürfen wir selber sie mitfühlen, denn sie sind einfach zu schlimm. Sie sind unerträglich – meinen wir.

Tatsächlich ist es ganz anders. Ja, ein Gefühl kann sehr schlimm sein, und man muss manchmal über eine Schwelle der Angst und des Widerstands gehen (indem man Angst und Widerstand würdigt und in Liebe annimmt!), um das schlimme Gefühl wirklich zulassen zu können. Wenn wir es jedoch zulassen, zur Gänze erleben und zur Gänze ins Herz nehmen, geschieht etwas Wunderschönes. Es ist ein Erlebnis von Einswerdung; etwas ganz Kostbares, Heiliges, Intimes. Es ist unbeschreiblich, paradox. Wir haben endlich das Allerschlimmste zugelassen und akzeptiert – und das Allerschönste stellt sich ein. Das ist allerdings ganz natürlich, denn ein Teil von uns, der getrennt, abgespalten, in einen dunklen Kerker gesperrt war, darf endlich wieder da sein, wieder atmen, wieder frei sein, wieder zu uns gehören, wird endlich angenommen und geliebt. Der verlorene Sohn kehrt heim, und es gibt ein Fest. Jedes Mal, wenn so etwas geschieht, gibt es übrigens auch ein Fest im Himmel (der in uns liegt und nicht irgendwo »dort oben«). Unser höheres Selbst feiert. Ein Stück Leid ist erlöst, ein Stück Universum wieder vereinigt, ein Stück mehr Liebe Wirklichkeit geworden.

Wenn man diese Arbeit eine Zeit lang getan hat, begeht man immer seltener den Fehler, andere Personen oder äußere Umstände für den eigenen Gemütszustand und das eigene Schicksal verantwortlich zu machen. Das Wunderbare ist, man tut es tatsächlich nicht mehr – man versucht sich das nicht nur aus seinem Wissen heraus zu »erdenken«, sondern es geschieht tatsächlich. Von tief innen heraus beginnt eine Verwandlung, die uns befähigt, Verantwortung für die Situationen unseres Lebens zu übernehmen, anstatt uns als Opfer zu betrachten und ihnen ausgeliefert zu sein.

Und je mehr wir hierzu in der Lage sind, desto leichter fällt es uns, unser Herz zu öffnen und mit Interesse und Mitgefühl zuzuhören, wenn uns jemand seine Probleme und Nöte anvertraut. Man muss nicht mehr reagieren, man muss nicht mehr korrigierend eingreifen; man nimmt das, was einem anvertraut wird, mit Interesse, Achtung und Mitgefühl auf und kann, wenn erwünscht, aus dem Wissen heraus antworten, das das Herz aus dem Mitfühlen gewinnt. Um dies zu lernen, muss man üben, mit dem Herzen zuzuhören. Wie das konkret aussieht, schildere ich in Teil II dieses Buches.

9. KAPITEL

Die Entwicklung der körperzentrierten Herzensarbeit und ihr Verhältnis zu anderen Methoden

… Dann wird das eine sichtbar,
worauf es ankommt: die vollkommene
Akzeptation der Gegenwart.

Martin Buber

Viele Jahre bevor ich die Methode der körperzentrierten Herzensarbeit entdeckte, habe ich mich damit beschäftigt, mein Denken auf die ihm zugrunde liegenden unbewussten oder kaum bewussten Überzeugungen und Glaubenssätze zu untersuchen, die es strukturieren und die mich Dinge und Ereignisse auf eine bestimmte Art interpretieren lassen. Ich hatte erkannt – und war vor allem von Jane Roberts' wunderbarem Lehrer Seth gelehrt worden* –, dass wir unser Leben selber gestalten, und zwar mittels unserer grundlegenden Überzeugungen. »Euch wurde Göttliches zuteil«, sagt Seth. »Ihr selbst gestaltet eure Realität und die eurer Erfahrungswelt. Ihr erschafft sie aufgrund eurer zu Glaubenssätzen erhärteten Überzeugungen.« Es ist gute 15 Jahre her, dass ich mich intensiv mit dem Seth-Material beschäftigte. Ich beobachtete mein Denken und versuchte die ihm zugrunde liegenden verborgenen Glaubenssätze aufzuspüren. Tatsächlich entdeckte ich auch viele. Die negativen Grundüberzeugungen versuchte ich in positive umzuwandeln. Damals wusste ich noch nicht, dass das Ent-

* Siehe vor allem *Die Natur der persönlichen Realität* von Jane Roberts.

scheidende nicht die Glaubenssätze sind, sondern die mit ihnen verbundenen Emotionen. Jane Roberts/Seth weisen auch darauf hin; aber damals ahnte ich noch nicht, was es bedeutet, eine Emotion bewusst zu fühlen.

Wie viele andere unternahm ich viele Jahre lang den Versuch, schöpferisch mit meinem Denken und meinem Schicksal umzugehen, anstatt mich einfach als Opfer der inneren und äußeren Umstände zu erfahren. Die Lehren nicht nur von Seth/Jane Roberts, sondern auch von Joseph Murphy, Prentice Mulford und anderen hatten mir zutiefst eingeleuchtet, und ich versuchte sie anzuwenden.* Der Ansatz, aus dem heraus geistige Methoden dieser Art betrieben werden, ist jedoch meist eine kurzsichtige Perspektive, und so war es auch damals bei mir. Man ist im Allgemeinen ja gefangen in der Identifikation mit seiner Person und aus dem begrenzten Blickwinkel des persönlichen Selbst heraus wünscht man sich dies oder das und versucht sich Glaubenssätze zurechtzuzimmern, die die gewünschte Realität herbeiführen. Man versucht das Leben unter seine Kontrolle zu bringen, anstatt sich der Weisheit des Lebens als Schüler anzuvertrauen und »Jünger jedes Augenblicks« zu sein, wie Richard Moss es formuliert.

Diese schöpferische und aktive Phase wurde abgelöst durch eine Phase, in der ich lernte, das, was ist, einfach bewusst wahrzunehmen, anstatt zu versuchen, es umzugestalten. Hier halfen mir die Lehren des Taoismus und des Zen-Buddhismus, die mir in verschiedenen Gestalten begegneten, zuletzt und am für mich verständlichsten und eindrucksvollsten in den Vorträgen der amerikanischen Zen-Lehrerin Charlotte Joko Beck, die in den beiden Bü-

* Viele Jahre später schrieb ich übrigens ein Prentice-Mulford-Arbeitsbuch mit dem Titel *Vertrauen ins Leben*, in dem ich eine Brücke schlug zwischen dem positiven Denken, als dessen Urvater man Prentice Mulford ansieht, und unserem heutigen psychospirituellen Stand.

chern *Zen im Alltag* und *Einfach Zen* in deutscher Sprache erschienen sind.

Ich lernte, meine Gedanken zu beobachten und zu benennen, anstatt sie einfach zu denken. Das schuf Distanz. Ich entdeckte, wie es ist, frei zu sein vom Einfluss seiner Gedanken. Die Gedanken sind da, aber man fällt nicht auf sie herein. Man weiß, dass es nur Gedanken sind und nicht die Realität. Diese Freiheit und Losgelöstheit vom Einfluss der Gedanken entstehen durch die Praxis der buddhistischen Meditationstechniken Vipassana und Zazen.

Im Zuge dieser Praxis fand ich etwas Interessantes heraus. Ich entdeckte, dass ich die gleiche hundertprozentige Aufmerksamkeit, die man bei der buddhistischen Meditation auf alles richtet, was der gegenwärtige Augenblick enthält, auch bündeln und gezielt einsetzen konnte – und zwar indem ich sie wie einen Scheinwerfer auf ein bestimmtes Gefühl richtete und dort so lange hielt, bis das betreffende Gefühl oder der betreffende Gefühlskomplex aus dem Dunkel des Un- oder Halbbewussten vollständig ins Licht des Bewusstseins getreten war, einschließlich aller Erinnerungen, die mit ihm verbunden waren (bis hin zu frühkindlichen, pränatalen oder gar aus anderen Inkarnationen stammenden Eindrücken).

Hier liegt der Unterschied der körperzentrierten Herzensarbeit zur Praxis der grundlegenden buddhistischen Meditationstechniken, wie ich sie verstehe: Bei der körperzentrierten Herzensarbeit bündelt man die Aufmerksamkeit und richtet sie absichtlich auf einen bestimmten Problembereich; ferner werden Gefühle nicht einfach wahrgenommen und bewusst erlebt (und/oder benannt), sondern auch bewusst und absichtlich ins Herz geschlossen. Auf diese Weise werden sie nicht nur aus ihrer Verdrängung aus dem Bewusstsein befreit (dazu würde es genügen, sie wahrzunehmen), sondern auch aus ihrer Verbannung aus dem Herzen erlöst (sinngemäß findet man diesen Ansatz, ausgeprägter als bei anderen mir bekannten Zen-Lehrern, bei Thich Nhat Hanh).

Die Praxis der buddhistischen Meditationstechniken, soweit sie mir bekannt sind, kann meiner Ansicht nach durch körperzentrierte Herzensarbeit wunderbar ergänzt werden. Nehmen wir an, Sie stoßen bei Ihrer täglichen Meditation auf Gedanken, die um einen Gefühlskern beziehungsweise ein Problem kreisen; anstatt einfach nur die Gedanken wahrzunehmen und zu benennen, möglicherweise auch die Körperempfindungen und Gefühle, die dabei auftauchen, können Sie an dieser Stelle Ihre Meditation vertiefen und in die körperzentrierte Herzensarbeit einsteigen.

Zu dem Zeitpunkt, als ich begann, die Methode zu entwickeln, befand ich mich seit rund 15 Jahren auf dem spirituellen Weg, praktizierte Meditation und spirituelle Übungen. In geistiger Hinsicht machte ich bestimmt Fortschritte in dieser Zeit. Ebenso wie meine Übungspartnerin und Mitarbeiterin Gloria stellte ich jedoch fest, dass all diese geistige Arbeit erst richtig zu »greifen« begann, nachdem ich begonnen hatte, sie mit körperzentrierter Herzensarbeit zu ergänzen. Diese liefert mir Basis und Boden zu jedweder spirituellen Übung. Auch im Retreat (einer Art Einkehr, während der man sich zurückzieht, schweigt, meditiert und spirituelle Übungen praktiziert) hat sie sich als unschätzbar wertvoll erwiesen, um die im Zuge der Meditation und der spirituellen Übungen im Bewusstsein auftauchenden persönlichen Probleme anzugehen.

Was die tägliche Meditationspraxis anbelangt – ein Tipp für alle, die täglich Meditation oder sonstige spirituelle Übungen praktizieren –, so erhöht es die Qualität der Meditation, wenn man sie daduch einleitet, dass man sich mit körperzentrierter Herzensarbeit um die akuten persönlichen Probleme kümmert. Dies kann in Kurzform geschehen, wenn man nur wenig Zeit zur Verfügung hat. Sie werden feststellen, dass der Kontakt zu Ihrem innersten

Wesenskern und zu höheren Bewusstseinsebenen wesentlich leichter herzustellen ist, ja oft von selbst auftritt, wenn Sie sich auf diese Weise über Ihre aktuellen Probleme an die Meditation herantasten, als wenn Sie die Probleme zur Seite schieben, um zu meditieren.

Auch die von den Sufis stark kultivierte Kontemplation archetypischer Qualitäten (wie zum Beispiel Mitgefühl, Einsicht, Stärke, Macht, Schönheit, Güte, Friedfertigkeit etc.) lässt sich vertiefen und unterstützen durch körperzentrierte Herzensarbeit – beispielsweise, um Widerstände und Schwierigkeiten, die beim Kontemplieren einer Qualität auftauchen, kennen zu lernen und ins Herz zu holen. Konzentriert man sich zum Beispiel auf die Qualität »Meisterschaft«, so wird man vielleicht feststellen, dass man sich zwar nach Meisterschaft sehnt, aber dass auch Angst oder Unbehagen dabei auftaucht. Anstatt das nur zur Kenntnis zu nehmen oder einfach darüber hinwegzugehen und sich weiter auf das Positive – die angestrebte Qualität – zu konzentrieren, wendet man sich erst dem Hindernis zu, indem man es auf der körperlichen und der emotionalen Ebene bewusst erlebt und ihm dann sein Herz öffnet.*

Auch Gebete lassen sich ergänzen und vertiefen mit körperzentrierter Herzensarbeit. Welche Sorge, welcher Kummer, welches Schuldgefühl, welche Angst, welcher Widerstand auch immer auftauchen mag, während wir ein Gebet sprechen – wir können innehalten und uns diesem Gefühl oder Gefühlskomplex mithilfe der körperzentrierten Herzensarbeit liebevoll zuwenden und dann das Gebet wiederholen oder fortsetzen. Oftmals geht aus der Übung der körperzentrierten Herzensarbeit auch ganz von selbst ein Gebet hervor oder sie verwandelt sich in ihrer Schlussphase von allein in ein stilles Gebet.

---

* In meinem Buch *Meditation löst Lebensprobleme* habe ich der Arbeit mit Qualitäten ein Kapitel gewidmet.

Körperzentrierte Herzensarbeit und die Arbeit mit dem inneren Kind

Die Arbeit mit dem »inneren Kind«, wie sie unter anderem in dem Buch *Die Aussöhnung mit dem inneren Kind* von Chopich und Paul dargestellt ist, halte ich für eine ungeheuer wertvolle Entdeckung. Auch sie lässt sich ergänzen und vertiefen durch körperzentrierte Herzensarbeit.

Anstatt nur verbal-gedanklich oder schriftlich den Dialog mit dem inneren Kind zu führen, kann man mit der Technik der körperzentrierten Herzensarbeit die Nöte des Kindes auf der Ebene des Körpers und der Emotionen kennen lernen und das Kind mit diesen Nöten bewusst ins Herz schließen. Hierbei ist es in den meisten Fällen bei der letzten Stufe (Herz) am einfachsten und wirksamsten, sich vorzustellen, dass man das Kind in die Arme schließt. Allerdings darf diese Zweiteilung inneres Kind/innerer Erwachsener nicht dazu führen, dass zwischen dem Übenden und dem (kindlichen) Gefühl eine Distanz besteht. Man muss es zulassen, sich ganz und gar so zu fühlen, wie das Kind sich fühlt – nur eben bewusst und bewusst atmend. Manchmal kommt es vor, dass das innere Kind wegen jahrelanger oder lebenslanger Vernachlässigung so wütend ist, dass es nicht in die Arme genommen werden will. Dann muss man seine Wut und seinen Trotz würdigen und annehmen. Oft ist es schon damit getan, dass man bereit ist, das Kind auch mitsamt seinen trotzigen oder hasserfüllten Gefühlen in die Arme zu schließen.

Zum Abschluss kann es wichtig sein, dem Kind ein Versprechen zu geben: »Ich werde mich besser um dich kümmern«, »Ich werde deinen Gefühlen mehr Beachtung schenken«. Dazu möchte ich eine Empfehlung geben: Man sollte das Kind zuerst befragen, bevor man ihm etwas verspricht, das vielleicht nicht genau das ist, was es braucht. Fragen wir: »Was brauchst du von mir?«, dann bleiben wir mit ihm in Kontakt und erweisen ihm Respekt und die Bereitschaft zu wirklicher Liebe. Was nicht bedeutet, dass wir den Wunsch des Kindes als Befehl auffassen müssen. Wenn es sich um etwas handelt, das wir nicht geben zu können in der Lage sind (oder zu sein meinen), oder etwas, was uns nicht richtig erscheint, müssen wir mit ihm verhandeln – so lange, bis beide zufrieden sind. Im Allgemeinen bringt das Kind berechtigte, plausible, einfache Wünsche vor, die sich erfüllen lassen: »Ich möchte, dass du dich mehr um mich kümmerst«, »Du sollst merken, wenn ich unzufrieden bin«, »Du sollst mich besser beschützen«.

Letzteres ist ein wichtiger Punkt. Ein Kind braucht den Schutz des Erwachsenen in der Welt der Erwachsenen. Wir geben unserem inneren Kind diesen Schutz dadurch, dass wir während unserer Interaktionen und Gespräche mit Mitmenschen bewusst bleiben. Wir versagen ihm diesen Schutz, wenn wir während unserer Interaktionen und Gespräche vergessen, dass wir erwachsen sind, und in eine Emotion unseres inneren Kindes so sehr hineinrutschen, dass wir unser Bewusstsein verlieren und uns mit dem Kind verwechseln. Man erkennt das daran, dass man beginnt, wie ein Kind zu reagieren. Immer, wenn wir unseren Mitmenschen Macht über uns zubilligen, reagieren wir wie ein Kind. Immer, wenn wir uns abhängig machen vom Wohlwollen anderer, reagieren wir wie ein Kind. Immer, wenn wir uns hilflos und ohnmächtig fühlen, reagieren wir wie ein Kind. Immer, wenn wir trotzig werden, reagieren wir wie ein Kind. Immer, wenn wir traurig werden, weil jemand nicht lieb zu uns ist, reagieren wir wie ein Kind. Ein Erwachsener ist souverän genug, selbst zu bestimmen, was er tun oder nicht tun will; ein Erwachsener braucht das Wohlwollen anderer nicht zum Überleben, jedenfalls nicht in dem Ausmaße, in dem ein Kind das Wohlwollen seiner Eltern braucht, einfach weil es ohne sie nicht existieren kann. Ein Erwachsener mag sich in Situationen finden, in denen er sich mit Recht hilflos und ohnmächtig fühlt, aber er wird in jeder Situation Distanz wahren können und sagen: »Moment mal. Es muss eine Möglichkeit geben. Denken wir nach, beten wir darum, verhandeln wir, fragen wir unser höheres Selbst« – je nach Situation und Überzeugung.

Indem wir uns mit unseren Gefühlen identifizieren und dabei unsere Bewusstheit verlieren (anstatt sie bewusst wahrzunehmen), lassen wir unser inneres Kind im Stich. Plötzlich sind wir nur noch Kind; das Kind ist ganz allein – kein Erwachsener ist da, der einen kühlen Kopf behält und die Situation meistern kann. Ein Kind kann mit den meisten Situationen des Erwachsenenlebens nicht fertig werden. Es ist überfordert. Und genau das ist der Grund, warum wir uns oft überfordert fühlen: Wir verlieren unser Bewusstsein. Wir verwechseln uns mit dem inneren Kind. Wir vergessen, dass wir erwachsen sind.

Hier hilft Stufe zwei der körperzentrierten Herzensarbeit: sich von Gefühlen nicht davontragen zu lassen, sondern sie bewusst (und bewusst atmend) wahrzunehmen! Sobald in einer gegebenen Situation Emotionen aufsteigen, sich zu erinnern: Wahrnehmen! Atmen! Damit ist erreicht, dass die Bewusstheit eingeschaltet ist.

Wenn wir unserem inneren Kind etwas versprechen, müssen wir natürlich wissen, dass wir es halten können. Und wir müssen auch wissen, was genau wir gemeint haben mit unserem Versprechen. Wenn wir sagen: »Ich werde mich um dich kümmern«, wissen wir dann, wie dieses Kümmern aussehen soll? Es ist gut, sich konkrete Dinge vorzunehmen, anstatt allgemein zu bleiben. Auch dies kann in Absprache mit dem inneren Kind geschehen. »Kümmern« kann zum Beispiel bedeuten, auf Bedürfnisse des Kindes zu achten. Kinder spielen gern. Schon mancher Erwachsener, mit dem ich gearbeitet habe, hat seinem inneren Kind versprochen, mit ihm zu spielen und die einfachen Freuden zu genießen, denen man sich als Kind stundenlang hingeben konnte: am

Wasser sitzen und mit Steinchen spielen zum Beispiel. Ab und zu ein bisschen herumhopsen, wenn niemand hinschaut. Auf eine Mauer klettern. Im Gras sitzen und nichts tun. Vielleicht malt das Kind auch gern; dann kann man ihm versprechen, Malstifte zu kaufen und mit ihm zu malen. Dabei ist es unwichtig, wie gut oder schlecht man malen kann; es geht um das Vergnügen. Manche Kinder tanzen oder singen gern. Vielleicht tut es Ihrem inneren Kind auch gut, wenn Sie Sport treiben, Volleyball spielen, schwimmen oder Eis laufen. Jeder, der seinem inneren Kind ein solches Versprechen gegeben hat und es auch hält, wird belohnt mit einem Zuwachs an Zufriedenheit, Erfülltheit, Lebensfreude, Leichtigkeit und Kreativität.

Frühkindliche Bedürfnisse, die auftauchen können, sind das Bedürfnis nach Bemutterung, Geborgenheit, Wärme. Wie kann man sich um diese Bedürfnisse kümmern? Man kann sich selber schaukeln und wiegen, man kann für das innere Kind Wiegenlieder singen oder einfach einen Augenblick für es da sein, indem man ganz bei sich ist und Atem und Bewusstsein in dem Teil des Körpers konzentriert, in dem man das Kind fühlt (in der Brust, im Bauch?), dort die Hand auflegen und einfach anwesend sein. Manchmal hilft warme Milch oder eine Wärmflasche dem Kind, sich wohl und geborgen zu fühlen.

Die einfache und in unserem Zusammenhang wichtigste Form von Fürsorge besteht aber in aufmerksamer Präsenz; darin, die Gefühle des Kindes – unsere eigenen kindlichen Emotionen – bewusst und liebevoll wahrzunehmen, sobald sie auftauchen. Es kann im Interesse des Kindes wichtig sein, ihnen Ausdruck zu verleihen, um dadurch einen anderen Menschen daran zu hindern, etwas wieder zu tun oder zu sagen, was das Kind verletzt hat. Auf diese Weise nehmen wir unser inneres Kind in Schutz. Nicht dadurch, dass wir uns rechtfertigen, uns beklagen oder um etwas betteln (das ist kindliches Verhalten und räumt dem anderen

Macht über uns ein), sondern indem wir zu uns selber stehen und unsere Mitmenschen nach Möglichkeit durch Klarheit und Ehrlichkeit an verletzenden Übergriffen hindern. Ferner nimmt man sein inneres Kind in Schutz, indem man sich gegebenenfalls bewusst macht – und dem Kind mitteilt –, dass die Emotionen, die ein anderer fühlt und vielleicht äußert (Ärger, Unmut, Wut, Gereiztheit etc.), dessen Sache sind und darauf zurückgehen, dass der Betreffende ein Problem hat, das ihm zu schaffen macht. Man braucht sich von diesen Emotionen nicht persönlich betroffen zu fühlen. Und wenn dies schon geschehen ist, muss man sich um dieses Betroffensein natürlich kümmern, indem man sozusagen mit sich selber mitfühlt.

Körperzentrierte Herzensarbeit und Psychotherapie

Jede mir bekannte Form der Psychotherapie kann ebenfalls hervorragend ergänzt werden durch körperzentrierte Herzensarbeit. Einige Therapeuten haben meine Kurse besucht und profitieren ihren eigenen Angaben nach enorm von der Ergänzung ihrer Arbeit durch diese zusätzliche Dimension. Manche Seminarteilnehmer mit Therapieerfahrung behaupten, eine Stunde körperzentrierte Herzensarbeit ersetze Jahre der Psychotherapie. Nun, das glaube ich zwar nicht, denn eine Psychotherapie, die sich über Jahre erstreckt, fördert ganz bestimmt einen Reifeprozess, der nicht dadurch zu ersetzen ist, dass man sich einmal hinsetzt und einen bestimmten Emotionsknoten kennen lernt und ins Herz holt. Jedoch enthält diese Aussage einen wahren Kern, der auf jeden Fall bedenkenswert ist.

Ich glaube, es hat damit zu tun, dass die körperzentrierte Herzensarbeit ein Weg ist, der drei Ebenen einbezieht – Körper, Emotion und Herz. Der Körper muss einbezogen werden, weil wir in einer körperlichen Realität leben. Im Körper befindet sich der Teil unseres Seins, der zum jetzigen Zeitpunkt verkörpert, also «tatsächlich, real, manifest ist. Alles, was nicht in die Verbindlichkeit der Materie eingegangen ist, ist demgegenüber weniger tatsächlich, weniger real, gewissermaßen virtuell beziehungsweise potenziell real. In diesem Sinne ist der Körper Spiegel, Ausdruck, Feedback; in ihm finden wir das verkörpert, was wir glauben, denken, fühlen, womit wir uns identifizieren.

Der weitaus größere Teil unserer Realität ist nicht – oder noch nicht – verkörpert; von dem, was wir in Wahrheit sind, ist unser Körper gewordener Teil nur so etwas wie die Spitze eines Eisbergs, die über der Wasseroberfläche zu sehen ist. Aber sie enthält unsere persönliche Wahrheit. In den Zellen unseres Körpers sind unsere Erinnerungen gespeichert und die Gefühle, die wir (durch Ablehnen und Verdrängen) festgehalten haben. Sie sind auf körperlicher Ebene erfahrbar; als körperlicher Zustand, als Körperempfindung. Das ist die unterste, die am meisten manifeste Ebene dessen, was wir fühlen. Lassen wir diese Ebene bei der Psychotherapie außer Acht, so fehlt unserer Arbeit das Fundament. Viele Therapeuten unserer Zeit haben das natürlich erkannt, und es gibt etliche neue Therapierichtungen, die beim Körper ansetzen.

Über den Körper findet man einen viel direkteren Zugang zu seiner eigenen inneren Wahrheit als über den Verstand. Vor einiger Zeit rief mich ein Freund an. Nach dem Telefongespräch mit ihm fühlte ich mich unwohl und verärgert. Ich überlegte, warum das so war. Ich erinnerte mich, aus der Stimme meines Freundes Frustration und Vorwurf herausgehört zu haben, die er jedoch nicht geäußert hatte. Anstatt diesen Gefühlen mein Herz zu öffnen, hatte ich emotional reagiert – mit Ärger. Irgendwie war mir das vertraut; schon seit ich diesen Freund kannte, kannte ich diesen Ärger. Dieser Mensch, dachte ich, unterdrückt durch Nettigkeit die Vorwürfe, die er mir eigentlich machen möchte, und das ist es, was den Ärger in mir auslöst. Folglich, dachte ich weiter, muss ich mich jetzt meinem Ärger zuwenden und ihn ins Herz schließen. An diesem Punkt meiner Überlegungen schaltete sich mein besseres Wissen ein. »Stopp«, sagte es. »Das alles sind Überlegungen. Das ist nicht das, worum es geht. Denk einfach zurück an das Telefongespräch und wende dich deinem Körper zu.« Ich tat es und stellte fest, dass meine Arme verspannt waren, besonders die Außenseiten. Als ich Aufmerksamkeit und Atem in den Armen konzentrierte, merkte ich, dass ich versuchte, etwas abzuwehren; das Gefühl, das sich in dieser Spannung verbarg, war verzweifelte Abwehr. Ich widmete diesem Gefühl meine ungeteilte Aufmerksamkeit, öffnete ihm mein Herz und Tränen der Erleichterung stellten sich ein. Was also beim Telefonieren tatsächlich das Unbehagen in mir ausgelöst hatte, war die Tatsache, dass ich verzweifelt versucht hatte, etwas abzuwehren, nämlich die Frustration und Vorwürfe meines Gesprächspartners. Ich musste sie abwehren, weil ich – unbewusst – befürchtete, mich schuldig fühlen zu müssen, wenn ich Frust und Vorwurf des Freundes an mich heranließ. So wandte ich mich als Nächstes dem Schuldgefühl zu, vor dem ich offenbar solche Angst hatte. Das Gefühl von Unwohlsein und Ärger war natürlich danach aufgelöst. Nicht um Ärger ging es also, sondern um Schuld und Angst vor Schuld. Genau wie in diesem Beispiel fördert körperzentrierte Herzensarbeit fast immer ganz andere Gefühle zutage, als wir denken. Therapeuten, die körperzentriert arbeiten, wissen das natürlich.

Familienaufstellung nach Hellinger, Kinesiologie, Reinkarnationstherapie, Atemtherapie, Gesprächstherapie, körperzentrierte Methoden der Psychotherapie: Viele Therapieformen, die mir bekannt sind, lassen sich meines Erachtens wunderbar ergänzen. An welchem Punkt welcher Therapie auch immer man steht, körperzentrierte Herzensarbeit kann das Gewahrsein an diesem Punkt vertiefen und den Anstoß zu einer entscheidenden Veränderung geben.

Wir verzichten bei dieser Arbeit völlig darauf, zu interpretieren, zu analysieren; wir stellen keine Zusammenhänge her; wir verknüpfen nichts. Erkenntnisse über Zusammenhänge stellen sich von selbst ein. Plötzlich versteht man, warum man dies oder das tut, warum man so oder so reagiert oder sich in gewissen Situationen immer so oder so fühlt. Aber es geht nicht um diese Erkenntnis; die Erkenntnis ist sozusagen ein Abfallprodukt dessen, worum es eigentlich geht: um Einswerden mit sich selbst – letztlich um Liebe.

10. KAPITEL

Eine neue Art, mit Problemen umzugehen

> Die Wahrheit ist, dass wir unser Drama nur zu sehr lieben.
>
> *Charlotte Joko Beck*

Die Wahrheit unseres Herzens – unsere eigentliche Wahrheit – ist schlicht und letztlich immer unschuldig. Wenn man verlernt hat, ihr zu trauen und zu vertrauen, wenn man verlernt hat, sie zu äußern, ja, sie überhaupt wahrzunehmen, wird man entweder kompliziert und für die Mitmenschen verwirrend oder oberflächlich, hartherzig, »verkopft«, selbstherrlich oder tyrannisch. Man manövriert sich selbst und seine Mitmenschen in ein Geflecht von Scheinbeziehungen hinein, die nach außen hin beherrscht werden von Sekundärgefühlen (das heißt Gefühlen, die deshalb entstehen, weil das eigentliche, primäre Gefühl verdrängt ist) und im Stillen von verdrängten Primärgefühlen, anstatt schlicht und einfach aus der inneren Wahrheit gespeist zu werden und sich mit der Wahrheit zu entwickeln und zu verändern.

Die Rückkehr zu Echtheit und Einfachheit und zu Beziehungen, die von der Wahrheit des Herzens getragen sind, ist eine natürliche Folge der konsequenten Praxis der körperzentrierten Herzensarbeit; eine Folge, die sich allerdings langsam, mit der Zeit einstellt – je nachdem, wie groß die Verwicklung und wie konsequent das Üben ist.

Man kann sich lange Streitgespräche sparen, wenn man auch im täglichen Leben an die Übung der körperzentrierten Herzensarbeit denkt. Dazu bedarf es natürlich der berühmten Achtsamkeit. Mit anderen Worten: Während man sich in ein Gespräch vertieft, darf man seine Bewusstheit nicht ganz verlieren. Man muss sich immer wieder daran erinnern, bei sich zu bleiben und wahrzunehmen, was im eigenen Innern – Körper und Emotion – geschieht, und ebenso daran, sein Herz offen zu halten für das, was geschieht. Und man muss seinen Atem spüren. Eine gute Formel, sich zu erinnern, ist: »Wahrnehmen und atmen«.

Was wir üblicherweise tun, sieht anders aus. Jemand sagt etwas zu uns, das unser unbewusstes Interpretationssystem als Angriff auffasst, um ein Beispiel zu nennen. Bevor wir überhaupt merken, wie uns geschieht, reagieren wir gemäß unserem üblichen Reaktionsmuster. Wir schießen zurück (»Du hast doch gestern genau dasselbe gemacht ...«) oder wir rechtfertigen uns oder wir ziehen uns aus der Beziehung zurück und schmollen – oder wie auch immer unsere automatische Reaktion aussieht.

Wäre unsere Achtsamkeit eingeschaltet gewesen, wir hätten sofort innegehalten, nachdem wir die fraglichen Worte vernommen hätten; wir hätten bewusst wahrgenommen, welche Reaktion in unserem Körper und Gemüt abläuft, und uns einen Augenblick Zeit genommen (der Gesprächspartner braucht nichts davon zu merken), um diese zu würdigen und mit dem Herzen zu verstehen. Und dann, vielleicht noch verletzlich und unsicher, aber entschlossen, hätten wir von der Warte des offenen Herzens aus unseren Partner gebeten zu erklären, was er uns eigentlich mitteilen wollte, was ihn bedrückte oder ärgerte. Wir hätten versucht, seine Erklärungen offenen Herzens aufzunehmen, in dem Bestreben, wirklich zu verstehen, was ihn bewegt. Und zweifellos hätten wir festgestellt, dass nichts von dem, was er vorbringt, uns verletzen kann, sondern dass wir in unserem Herzen fühlen können, wie er sich fühlt und was er uns eigentlich mitteilen möchte.

Das Übliche: Man verwickelt sich – oder lässt sich verwickeln – in ein Hin und Her von Argumenten, Erklärungen, Angriffen, Rechtfertigungen oder auch Versuchen, gemeinsam eine Situation zu analysieren oder in den Griff zu bekommen. Vielleicht kommt man zu Ergebnissen; vielleicht kommt man einen Schritt weiter oder schließt wieder Frieden; vielleicht bleibt man erbittert oder resigniert zurück. Fest steht aber: Wenn man gleich zu Anfang der kritischen Phase des Gesprächs innehält und die Übung des Wahr- und Annehmens einschaltet, kommt man nicht nur schneller auf das, worum es eigentlich geht hinter dem Konflikt, sondern wesentlich leichter zu Mitgefühl und Verständnis sich selbst und dem anderen gegenüber.

Jedes Beziehungsereignis, gleich, ob es Freude, Ärger oder Trauer in uns auslöst, ist ein wertvoller Anlass, etwas über uns selbst zu erfahren und uns auszudehnen, indem wir unser Herz öffnen. Wir erweitern uns, indem wir Teile unser selbst, die aus Herz und Bewusstsein ausgeklammert waren, integrieren, indem wir den Menschen, mit dem wir zu tun haben, einbeziehen statt ausgrenzen und indem wir lernen, unsere Gefühle ehrlich und direkt auszudrücken.

Manche Menschen haben Probleme damit, sich abzugrenzen. Sie leiden darunter, dass sie Stimmungen und Gefühle anderer leicht in sich aufnehmen. Solche Menschen meinen oft, eine Arbeit, die zu größerer Offenheit des Herzens führt, sei nichts für sie, weil sie ohnehin zu offen seien. Hier liegt jedoch ein Missverständnis vor: Wenn wir darunter leiden, zu empfänglich zu sein, und uns nicht dagegen wehren können, dass fremde Stimmungen und Gefühle von uns Besitz ergreifen, so liegt das nicht daran, dass unser Herz offen ist, sondern es steckt immer eine psychisch-geistige Konstellation dahinter, die es zu erforschen gilt. Dass Stimmungen und Gefühle ansteckend sein können, ist ja allgemein bekannt; aber damit verhält es sich meiner Auffassung nach so wie mit Krankheiten, die als ansteckend gelten. Die einen fangen sie sich aus zehn Metern Entfernung ein, die anderen noch nicht einmal, wenn sie den Kranken umarmen. Wenn wir uns vom Gefühl eines anderen anstecken lassen, müssen wir prüfen, ob es eine Resonanz in uns gibt – ob dasselbe Gefühl in uns selber schon vorhanden war, ohne dass wir es bemerkt haben, und dieses nun dadurch, dass wir einem anderen begegnet sind, der es manifestierte, sozusagen mitschwingt; oder ob wir einen Grund haben, das Gefühl des anderen zu übernehmen. Wenn beispielsweise Ihr Partner traurig ist und Sie den Eindruck haben, daran schuld zu sein, werden Sie vielleicht versuchen ihm einen Teil Traurigkeit abzunehmen, indem Sie auch traurig sind.

Dies alles hat nichts mit einem offenen Herzen zu tun. Wenn unser Herz offen ist, öffnen wir uns mit Verständnis und Anteilnahme den Gefühlen unserer Mitmenschen, ohne sie jedoch mit unserer eigenen Gemütslage zu verwechseln. Der Gemütszustand des anderen setzt sich auch nicht in uns fest.

Auch in der Art, wie wir mit uns selber umgehen, bewirkt körperzentrierte Herzensarbeit einen großen Unterschied gegenüber dem Üblichen. Wenn uns etwas verstimmt, verletzt, Ärger oder Trauer in uns auslöst: Was tun wir üblicherweise, wenn wir allein damit fertig werden wollen? Wir denken darüber nach, indem wir die Situation analysieren und zu einer befriedigenden Lösung oder Veränderung zu kommen versuchen; wir denken darüber nach, indem wir endlos das Geschehene in Gedanken wiederkäuen; wir denken darüber nach, indem wir uns ausmalen, was wir hätten tun oder sagen sollen oder können; wir sind gedanklich damit beschäftigt, das Geschehene abzuwehren. Oder aber wir überlassen uns einem emotionalen Anfall; wir stampfen auf, schreien oder schäumen vor Wut, schlagen auf irgendetwas ein beziehungsweise brechen in Tränen aus und weinen möglicherweise, bis wir erschöpft sind. Wir lassen uns also entweder von unseren Gedanken oder von unseren Gefühlen davontragen und verlieren in ihnen unser Bewusstsein. Oder wir verdrängen das Ganze, indem wir uns in eine Arbeit oder Ablenkung stürzen.

Indem wir einfach unseren Gedanken oder Gefühlen freien Lauf lassen und uns mit ihnen identifizieren (anstatt sie bewusst wahrzunehmen), kreisen wir in unseren Denk- und Fühlmustern wie der Hamster im Laufrad. Irgendwann lassen wir das Thema vielleicht fallen und wenden uns einer anderen Sache zu; aber im Stillen arbeitet es weiter, und immer wieder werden wir feststellen, dass unsere Gedanken auf die gleiche Art um das gleiche Gefühl kreisen.

Was geschieht stattdessen, wenn wir uns mit körperzentrierter Herzensarbeit durch ein Gefühl hindurcharbeiten? Wir lenken unsere Aufmerksamkeit statt auf die Vergangenheit (Gedanken über das Vorgefallene), die Zukunft (Sorgen in Bezug auf das, was werden wird) und Dinge oder Personen, die nicht anwesend sind, auf das, was hier und jetzt real ist. Wo ist das Problem jetzt? Was bleibt vom Problem, wenn ich gegenwärtig bin und nur das wahrnehme, was real vorhanden ist? Es bleibt eine Empfindung im Körper und ein Zustand des Gemüts – in Wirklichkeit nicht zwei verschiedene Zustände, sondern ein einziger, der einmal als physischer und einmal als psychischer Zustand wahrgenommen wird. Das fragliche Thema versetzt mich also in einen bestimmten Zustand, und diesen Zustand gilt es vollständig und bewusst wahrzunehmen, mit gebündelter Aufmerksamkeit. Zur gebündelten Aufmerksamkeit gehören Bewusstheit und Atem. Sobald dieser Zustand vollständig wahrgenommen und, nächster Schritt, vom Herzen angenommen wurde, löst er sich auf.

Wenn es sich um einen akuten Zustand handelt, löst er sich sogleich und restlos auf. Handelt es sich um einen chronischen Zustand – einen Gemüts- und Körperzustand, der uns schon seit langem begleitet, vielleicht seit Jahren, seit Jahrzehnten, von Kindesbeinen an oder womöglich schon während anderer Inkarnationen –, so bedarf er besonders gründlicher und beharrlicher Aufmerksamkeit. Er muss so lange erfahren und angenommen werden, bis er vollständig, bis in seine Tiefen hinein, bewusst geworden und ins Herz aufgenommen worden ist. Das kann in einer einzigen Sitzung geschehen, die bei sehr alten, also tief reichenden Zuständen vielleicht auch einmal zwei oder drei Stunden dauern kann, es kann aber auch wiederholter gebündelter Aufmerksamkeit bedürfen, bis ein solcher Gefühlskomplex zur Gänze ins Bewusstsein und ins Herz geholt worden ist.

Was uns Schwierigkeiten macht in dieser Welt, sind im Allgemeinen nicht die Tatsachen, sondern die Gefühle. Was fürchten wir, wenn uns jemand verlässt? Wir fürchten nicht eigentlich die Tatsache, dass die andere Person dann nicht mehr bei uns ist; wir fürchten unsere Gefühle. Wir fürchten, dass wir uns einsam fühlen, verlassen oder ungeliebt; wir fürchten den Schmerz des Getrenntseins, des Verlassenseins, des Alleinseins; wir fürchten unsere Trauer. Wir haben Angst vor Gefühlen, nicht vor Tatsachen. Was fürchten wir, wenn uns das Geld ausgeht? Letztlich fürchten wir nicht, dass wir unter der Brücke landen, sondern wir haben Angst davor, wie wir uns unter der Brücke fühlen.

Deshalb ist es von größter Wichtigkeit zu lernen, dass man Gefühle aushalten kann, dass man sie überleben kann, dass man sich getrost trauen kann, sie zu fühlen – auch die allerschlimmsten; dass man ihnen standhalten kann und, mehr noch, dass man sie annehmen kann. Sie erfahren dadurch keine Heilung, wie es heute manchmal heißt; was gibt es an einem Gefühl zu heilen? Schmerz ist einfach Schmerz, und Wut ist einfach Wut. Es ist nichts Krankes oder Unheiles an einem Gefühl beziehungsweise an der Tatsache, dass wir Schmerz oder Wut fühlen. Nicht das Gefühl – das immer rein und unschuldig ist – wird geheilt, sondern der Mensch wird von seinem Unheilsein befreit, das einzig und allein darin besteht, dass er sich von sich selbst abgespalten hat, indem er zu einem Teil seines Wesens gesagt hat: Geh weg, ich mag dich nicht. Ich mag nicht, wie du dich fühlst. Es macht mir Angst. Es ist hässlich. Du darfst nicht existieren. Du störst meine Pläne. Du bist unmoralisch. Du bist unangenehm. Auf diese Art verbannen wir uns selber aus unserem Herzen, versagen uns die Liebe, die wir so dringend brauchen, und stürzen uns in den Zustand des Ungeliebtseins, aus dem niemand uns befreien kann, wenn wir es nicht selber tun. Wie kann die Liebe Gottes uns erreichen, wenn wir uns selber Liebe versagen? Wie kann die Liebe eines anderen Menschen uns wirklich berühren und erfüllen, wenn wir uns insgeheim für nicht würdig halten, geliebt zu werden, wenn wir uns ablehnen?

Gewöhnliche Wahrnehmung und Wahrnehmung in der körperzentrierten Herzensarbeit

Im Bereich der Gefühle und Empfindungen verwechseln wir oft »wahrnehmen« mit »feststellen, dass es vorhanden ist«. Das ist so ähnlich, wie wenn man meint, ein Haus zu kennen, weil man täglich daran vorbeikommt, während man es jedoch noch nie genau angesehen, geschweige denn von innen erlebt hat.

In der körperzentrierten Herzensarbeit nehmen wir unsere Gefühle und Körperempfindungen vollständig wahr, indem wir sie sozusagen von innen erleben. Hinzu kommt noch ein weiterer entscheidender Unterschied zur gewöhnlichen Wahrnehmung. Das A und O bei der körperzentrierten Herzensarbeit ist der bewusste Atem. Der Atem dient hier nicht dazu, etwas zu verändern wie bei manchen anderen Techniken – beispielsweise verengte Räume zu weiten, verspannte Zonen zu entspannen oder Gefühle »wegzuatmen«. Der Atem hilft vielmehr, unsere Gefühle

– aus ihren Verstecken auftauchen zu lassen;
– lebendig zu machen, damit sie gefühlt werden können;

- zur Gänze zu erleben;
- auszuhalten, indem er uns einen Anker bietet, an dem wir unsere Bewusstheit festmachen können, sodass wir nicht auf Gefühlen davonschwimmen und uns vergessen;
- ins Herz zu holen, indem er unsere Verbindung mit unserem Innersten vertieft und den Weg ins Herz – bei entsprechender Absicht – freilegt.

Ferner hilft er uns,

- alle Schichten des Wesens zusammenzuhalten – Körper, Emotion, Herz und höhere Ebenen;
- sich mit der Quelle seines Wesens und Lebens, dem innersten Selbst, zu verbinden;
- präsent zu bleiben.

Deshalb ist der bewusste Atem nicht nur eine entscheidende Hilfe für diese Übung, sondern auch für das ganze Leben (vergleiche hierzu auch die Lehren des vietnamesischen Zen-Lehrers Thich Nhat Hanh).

11. KAPITEL

Wo Gefühle sich im Körper verstecken

> Wenn wir wirklich Abstand nehmen und beobachten – und das ist außerordentlich schwierig, wenn wir wütend sind –, können wir allmählich unsere Gedanken als Gedanken, das heißt als etwas Unwirkliches, sehen und erkennen, dass sie nicht die Wahrheit sind … Und was bleibt dann? Es bleibt die unmittelbare Erfahrung der physischen Reaktion in meinem Körper, der Bodensatz sozusagen. Wenn ich diesen Bodensatz direkt erlebe (als Spannung, Verkrampfung), werde ich, da es im unmittelbaren Erfahren keine Dualität gibt, allmählich in die Dimension *(samadhi)* gelangen, in der ich weiß, was zu tun und was der nächste Schritt ist.
>
> *Charlotte Joko Beck*

Gefühle können sich in allen Körperteilen und Gewebeschichten verstecken. Einige führe ich hier vorab auf, weil man bei manchen Körperzonen nicht so leicht auf die Idee kommt, dass in ihnen ein Gefühl versteckt sein kann.

Zum Beispiel die Zähne: Wut ist manchmal in den Zähnen versteckt (und offenbar steckt verdrängte Wut oft hinter Zahnproblemen!). Es ist nicht leicht, darauf zu kommen; es ist eine ganz subtile Spannung, die man in den Zähnen wahrnehmen kann. Ein besonders beeindruckendes Beispiel: Inges Zähne saßen so locker, dass sie bereits wackelten und gezogen werden mussten. Ich empfahl ihr, sich mit ihrem Bewusstsein in ihre Zähne hineinzubegeben, um ihren Zustand von innen kennen zu lernen. Getrieben von der Angst vor Zahnziehen und Prothesen, bat Inge ihren Zahnarzt um Aufschub und widmete sich ihren Zähnen per körperzentrierter Herzensarbeit. Sie befreite die starken aggressiven Emotionen, die sich darin festgesetzt hatten, und berichtete mir nach wenigen Wochen, dass ihre Zähne wieder »bombenfest« saßen und nicht mehr gezogen werden mussten. Offensichtlicher, auch allgemein bekannt, ist das Phänomen des verspannten Kiefers. Die Lippen können betroffen sein (das Bemühen, den Mund verschlossen zu halten, weil man nichts sagen kann oder will). Der Gaumen kann verspannt sein und eine verdrängte Emotion bergen (zum Beispiel die Angst, sich nach oben hin zu öffnen, zum höheren Selbst, zu Gott oder den höheren Mächten).

Wut sitzt natürlich, das liegt auf der Hand, vor allem in all jenen Teilen des Körpers, die Aggressionen ausagieren: also in den Händen und Armen (man möchte zuschlagen oder auf den Tisch hauen), den Füßen und Beinen (man möchte treten); manchmal, wenn sie mit dem Gefühl von Beengtsein verbunden ist, kann sie auch in den Ellenbogen und Oberarmen sitzen (man möchte sich Platz schaffen). Auch in den Fingern und Fingerspitzen/Nägeln (man möchte kratzen) und, wie schon erwähnt, in Zähnen und Kiefermuskulatur (man möchte beißen).

Sehr subtil sind die Knochen. Es gibt tatsächlich Gefühle, die einem »in den Knochen sitzen«. Wenn man das bei sich entdeckt und dann mit seinem Bewusstsein in die Knochen hineingeht, findet man möglicherweise eine ganz feine, leichte Spannung im Innern der Knochen.

Angst ist manchmal schwer im Körper aufzuspüren, wenn sie nicht massiv bemerkbar ist, dadurch beispielsweise, dass der Hals eng wird oder der Solarplexus sich zusammenkrampft. Eine subtilere Erscheinungsform ist folgende: Die ganze Körperperipherie zieht sich leicht zusammen wie ein Panzer, vor allem die Außenseite der Arme (man versucht, etwas von sich fern zu halten) und Teile des

Rückens (zum Beispiel als Verspannung im unteren Rückenbereich, die sich anfühlt wie »den Schwanz einziehen«). Angst sitzt auch oft in den Nieren (wie man ja auch aus der traditionellen chinesischen Medizin weiß). Als ich einmal sehr krank war, kam ich auf die Idee, meine Hände auf die Nieren zu legen. Im selben Augenblick brach ich in Tränen aus, und der Gedanke tauchte auf: »Gott sei Dank, dass du endlich da bist, wir wussten schon gar nicht mehr, wie wir mit all der Angst fertig werden sollten!« Das Symptom übrigens, das mich auf die Nieren aufmerksam gemacht hatte – Blut im Urin –, verschwand daraufhin sofort und blieb verschwunden.

Auch in allen übrigen Organen können sich Gefühle festgesetzt haben. Wut und Zorn habe ich bei mir selber in der Leber gefunden, auch ein Gefühl von Erschöpfung und Überlastetsein. Eine Krebskranke entdeckte bei der konzentrierten Körperwahrnehmung, dass ihre Leber »schwarz« war vor Gift; vergiftet von Emotionen (Wut, Frust, Groll, Enttäuschung, Bitterkeit), die sie dort versteckt hatte. Nachdem sie diesen Emotionen erlaubt hatte, in ihr Bewusstsein aufzusteigen, sodass sie sie fühlen konnte, und ihnen ihr Herz geöffnet hatte, war die Leber in ihrer inneren Wahrnehmung nicht mehr schwarz, sondern hell und durchlässig.

Viele Gefühle sitzen im Solarplexus und im Bauch, manche in der Brust; oftmals lagern sie auf oder über dem Herzen und drücken aufs Herz oder »machen das Herz schwer«. Gelegentlich kommt es vor, dass jemand ein Gefühl nicht innerhalb des Körpers, sondern außerhalb entdeckt; vor der Brust beispielsweise, hinter dem Rücken oder um den Körper herum lagernd. Hiermit kann ebenso umgegangen werden wie mit einem Zustand, den man innerhalb des physischen Körpers entdeckt: Man kann sich mit Bewusstsein und Atem hineinbegeben und diesen – anscheinend aus dem physischen Körper ausgelagerten – Teil seiner selbst von innen kennen lernen.

Das sind nur einige Beispiele möglicher Körperverstecke. Diese Hinweise können helfen, ein verdrängtes Gefühl aufzuspüren, wenn man, nachdem man seine Aufmerksamkeit auf den Körper gerichtet hat, nichts Besonderes entdeckt. Der Ansatz liegt ja bei dieser Methode nicht darin, dass man von einem bereits definierten Gefühl ausgeht (»Ich möchte jetzt meine verdrängte Angst finden«) und dann nachsieht, wo es sich im Körper versteckt hat; sondern man vergegenwärtigt sich einfach das auslösende Ereignis oder die Person, mit der man Probleme hat, und richtet dann seine Aufmerksamkeit auf den Körper, um festzustellen, wie er auf das Problem reagiert. Indem man die reagierenden Zonen von innen kennen lernt, findet man die Emotion(en), um die es geht. Auf diesem Wege gelangt man direkt zu seiner inneren Wahrheit – und nicht auf dem Umweg über den Verstand, der in Gefühlsangelegenheiten meist ein Abweg ist.

12. KAPITEL

Der Sinn der körperzentrierten Herzensarbeit aus höherer Sicht

> Ein Wanderer bist du. Nicht Welten durchwanderst du, nicht Wege auf diesem Planeten, auch nicht verschiedene Leben; Landschaften deiner Seele sind es, die du durchwanderst. Deine Seele ist ein Universum; geheimnisvoll und sich selber unbekannt. Deine Seele durchwandert sich selbst, und während sie sich erlebt und erforscht, offenbart sie sich; und während sie sich offenbart, verwirklicht sie sich; und während sie sich verwirklicht, erweckt sie sich.
> Das ist die Reise deines Lebens.
>
> *Safi Nidiaye*
> *(aus: Die Stimme des Herzens)*

Zum Abschluss des allgemeinen Teils dieses Buches schalte ich auf »Empfang«, um aus höheren Ebenen des Bewusstseins einen Kommentar zum Sinn der körperzentrierten Herzensarbeit aus einer ganz anderen, spirituellen Perspektive zu erhalten. Es folgt der auf diese Weise »kanalisierte« Text.

Aus höherer Sicht betrachtet, ist das, was hier »körperzentrierte Herzensarbeit« genannt wird, etwas höchst Notwendiges. Es ist Sinn und Zweck der Seele, sich selbst zu erforschen und kennen zu lernen; der ganze Zweck der Schöpfung besteht darin, dass die Seele, das innerste Wesen des Ganzen, sich selbst erfährt und kennen lernt. Ohne dieses Erfahren und Kennenlernen ist sie sich selbst ein Geheimnis; potenziell allwissend, alles seiend, alle Möglichkeiten enthaltend, doch ohne Spiegel, in dem ihre Schönheit reflektiert und für sie sichtbar werden könnte.

Das ganze Leben des Menschen, die Verkörperung selbst dient diesem Zweck, und alles, was der Mensch unternimmt, um sich selber kennen zu lernen und den Geheimnissen seines inneren Wesens auf den Grund zu kommen, erfüllt die Sehnsucht der Seele danach, sich selber zu erfahren.

Der Mensch, der ohne Selbst-Bewusstheit in diesem Sinne lebt, dient zwar der Seele auch, indem er ihre Sehnsucht nach Entfaltung dieser oder jener Eigenschaft in die sichtbare und tastbare Welt hinein durch sein Leben erfüllt; jedoch fehlt das Bindeglied der Bewusstheit, jener Strohhalm, aus dem die Seele den Nektar der Erfüllung trinken kann. Zwar atmet sie die Essenz jeglicher Lebenserfahrung ein wie einen Duft, doch fehlt ihr die Erfüllung durch bewusstes Erleben.

So dient der Mensch, der sich der Zustände seines Körpers, seiner Psyche, seines Herzens bewusst ist, den Bestrebungen der Seele. Sein ständiges Bemühen, Unwahres, Verfälschtes, Verdrehtes Schicht um Schicht abzutragen, um zur schlichten Wahrheit seines Herzens durchzudringen, ebnet den Weg, auf dem die Seele Einzug halten kann in sein Denken, Fühlen und Erleben.

Erlebe, was du erlebst, erlebe es ganz und von innen – nicht mit einem Fuß in der Scheinrealität der Welt deiner Gedanken und Hoffnungen –, erlebe es als Zuschauer, jedoch als Zuschauer, der nicht nur mit den Augen zuschaut, sondern mit seinem ganzen Wesen. So lebst du Fülle und findest Erfüllung.

Fühle, was du fühlst, fühle es ganz und rückhaltlos, ohne abzuwehren und auszuweichen, und du findest Glück noch mitten im tiefsten Unglück: das Glück, ganz zu leben, erfüllt bis an den Rand.

Öffne dein Herz, so weit du kannst, öffne es allem, was dir begegnet, und du wächst in Freude, Liebe und Ekstase. Langeweile, Depression, Verbitterung und Verärgerung weichen der Freude des erfüllten Daseins.

Nichts tut mehr Not als Bewusstheit. Es bedarf nicht der Anstrengung, um die Schätze zutage zu fördern, die deine Seele und dein Schicksal für dich bereithalten, es bedarf nicht der Arbeit, nicht der Mühe, nicht des Erfindungsreichtums deiner Fantasie und nicht der Bildung deines Verstands; es bedarf nur der Bewusstheit. Denn alles, was du brauchst, und alles, was du werden kannst, ist schon vorhanden in dir. Lenke nur deine Bewusstheit auf das, was ist, und das, was werden will, kann werden.

TEIL II

Die Technik der körperzentrierten Herzensarbeit

Der Schlüssel liegt darin, einfach bereit zu bleiben, unsere Aufmerksamkeit voll auf das zu richten, was gerade geschieht. Angst, Wut, Frustration und Hilflosigkeit bieten völlig geeignete Räume, von denen aus die Bewegung zu gesteigerter Energie eingeleitet werden kann. Und in der Tat kann jeder Augenblick, ganz gleich, wie er erscheint, zum Tor zu größerer Lebendigkeit werden. Alles hängt von unserer Achtsamkeit ab.

Richard Moss

1. KAPITEL

Vorbereitende, begleitende und ergänzende Übungen

Bevor ich die Technik der körperzentrierten Herzensarbeit schildere und anhand von Beispielen erkläre, möchte ich einige Übungen vorstellen, die zur Vorbereitung nützlich sind, aber auch nach Erlernen und Anwenden der Methode der körperzentrierten Herzensarbeit oder unabhängig von ihr praktiziert werden können.

Atembeobachtung

Setzen Sie sich jeden Tag für eine vorher festgesetzte Zeitspanne hin und tun Sie nichts weiter, als Ihren Atem wahrzunehmen. Nehmen Sie jeden einzelnen Atemzug wahr, jedes Ausatmen und jedes Einatmen. Zählen Sie die Atemzüge nicht, nehmen Sie sie nur wahr. Heften Sie Ihre Aufmerksamkeit an den Atem. Falls Ihnen das anstrengend erscheint, denken Sie sich das nicht als Disziplinübung oder als Arbeit, sondern als Erholung vom Tun und vom Denken. Ihr Bewusstsein darf sich endlich einmal ausruhen; es ruht auf dem, was immer da ist: dem Atem.

Sie können sich darauf konzentrieren, Ihren Atem in einer bestimmten Körperregion wahrzunehmen, beispielsweise im Bauch. Nehmen Sie wahr, wie sich beim Einatmen die Bauchdecke hebt und wie sie sich beim Ausatmen senkt.

Üben Sie das täglich. Falls Sie an die tägliche Praxis von Meditation, Kontemplation oder Gebet gewöhnt sind, leiten Sie diese jeweils mit einigen Minuten Atembeobachtung ein.

Sie können sich auch zur Gewohnheit machen (wie Thich Nhat Hanh es lehrt und praktiziert), bestimmte akustische

Signale zu nutzen, um einige Atemzüge lang bewusst zu atmen (zum Beispiel das Erklingen von Glocken oder das Läuten des Telefons).

Techniken, die helfen, das Herz zu öffnen

Sein Herz zu öffnen ist eine Frage der Bereitschaft. Man kann es nicht eigentlich tun; es geschieht, und zwar sobald man dazu bereit ist. Es gibt jedoch Möglichkeiten, dies anzuregen. Drei davon stelle ich hier vor:

Sich jemanden vergegenwärtigen, bei dem einem das Herz aufgeht

Bestimmt kennen Sie Menschen (oder auch andere Lebewesen), die Ihr Herz besonders berühren: »Das Herz geht einem auf«, wenn man an sie denkt. Vergegenwärtigen Sie sich ein solches Wesen. Fühlen Sie Ihr Herz (energetisches Zentrum in der Mitte der Brust), während Sie sich dieses Wesen vorstellen. Nehmen Sie wahr, wie die Gegenwart dieses Wesens auf Ihr Herz wirkt.

Beten

Wenn Sie das Gefühl haben, dass Ihr Herz in einer gegebenen Situation einem bestimmten Menschen gegenüber oder überhaupt verschlossen ist, und sich danach sehnen, es öffnen zu können, beten Sie einfach darum, dass das geschieht. Durch dieses Gebet erklären und aktivieren Sie Ihre Bereitschaft, und das ist alles, was nötig ist, damit das Herz sich wieder öffnen kann.

Sehr stark wirkt es auch auf das Herz, für andere zu beten. Denken Sie an einen Menschen, der Hilfe braucht, und beten Sie für ihn; beten Sie für die Menschen, die Sie gern haben, und für die Menschen, die Sie nicht gern haben.

Auch gibt es kraftvolle Gebete, die von großen Meistern oder Heiligen formuliert wurden und die das Herz berühren und öffnen können.

Mit dem Herzen zuhören

Jemandem sein Herz zu öffnen bedeutet, bereit zu sein, zu verstehen, was diesen Menschen bewegt, indem man fühlt, was dieser Mensch fühlt. Hierzu verhilft einerseits natürlich der aufrichtige Wunsch, zum anderen eine simple Technik. Üben Sie, mit dem Herzen zuzuhören. Nehmen Sie das als Metapher, die Sie unmittelbar verstehen werden, ohne dass man es erklären müsste, aber nehmen Sie es auch als Technik: Konzentrieren Sie sich auf Ihr Herzzentrum, während Sie zuhören, und stellen Sie sich vor, Ihre Ohren säßen statt am Kopf am Herzen, sodass Sie die Schallwellen der Stimme Ihres Gegenübers primär mit dem Herzen und nicht mit dem Kopf empfangen. Das ist vielleicht nur eine schöne Vorstellung, aber erstaunlicherweise hilft es enorm. Sie werden feststellen, dass Sie, wenn Sie auf diese Weise lauschen, andere Dinge hören, als wenn Sie mit dem Kopf lauschen. Sie werden eher das hören, was Ihr Gegenüber eigentlich sagen möchte, das, was ihn im Herzen bewegt, und weniger das, was er ausdrückt.

Hierzu gehört natürlich als Ergänzung die Übung »Aus dem Herzen heraus sprechen«. Das heißt, im Herzen präsent zu sein, während man spricht, und das, was man auf dem Herzen hat, ehrlich und einfach auszudrücken – und zwar in einer Form, die der Wahrheit entspricht. »Du hast mich verletzt mit dem, was du gesagt hast«, ist nicht die Wahrheit, sondern »Ich fühle mich von dem, was du gesagt hast, verletzt«. Man drückt einfach aus, was man fühlt, anstatt den anderen zu beurteilen oder anzuschuldigen.

Beides zusammen ergibt die Technik des »Herzensgesprächs«.

Dies ist eine überaus wichtige Übung. Hierzu gehören zwei (oder mehrere), die bereit sind, dies miteinander zu üben. Dabei ist es gleichgültig, ob es sich um Personen handelt, die miteinander in ein Problem oder einen Streitfall verwickelt sind, oder um Menschen, die keine Probleme miteinander haben, aber einfach üben möchten.

Man setzt sich einander gegenüber, wobei man einen Abstand wählt, der so groß ist, dass man einander nicht beengt, und so gering, dass man die Atmosphäre des Gegenübers noch fühlen kann. Man legt eine Sprechzeit pro Person fest. Jeder darf beispielsweise 10 oder 15 Minuten lang sprechen. Man einigt sich, wer anfängt. Beide sammeln sich einen Augenblick und zentrieren sich im Herzen. Wenn Partner A bereit ist, beginnt er zu sprechen. Er erzählt, was er auf dem Herzen hat, was ihm Sorgen oder Probleme bereitet oder ihn besonders beschäftigt. Partner B hört nur zu, und zwar mit dem Herzen, wie weiter oben geschildert. Ein Zwiegespräch ist während der Übung nicht erlaubt, da es darum geht, dass B alles, was A bewegt, mit offenem Herzen aufnimmt, anstatt es durch eigene Argumente oder Ansichten infrage zu stellen oder abzuwehren. Vor allem geht es bei der Übung um den Part des Zuhörens. Nur wenn wir mit dem Herzen zuhören, ohne das Gehörte zu kommentieren, lernen wir etwas über das, was im Innern unseres Partners vor sich geht, lernen wir die Wahrheit aus einer anderen Perspektive als unserer eigenen kennen und erweitern damit uns selbst. Ein Zwiegespräch über das, was während der Übung geäußert wurde, ist auch nachher nicht erlaubt, um den Effekt nicht dadurch wieder zunichte zu machen, dass man die Sache zerredet und auf diese Weise den heiligen Rahmen, den das Herzensgespräch darstellt, zerstört. In ein Herzensgespräch einzutreten, ist so ähnlich, wie in eine Kirche oder einen Tempel einzutreten: Man weiß, dass jeder, der ernsthaft diesen Ort betritt, hier in seinem Sosein angenommen, respektiert und aufgehoben ist und dass sein Geheimnis geschützt bleibt.

A erzählt also, wobei er übt, immer wieder in sein Herz hineinzuspüren und das auszusprechen, was ihn tatsächlich bewegt, und in der Gegenwart zu bleiben (»Ich fühle … ich fürchte … ich bin … es ist viel Angst da … Ich wünsche mir … da ist Sehnsucht nach …«). Wenn A allzu sehr abgleitet von der einfachen und direkten Wahrheit seines Herzens und stattdessen anfängt, zu überlegen, zu spekulieren, zu analysieren, zu vergleichen etc. (also »in den Kopf rutscht«), darf – und soll – B »Stopp« sagen. Dieses »Stopp« bedeutet für A, einen Augenblick innezuhalten, sich erneut im Herzen zu sammeln und zu versuchen, direkt auszudrücken, was er auf dem Herzen hat, anstatt sich in Überlegungen zu ergehen. Das »Stopp« soll auf keinen Fall diskutiert werden; wenn A meint, B habe keinen Grund gehabt, »Stopp« zu sagen, soll er das »Stopp« dennoch als Anregung annehmen zu prüfen, ob er noch im Herzen zentriert ist. Nach Ablauf der Redezeit bleiben die Übungspartner noch einen Augenblick still sitzen, bedanken sich beieinander (am besten durch Verneigung) und tauschen die Rollen.

Aus den bereits geschilderten Gründen soll das, was während der Übung ausgesprochen wurde, später auf keinen Fall diskutiert werden. Erlaubt und in manchen Fällen hilfreich hingegen ist Feedback. Die Person, die zugehört hat, kann der Person, die erzählt hat, sagen: »Als du von … gesprochen hast, habe ich Herzklopfen bekommen, und als du … sagtest, ist es mir im Hals ganz eng geworden.« Das ist Feedback. Hingegen kann es sich störend auswirken, wenn die Person, die zugehört hat, derjenigen, die gesprochen hat, mitteilt, welche inneren Bilder in ihrem Geist aufgetaucht sind. Einmal abgesehen davon, dass die Beschäftigung mit inneren Bildern, die auftauchen, während man einem anderen Menschen zuhört, davon zeugt, dass man nicht oder nicht ganz mit dem Herzen zugehört hat, können die inneren Bilder eines anderen unseren direkten Zugang zu unserer eigenen inneren Wahrheit stören. Seminarteilnehmer berichteten mir manchmal nach Partnerübungen, dass sie verstört waren und etwas von der inneren Klarheit, die das Herzensgespräch ihnen gebracht hatte, wieder eingebüßt hatten, weil ihr Partner im Feedbackteil der Übung sie mit Bildern und Eindrücken überschüttete, die beim Zuhören in seinem eigenen Geist aufgetaucht waren und die er in durchaus guter Absicht mitteilte, da er sie für wichtige Informationen hielt. Vielleicht waren es wichtige Informationen, aber dann waren sie für ihn selber bestimmt (das ist nur dann nicht der Fall, wenn unser Gegenüber uns ausdrücklich um Rat oder Unterstützung gebeten hat und wir daraufhin innere Bilder gesehen haben). Im Rahmen des Herzensgesprächs ist es nicht sinnvoll, sich mit inneren Bildern zu beschäftigen. Es weist auch darauf hin, dass man nicht wirklich mit dem Herzen zugehört hat – oder jedenfalls nicht ganz. In dieser Übung ist der Part des Zuhörers der wichtigere; hauptsächlich geht es hier darum, sein Interesse und sein Mitgefühl für andere zu schärfen und genau und mit ganzem Herzen zuzuhören. Der Erzählende hilft dem Zuhörenden zu lernen, mit dem Herzen zuzuhören. Wenn Bilder beim Zuhören in uns auftauchen, lassen wir sie unseren Geist passieren, ohne sie wichtig zu nehmen. Es ist etwas anderes, wenn die Übung darin besteht, einander mitzuteilen, welche inneren Bilder man zu einem bestimmten Thema bekommt. Aber darum geht es hier nicht. Hier geht es, ebenso wie in der Meditation, darum, sich der Wahrheit zu öffnen und in seinem Üben so klar und nüchtern wie möglich zu bleiben. Swami Hariharananda Giri, der indische Nachfolger von Yogananda, sagte, als jemand zu ihm kam und begeistert von den Visionen von Licht- und Engelwelten erzählte, die er während der Meditation hatte: »Vergiss es. Meditiere weiter.«

Selbstverständlich muss man, wenn man dem Sinn der Übung nicht direkt entgegenwirken will, auch von Analysen und Bewertungen des Ausgetauschten oder gar Ratschlägen Abstand nehmen. Wenn wir jemandem mit offenem Herzen zuhören, so bedeutet das auch, dass wir ihn in seiner Eigenart, Eigenständigkeit und Ganzheit achten und lernen, wie es ist, dieser andere zu sein. Wir lernen auch davon, wie dieser andere Mensch seine Intelligenz und Kreativität anwendet, um mit seinen Problemen umzugehen und sein Leben zu gestalten. Beide Hinweise – Vorsicht beim Mitteilen innerer Bilder und Vorsicht beim Diskutieren der Inhalte – gelten übrigens auch für die körperzentrierte Herzensarbeit, wenn sie mit einem Partner durchgeführt wird.

Mit dem Herzen zuhören ist ein aktives Zuhören, das auf die Person, der man zuhört, starke Wirkung hat, wenn es aufrichtig ist. Martin Buber, der weise Philosoph des 20. Jahrhunderts, war berühmt für seine Fähigkeit, aktiv zuzuhören. Buber pflegte seine Zeit für Gespräche sehr knapp zu halten. Vladimir Lindenberg, ein berühmter Arzt, der einst zu einem Gespräch bei ihm eingeladen war, berichtete, dass er die 15 Minuten, die Buber ihm freigehalten hatte, nicht ganz in Anspruch nehmen konnte. Er musste das Gespräch früher abbrechen, weil, wie er sagte, Buber so intensiv zuhörte, dass Lindenberg es nicht aushielt.

Man öffnet sein Herz mit der unbedingten Bereitschaft, allem, was der andere erzählt, Achtung, Interesse und Mitgefühl entgegenzubringen und allem, was da kommen mag, Raum zu gewähren. Das Interesse des Zuhörers ist nicht das übliche persönliche Interesse – auch nicht, wenn es sich bei den Übungspartnern um Menschen handelt, die in einer engen persönlichen Beziehung zueinander stehen; es ist aufrichtiges Interesse an dem, was den anderen bewegt, das aber frei ist von persönlichen Aspekten (zum Beispiel das Gehörte einordnen zu wollen in das, was man von der anderen Person bereits weiß – ihre »persönliche Geschichte« –, oder es mit eigenen Erfahrungen zu vergleichen oder es überhaupt in seinen persönlichen Erfahrungsschatz einzugliedern). Es ist ein unpersönliches Interesse, von Respekt getragen und ohne jedes Bedürfnis, sich einmischen zu wollen.

Diese Art des Zuhörens kann Wunder wirken bei der Person, der wir auf diese Weise zuhören. Ihr wird es im Verlauf des Gesprächs, wenn wir ernsthaft mit dem Herzen zuhören, immer leichter fallen, mit ihrem eigenen Herzen in Fühlung zu kommen und herauszufinden, was eigentlich der Kern ihres Problems ist. Im Allgemeinen findet sie bei dem von aktivem Zuhören unterstützten Sprechen von selbst zu ihren eigenen Lösungen.

Die Körperwahrnehmung trainieren

Widmen Sie täglich einige Minuten – als gesonderte Sitzung – der Körperwahrnehmung. Lassen Sie Ihre Aufmerksamkeit durch Ihren Körper wandern. Dabei geht es nicht darum zu benennen, auf welche Empfindungen, Verspannungen, Schmerzen, Symptome Sie dabei stoßen, sondern diese zu spüren und bewusst zu erleben. Schenken Sie Ihrem Körper die Zuwendung ganzer Aufmerksamkeit und die heilende und belebende Wirkung Ihrer Präsenz (die wenigsten von uns sind je in ihrem Körper völlig präsent, da wir meist in Gedanken sind – bei anderen Dingen und Menschen) und erhöhen Sie Ihre Bewusstheit auf diese Weise.

Nehmen Sie sich auch mitten im täglichen Leben immer mal wieder für einen Augenblick Zeit, um ganz bewusst und aufmerksam in Ihrem Körper anwesend zu sein. Üben Sie das auch in Situationen, in denen Sie mit anderen Menschen in Interaktion stehen. Wie fühlen Sie sich dabei in Ihrem Körper? Achten Sie darauf, was in Ihrem Körper geschieht, während Sie mit anderen Menschen sprechen.

Auf Gefühle achten

Üben Sie, Ihren Emotionen Aufmerksamkeit zu schenken. Achten Sie, vor allem während Sie mit anderen Menschen reden oder interagieren, darauf, wie Sie sich fühlen. Wenn Sie über ein Problem nachdenken, achten Sie auf die Emotionen, die Sie dabei bewegen. Lernen Sie, Ihre Gefühle bewusst wahrzunehmen (anstatt sich mit ihnen zu identifizieren oder sie zu verdrängen). Hören Sie sich selber mit dem Herzen zu, während Sie mit einem anderen Menschen reden. Welche Gefühle verbergen sich hinter Ihren Worten?

2. KAPITEL

Anwendungsmöglichkeiten der körperzentrierten Herzensarbeit

Ausführlich gehe ich auf die Anwendungsmöglichkeiten der körperzentrierten Herzensarbeit am Ende des Technikteils ein. Einige Beispiele seien jedoch vorweg genannt, damit die nachfolgenden technischen Erläuterungen besser verständlich sind. Körperzentrierte Herzensarbeit kann gezielt problemorientiert eingesetzt werden

- bei, beziehungsweise nach allen Situationen und Ereignissen, die in Ihnen eine emotionale Reaktion hervorgerufen haben oder in denen Sie in ein altbekanntes Verhaltensmuster gerutscht sind;
- in allen Lebenssituationen, die Sie als problematisch oder schwierig empfinden;
- bei allen Verstimmungen, Unstimmigkeiten und Konflikten;
- bei Entscheidungsschwierigkeiten;
- in Krisensituationen;
- bei körperlichen Störungen und Symptomen;
- zur täglichen Rekapitulation von Ereignissen, Begegnungen und Situationen;
- als Übung mitten im täglichen Leben;
- als Weg, das heißt als ständige Disziplin.

Auf die drei letztgenannten Punkte gehe ich später gesondert ein.

3. KAPITEL

Die Technik der körperzentrierten Herzensarbeit

Problemorientierte Anwendung

Körperzentrierte Herzensarbeit zur Bewältigung eines bestimmten Problems lässt sich allein, zu dritt oder zu zweit durchführen. Ich empfehle, zunächst allein zu üben; als Nächstes – wenn Sie zwei Freunde oder Bekannte haben, die bereit sind, mit Ihnen zu üben, zu dritt; und dann erst, sozusagen als fortgeschrittenste Stufe, zu zweit. Der Grund für diese Reihenfolge: Wenn Sie mit einem Partner üben, müssen Sie in der Lage sein, Ihren Partner korrekt anzuleiten. Das ist eine sehr delikate und schwierige Angelegenheit, die Erfahrung und Einfühlungsvermögen erfordert. Erst wenn Sie die Übung etliche Male mit Erfolg allein durchgeführt haben, werden Sie in der Lage sein, einen anderen Menschen durch die Übung zu führen. Deshalb empfehle ich dringend, zuerst allein zu üben, und zwar oft, bevor Sie, wenn überhaupt, mit einem Partner üben. Die Partnerübung wiederum sollte anfangs, wenn irgend möglich, zu dritt durchgeführt werden. Der Anleitende kann in schwierige Situationen kommen, wenn er nicht über genügend Erfahrung verfügt, und hier kann eine dritte Person als »Wächter« sehr hilfreich sein. Darauf gehe ich an entsprechender Stelle näher ein. Erst wenn Sie genügend Erfahrung mit dem Üben allein und zu dritt haben, sollten Sie sich an die Zweierübung heranwagen.

Schließlich werden Sie wahrscheinlich abwechselnd allein

und zu zweit üben. Beides hat Vorteile: Wenn man allein übt, kann man im Allgemeinen tiefer in das Thema einsteigen und sich mehr Zeit nehmen, ohne befürchten zu müssen, die Geduld eines Gegenübers zu strapazieren. Das Erleben ist tiefer und intimer. Andererseits kommt es vor, dass man die Unterstützung eines Partners braucht, um überhaupt bestimmte Themen zu bearbeiten; manches taucht vielleicht nur auf, wenn ein anderer Mensch da ist, der uns mit Geduld, Liebe, Respekt und Beharrlichkeit zwingt, »am Ball zu bleiben«, wo wir allein vielleicht längst aufgegeben hätten. Allerdings rate ich ausdrücklich davon ab, ausschließlich mit einem Partner zu üben. Es ist sehr verlockend, jedes Mal, wenn man ein Problem hat, seinen Übungspartner anzurufen und eine Sitzung zu vereinbaren; aber es macht abhängig. Der Zweck dieser Technik ist es ja gerade, die Intimität mit uns selber, mit unserem innersten Wesen und unserer innersten Wahrheit zu finden und zu vertiefen; deshalb empfehle ich, sich regelmäßig – oder zumindest immer dann, wenn ein Problem auftaucht – allein hinzusetzen und körperzentrierte Herzensarbeit zu üben. Wenn Sie einen Partner haben, mit dem Sie gern üben, können Sie vielleicht, unabhängig von Ihrer Soloübung, einen regelmäßigen gemeinsamen Termin vereinbaren.

Allein üben

Wir gehen also davon aus, dass Sie sich deshalb zum Üben hinsetzen, weil Sie ein Problem haben.* Falls Ihnen mehrere Probleme zu schaffen machen, so wählen Sie bitte dasjenige aus, das Ihnen am meisten unter den Nägeln brennt – egal, ob Sie es bei vernünftiger Erwägung für wichtiger oder für

* Ich empfehle übrigens, wenn möglich im Sitzen zu üben und nicht im Liegen. Die Übung braucht konzentrierte Wachheit, die Ihnen im Liegen leicht abhanden kommen könnte.

unwichtiger halten als die anderen Probleme. Man kann immer nur mit dem arbeiten, was im Vordergrund steht; und dass es im Vordergrund steht, ist kein Zufall, wie man feststellen wird, wenn man etwas, was man für eine Kleinigkeit hielt, zum Anlass für die Übung nimmt und dann feststellt, dass sich etwas Großes dahinter verbirgt.

Den Einstieg finden

Beschreiben Sie sich selbst Ihr Problem in möglichst kurz zusammengefasster Form. Lassen Sie dann in Ihrem Geist eine Situation auftauchen, in der das Problem sich manifestiert hat. Emotionale Probleme manifestieren sich immer in gegebenen Situationen. Wenn Ihr Problem darin besteht, dass Sie nicht wissen, ob das Universum aus Teilchen oder aus Wellen zusammengesetzt ist oder ob Rot oder Schwarz in der Politik Recht hat, dann handelt es sich dabei nicht um ein Problem, das Sie auf dem Herzen haben, sondern um eines, das in Ihrem Kopf existiert. Nehmen Sie für die Übung nur etwas, das Sie auf dem Herzen haben. Wenn Sie sich ständig über ein bestimmtes Verhalten Ihres Partners ärgern; wenn Sie nicht wissen, wie Sie damit umgehen sollen, dass Ihr Chef Sie abkanzelt, Ihr Kollege zudringlich wird oder Ihre Freundin Sie immer warten lässt; wenn Sie unglücklich sind, weil Ihr Mann, Ihre Frau, Ihre Kinder Sie verlassen; wenn Sie Angst haben, Ihre Miete nicht bezahlen zu können; wenn Ihre ewig gleiche Reaktionsweise Ihnen auf die Nerven geht; wenn Ihnen überhaupt etwas auf die Nerven geht, Sie irritiert, Sie wütend oder traurig macht; wenn Sie leiden, weil andere unglücklich sind; wenn Sie nicht in der Lage sind, die Nachrichten aus den Medien zu verkraften; wenn Sie nicht verstehen, was in einer bestimmten Beziehung vor sich geht, die in Ihrem Leben viel Platz einnimmt; wenn Sie sich vergeblich nach einem Partner, einem Freund, einem Job, einem Urlaub, einer neuen Woh-

nung oder nach mehr Geld sehnen; wenn Menschen schroff und ablehnend auf Sie reagieren; wenn Sie merken, dass Ihr Lachen verkrampft ist; wenn Sie unfähig sind, sich zu entspannen, zu genießen; wenn Sie leiden, weil Ihr Partner brutal oder rücksichtslos ist, weil Ihre Kinder sich gleichgültig verhalten oder Ihre Eltern Ihnen nie zuhören – dann eignet sich Ihre Situation zum Üben, so wie jedes wirkliche Lebensproblem, sei es winzig oder übergroß.
Vergegenwärtigen Sie sich eine Situation, in der Ihr Problem sich manifestiert hat. Sehen Sie die Situation möglichst deutlich und konkret vor sich. Wenn Sie kein optisches Erinnerungsbild bekommen, dann lassen Sie irgendeinen Eindruck in Ihrem Geist auftauchen, der die Erinnerung in Ihnen lebendig macht. Stoppen Sie den Erinnerungsfilm an dem kritischen Punkt – dem Moment, als die Sache für Sie problematisch wurde.

Lernen Sie Ihr Problem als Körperzustand kennen

Lenken Sie Ihr Bewusstsein in Ihren Körper und nehmen Sie wahr, wie er auf das Problem reagiert. Nehmen Sie sich Zeit dafür. Wandern Sie mit Ihrer Aufmerksamkeit durch den Körper. Wo zieht sich etwas zusammen, verkrampft sich, spannt sich an, wird hart, tut weh? Wo wird etwas schlaff, schwach, schwer, zieht nach unten? Wo drückt etwas, wo spüren Sie Last oder Bedrückung? Wie ist der Gesamtzustand des Körpers, wenn Sie an Ihr Problem denken?

Zieht eine bestimmte Körperregion, eine bestimmte Verspannung oder ein bestimmter Schmerz nun Ihre Aufmerksamkeit auf sich, dann gehen Sie mit Ihrem Bewusstsein in diese Körperregion, diese Verspannung oder diesen Schmerz hinein. Lernen Sie sie von innen kennen. Denken Sie nicht, dass das schwierig sei; es ist ja ein Teil Ihrer selbst, den es kennen zu lernen gilt, und in jeden Teil Ihrer selbst können Sie mit Ihrem Bewusstsein hineingehen. Seien Sie sich dabei (und von nun an während der gesamten Übung) Ihres Atems bewusst.

Konzentrieren Sie sowohl Ihre Aufmerksamkeit als auch Ihren Atem in der betreffenden Stelle Ihres Körpers, um Ihren Zustand gründlich von innen zu erleben und zu würdigen. Trachten Sie auf keinen Fall danach, ihn zu verändern, zu verbessern oder zu entspannen! Das mag für einen Augenblick funktionieren, aber im nächsten Moment oder beim nächsten entsprechenden Gedanken oder Vorfall taucht dieselbe Verspannung, derselbe Schmerz wieder auf. Hier geht es darum, das, was ist, kennen zu lernen, zu würdigen und anzunehmen. Heilung und Veränderung geschieht genau dadurch, und zwar ganz von selbst.

Sie bleiben also in der betreffenden Körperregion anwesend, atmen bewusst und nehmen bewusst wahr, was dort geschieht und wie es sich von innen anfühlt. Sie erleben die Realität Ihres Problems unmittelbar als körperlichen Zustand.

Betrifft die Körperreaktion mehrere Regionen des Körpers, so können Sie, je nach Eingebung,

- entweder die »Verspannungsgestalt« als Ganzes wahrnehmen
- oder die verschiedenen Regionen nacheinander erforschen.

Beispiel: Während Sie sich Ihr Problem vergegenwärtigen, wird Ihr Rücken hart, Sie runzeln die Stirn, die Lippen pressen sich zusammen und die Fäuste ballen sich. Nachdem Sie das festgestellt haben, können Sie versuchen, Ihr Bewusstsein in Rücken, Stirn, Mund und Fäusten gleichzeitig zu konzentrieren, und mit Ihrer Aufmerksamkeit in diese Gesamtverspannung hineingehen (während Sie bewusst atmen). Halten Sie diesen Zustand aus; nehmen Sie ihn wahr, wie er ist, mit all Ihrer Aufmerksamkeit; würdigen Sie ihn. Und atmen Sie dabei bewusst.

Möglicherweise haben Sie aber das Gefühl, dass die

Hauptverspannung oder der Schmerz, der im Vordergrund steht, sich im Rücken befindet; in diesem Fall gehen Sie mit Ihrer Aufmerksamkeit in Ihren Rücken hinein. Erleben Sie diesen verspannten Rücken von innen, während Sie sich Ihres Atems bewusst sind.

Lassen Sie sich von Ihrer Beobachtung leiten. Vielleicht tritt als Erstes Ihr Rücken in den Vordergrund Ihrer Wahrnehmung, gleich anschließend aber die Fäuste. Folgen Sie dem, was Sie wahrnehmen; konzentrieren Sie Ihre Wahrnehmung nun in den Fäusten.

Seien Sie dort, wo das Problem sich in Ihrem Körper manifestiert, vollkommen präsent und atmen Sie bewusst.

In diesem Schritt geht es darum,
- festzustellen, wie Ihr Körper auf das Problem reagiert;
- mit Bewusstsein und Atem in die betroffenen Zonen hineinzugehen;
- den Zustand dieser Zonen von innen kennen zu lernen;
- mit anderen Worten, Ihr Problem als Körperzustand zu erleben.

Die Emotion aufspüren und kennen lernen

Wenn Sie den Zustand Ihres Körpers in der betroffenen Region gründlich kennen gelernt, erlebt und gewürdigt haben – bewusst atmend –, kommt der nächste Schritt. Fragen Sie sich: Wie fühle ich mich im Innern dieses verspannten Rückens, dieser geballten Faust, dieser zusammengebissenen Zähne? Untersuchen Sie diese Frage nicht mit dem Verstand, sondern stellen Sie sich einfach die Frage, während Sie weiterhin mit Bewusstsein und Atem in der betreffenden Körperregion konzentriert bleiben. Wenn Ihnen alles vage, diffus, schwer fassbar erscheint, können Sie an dieser Stelle Ihren Atem intensivieren. Atmen Sie etwas tiefer und heftiger. Es ist nicht so wichtig, zu benennen, was Sie fühlen, sondern es zu fühlen. Dabei kann der Atem Ihnen helfen.

Überlegen Sie nicht, wie Sie sich fühlen könnten; nehmen Sie einfach wahr, wie Sie sich fühlen, wenn Sie sich in der betreffenden Zone Ihres Körpers befinden. Es ist sehr einfach. Manchmal hilft es, sich die Frage »Wie fühle ich mich eigentlich hier drinnen?« spontan, ohne nachzudenken, laut zu beantworten. »Hilflos.« – »Eingeengt.« – »Einsam.« – »Traurig, dunkel.« – »Trübe.« – »Wie tot, tot gestellt.« – »Wütend«. Manchmal tauchen auch Bilder auf: »Wie ein Kind, das in der Ecke steht, mit dem Gesicht zur Wand, die Arme verschränkt.« Fragen Sie sich dann: »Und wie fühlt sich dieses Kind?«

Nun haben Sie das Gefühl aufgespürt, das sich in der Körperregion, die auf das Problem reagiert hat, versteckt hatte. Es ist das Gefühl (oder eines der Gefühle, wenn noch weitere zutage treten), um das es bei Ihrem Problem geht. Dieses Gefühl gilt es nun kennen zu lernen und zu würdigen, indem man es ganz auftauchen lässt und es bewusst erlebt.

Schenken Sie diesem Gefühl all Ihre Aufmerksamkeit und atmen Sie bewusst. Erleben Sie, wie es ist, sich so zu fühlen. Versuchen Sie auf keinen Fall, es zu verändern, wegzutrösten oder sonst wie zu beeinflussen; das würde nur dazu führen, dass es – weil es wieder nicht angenommen wird – erneut untertaucht. Lassen Sie es da sein, so wie es ist. Würdigen Sie es. Es hat einen Grund und ein Recht, da zu sein. Es ist Ihr eigener Gemütszustand. Er verdient Beachtung.

Auf dieser Stufe ist es wichtig, sich immer wieder an Wahrnehmen und Atmen zu erinnern. Andernfalls geschieht es leicht, dass man die Bewusstheit verliert und sich, wie im Allgemeinen üblich, von seinen Gefühlen und den damit verbundenen Gedanken davontragen lässt. Viele Menschen, vor allem Frauen, brechen beim Auftauchen ihrer Gefühle in Tränen aus und geraten in ein nicht enden wollendes Schluchzen. Das bringt uns nicht weiter. Es ist zwar gut, wenn Tränen kommen: Das zeigt an, dass etwas in Bewegung gerät, dass ein Gefühl, das verborgen war, endlich auftauchen darf; aber bitte bleiben Sie beim bewussten Wahrnehmen und Atmen. Auch wenn Sie weinen müssen (was auf keinen Fall unterdrückt werden darf!), achten Sie darauf, dass der Atem weiter fließen kann (bei heftigem Weinen kann der Versuch, trotzdem bewusst zu atmen, in einen stoßweisen Atem, ähnlich wie beim Rebirthing, ausarten, was ganz in Ordnung ist) – und, vor allem, identifizieren Sie sich nicht mit Ihren Gefühlen, sondern nehmen Sie sie bewusst wahr.

Oft geschieht es an dieser Stelle, dass man sich mit dem Teil seines emotionalen Wesens verwechselt, den man das innere Kind nennt. Nehmen wir an, das Gefühl, das bei der Körperwahrnehmung aufgetaucht ist, ist Hilflosigkeit. Plötzlich ist man nur noch klein und hilflos und schluchzt und kann sich nicht mehr helfen. Sobald Sie etwas Derartiges bemerken, wecken Sie sich sofort wieder auf und erinnern Sie sich: wahrnehmen und atmen. Das reicht schon, um die Bewusstheit wieder einzuschalten.

Das innere Kind braucht jetzt Ihre Zuwendung. Es ist ihm nicht damit gedient, dass Sie, der Erwachsene, hier Ihr Erwachsenenbewusstsein verlieren, um mit der Hilflosigkeit des Kindes davonzuschwimmen – sondern es braucht jetzt Ihre bewusste Aufmerksamkeit und Zuwendung. Nehmen Sie also die Emotion mit aller Aufmerksamkeit wahr und spüren Sie dabei Ihren Atem.

Bitte enthalten Sie sich auch des Wertens. Es gibt Emotionen, die ganz tief in uns verborgen sind und nie an die Oberfläche dürfen, weil wir sie für schlecht halten, weil wir denken, dass es sie nicht geben darf. Das heißt mit anderen Worten, ein Teil von uns leidet Not und wird nie bemerkt, nie erlöst! Wenn also eine Emotion in Ihnen auftaucht, die Sie erschreckt (vielleicht Hass, Gier, Eifersucht, Wut, Neid), so erinnern Sie sich einfach: wahrnehmen und atmen. Lernen Sie das Gefühl kennen – was auch immer es sei. Erleben Sie es von innen. Atmen Sie und nehmen Sie es wahr. Wenn Sie es genügend lang erforscht, erlebt und gewürdigt haben, sind Sie bereit für den nächsten Schritt.

Die Emotion ins Herz schließen

Nun kommen wir – nach Körper und Emotion – zur dritten Stufe, zum Herzen. Vielleicht hat es sich schon ganz von selbst geöffnet, um das zuvor verstoßene Gefühl in sich aufzunehmen. Das erkennen Sie daran, dass Sie von Liebe, Mitgefühl und tiefem Verstehen erfüllt sind. Wahrscheinlich sind auch Tränen gekommen, keine Tränen, die verzweifeltes Schluchzen einleiten, sondern Tränen der Liebe und der Erleichterung.

Wir gehen aber hier davon aus, dass es noch nicht von selbst geschehen ist. Sie sitzen da mit Ihrer körperlichen und emotionalen Not und sollen Ihr Herz dafür öffnen. Wie geht das?

Manchmal bewirkt es schon der Gedanke »Kann ich mein Herz aufmachen für diese Not?«.

Wenn nicht, gibt es verschiedene Schlüsselworte bzw. -gedanken, die helfen können.

Zum Beispiel:

- *Erbarmen.* Fragen Sie sich (und diese Frage dient, wenn sie das richtige Stichwort enthält, als Auslöser): »Kann ich mit diesem Gefühl (oder mit dem Teil meiner selbst, der sich so fühlt) Erbarmen haben?«
- *Mitgefühl.* Können Sie mit sich selbst mitfühlen – Ihrem Zustand Mitgefühl entgegenbringen?
- *Verständnis.* Können Sie sich dafür verstehen, dass Sie so fühlen, wie Sie fühlen? (Hier ist nicht das Verstehen aufgrund von Logik oder infolge von Rechtfertigung ge-

meint, sondern das unmittelbare und unbedingte Verstehen des Herzens.)

- *Respekt.* Können Sie diesem Gefühl, dieser Not – dem Teil von Ihnen, der diese Not leidet –, Achtung entgegenbringen? Achtung einfach deshalb, weil er existiert, oder Achtung dafür, dass er dieses Leid ertragen hat? Oder ihn einfach anerkennen?
- *Liebe.* Da ist ein Teil von Ihnen, der leidet (Ihr inneres Kind?), und dieser Teil braucht Liebe, einfach deshalb, weil er existiert – bedingungslose Liebe. (Aber Vorsicht: Das Wort »Liebe« kann zu Missverständnissen verleiten; gemeint ist Liebe im Sinne von Annehmen. Es darf keinen beschönigenden, glättenden, tröstenden Beigeschmack haben, sonst führt es wieder zur Verdrängung.)
- *Umarmen.* Manchmal hilft die Vorstellung, sich selbst mitsamt dem betreffenden Gefühl (beziehungsweise das innere Kind, wenn es ein kindliches Gefühl ist) in die Arme zu nehmen oder bildlich ins Herz zu holen.

Wenn dieser Schritt vollzogen ist, wenn das Herz sich geöffnet und es das betreffende Gefühl in sich aufgenommen hat, merkt man das deutlich. Liebe stellt sich ein, Frieden, Erleichterung, ein tiefes Gefühl von Verbundenheit mit sich selbst, Mitgefühl sich selbst gegenüber, Verstehen.

Wenn Ihnen nicht ganz klar ist, ob es Ihnen gelungen ist oder nicht, das betreffende Gefühl ins Herz zu schließen, so mobilisieren Sie noch einmal alle Liebe, die Ihnen zur Verfügung steht, alles Mitgefühl, das Sie aufbringen können, und richten Sie sie auf sich selber – auf Ihren Schmerz, Ihre Wut, Ihre Verspannung, Ihr Schuldgefühl oder was auch immer Sie im Zuge der Übung entdeckt haben.

Wenn Sie den Eindruck haben, dass das Gefühl, um das es geht, sozusagen vor der Tür des Herzens steht und nicht hinein kann, dann fragen Sie sich bitte, warum es nicht aufgenommen wird. Was hindert Sie, diesem Gefühl Ihr Herz zu öffnen? Es kann Angst sein oder aber Ablehnung.

- *Angst.* Oft haben wir Angst, ein Gefühl anzunehmen, weil wir befürchten, dass wir zusammen mit diesem Gefühl eine befürchtete Tatsache als gegeben akzeptieren müssen. Beispiel: Das Gefühl, das Sie in Ihrer Körperverspannung entdeckt haben, ist die Angst, (von einer bestimmten Person oder überhaupt) nicht geliebt zu werden. Sie fühlen die Angst, sind aber nicht bereit, sie an- und in Ihr Herz aufzunehmen, weil Sie denken, dass Sie dann auch das Ungeliebtsein als Tatsache annehmen müssen. Hier muss man sich daran erinneren, dass es nicht um das Ungeliebtsein als Tatsache geht, sondern um die Angst davor als Gefühl. Es geht darum, dieses Gefühl der Angst aus der Verbannung zu erlösen. Tatsächlich muss man, um die Angst ins Herz holen zu können, sich mit dem konfrontieren, wovor man Angst hat. Nicht aber, um das, was man fürchtet, als Tatsache zu akzeptieren. Die einzige reale Tatsache, um die es bei dieser Übung geht, ist die, dass man Angst hat. Wenn diese Gedanken Ihnen nicht helfen, dem Gefühl der Angst zu erlauben, sich zu zeigen, dann müssen Sie sich zuerst Ihrer Angst vor der Angst widmen und diese zulassen und kennen lernen.
- *Ablehnung.* Oft ist es uns deshalb unmöglich, ein Gefühl ins Herz zu schließen, weil wir es ablehnen. Hass, Wut, Eifersucht, Neid sind Gefühle, die von vielen Menschen so sehr abgelehnt werden, dass es für sie sehr schwer ist, sie ins Herz zu schließen. Manche haben die gleiche Schwierigkeit mit Gefühlen, die sie für den Ausdruck von Schwäche halten, wie Angst, Ohnmacht oder Hilflosigkeit.

Wie bringt man es fertig, ein Gefühl anzunehmen, das man ablehnt? Indem man zuerst die Ablehnung würdigt und annimmt. Sobald Sie merken, dass Sie Ihr Herz einem Gefühl nicht öffnen können, weil Sie es ablehnen, erforschen Sie denjenigen Teil von Ihnen, der dieses Gefühl ablehnt. Können Sie ihn im Körper lokalisieren? Identifizieren Sie sich für einen Augenblick ganz mit dem Ich, das jenes Gefühl ablehnt. Es kann hilfreich sein, es zu Wort kommen zu lassen, damit es seine Gefühle ausdrücken kann. Wie fühlt sich Ihr Körper dabei? Wo spannt er sich an? Gehen Sie mit Ihrem Bewusstsein ganz in die Verspannung oder das betreffende Symptom oder die betreffende Körperhaltung hinein und nehmen Sie, während Sie sich Ihres Atems bewusst sind, wahr, wie Sie sich darin fühlen. Es ist ein Teil von Ihnen, der sich so fühlt, der sich vielleicht immer schon so gefühlt hat. Können Sie ihm Verständnis entgegenbringen, Achtung, Mitgefühl? Auf diese Weise schließen Sie ihn sozusagen in die Arme des Herzens. Ist der »Ablehner« gewürdigt, verstanden und in Liebe und Mitgefühl angenommen, so können Sie sich von neuem demjenigen Teil Ihrer selbst zuwenden, der Opfer dieser Ablehnung war – dem Teil, der hasst, der wütend ist, Angst hat oder was auch immer. Schenken Sie ihm noch einmal Ihre ganze Aufmerksamkeit, Ihre ganze Zuwendung, Ihr Mitgefühl, Ihr Erbarmen, Ihr Verständnis und öffnen Sie ihm auf diese Weise Ihr Herz. Sie werden feststellen, dass das jetzt viel leichter geht. Die ablehnende Instanz und das von ihr abgelehnte Gefühl können ebenso problemlos im Herzen nebeneinander existieren wie Schaf und Wolf im Paradies.

Für Notfälle: »SOS-Ruf nach oben«

Wenn Sie es trotz aller Bemühungen nicht fertig bringen, einem bestimmten Gefühl Ihr Herz zu öffnen, so können Sie Hilfe von den höheren Ebenen Ihres Wesens herbeiholen. Ich bitte Sie aber ausdrücklich darum, das erst dann zu tun, wenn Sie sich ernsthaft und gründlich bemüht und alle geschilderten Schritte tatsächlich unternommen haben. Andernfalls besteht die Gefahr, dass Sie, anstatt das, was in Ihrem physischen und psychischen Körper vorhanden ist, kennen zu lernen, nach oben ausweichen und sich auf diese Weise – die sehr angenehm sein kann – um die Arbeit herumdrücken. Damit ist nichts gewonnen. Sie erleben dann vielleicht einige fried- und lichtvolle Momente, aber Ihr Schmerz, Ihre Wut, Ihre Not bleiben unerlöst im Dunkeln zurück.

Dagegen öffnen sich in genau dem Moment, da die Türen Ihres Herzens sich öffnen, um ein zuvor verstoßenes Gefühl einzulassen, auch die Türen zum Himmel (zu den höheren Bewusstseinsebenen). Sobald Sie das, was im Versteck Ihres Körpers und in der Dunkelzone Ihrer Psyche verborgen war, ins Licht des Bewusstseins und des Herzens geholt haben, öffnet sich automatisch der Kanal nach oben, zu den höheren Ebenen Ihres Wesens. Es ist, als gäbe es jedes Mal, wenn ein verlorener Sohn – ein verstoßener Teil Ihrer selbst – aus der Verbannung heimgekehrt ist, eine Feier im Himmel.

Wenn dies geschieht, muss ich Sie bestimmt nicht darauf hinweisen, dass es gut ist, still sitzen zu bleiben, um des Friedens, der Liebe und der Inspiration teilhaftig zu werden, die sich dann auf Sie herabsenken – im Allgemeinen werden Sie gar nicht anders können, als ganz still zu werden und im Segen der Berührung der höheren Sphären zu baden. Dies ist ein heiliger, intimer Moment, in dem die wunderbarsten Dinge geschehen. Plötzlich versteht man Zusammenhänge oder man ist von Liebe überwältigt oder verklärt.

Solche Momente sind großartig und heilsam. Dennoch tut man nicht gut daran zu versuchen, sie festzuhalten oder zu reproduzieren. Es wäre ein Missbrauch der Übung, wollte man diese in der Absicht praktizieren, wunderbare Momente zu erleben. Ihr einziger Zweck besteht darin, das, was in unserem Innern ist, vollständig wahr- und anzunehmen. Im Übrigen geht natürlich das Leben weiter, es wird uns weiter fordern, weiter drängen, weiter treiben, und andere und andersartige große Momente werden kommen.

Solche großen inneren Ereignisse müssen sich keineswegs automatisch jedes Mal einstellen, wenn man die drei Stufen der körperzentrierten Herzensarbeit erfolgreich bewältigt hat. Es kann auch ganz unspektakulär verlaufen. Ob sich glanzvolle Momente einstellen oder nicht, sollte nebensächlich bleiben – sozusagen ein Abfallprodukt. In dieser Übung geht es um Liebe, um Liebe zu uns selber, vor allem zu dem, was in uns leidet. Dabei ist es wie mit der Liebe zu einem anderen Menschen: Lieben wir einen Menschen um der glanzvollen Augenblicke willen, die uns das Zusammensein mit ihm beschert, oder um seiner selbst willen? Die erste Liebe geht am Geliebten vorbei, nur die zweite gilt wirklich ihm.

Zurück zum SOS-Ruf. Wenn Sie sich ernsthaft und gründlich um alle drei Stufen bemüht haben und trotzdem die Türen Ihres Herzens verschlossen bleiben, dann besteht die Möglichkeit, Hilfe von oben herbeizuholen. Tun Sie das ganz kindlich. Stellen Sie sich einfach vor, dass Sie sich nach oben hin öffnen (imaginieren Sie eine Öffnung im so genannten Scheitelchakra, dem Energiezentrum am obersten Punkt des Kopfes, durch die Licht von den höheren Ebenen Ihres Wesens einströmt) und dass Sie Kontakt aufnehmen mit den höheren Ebenen Ihres Wesens. Bitten Sie darum, dass Ihnen geholfen wird, sich des betreffenden Gefühls zu erbarmen. Entweder geschieht es daraufhin sofort oder Sie wissen plötzlich, was Sie zu tun haben, um den Weg ins Herz zu finden; oder Sie beenden die Sitzung und nehmen das Gebet einfach mit im Vertrauen darauf, dass Ihr höheres Selbst das, was Sie allein nicht geschafft haben, in Ihnen zuwege bringt. Achten Sie auf Ihre innere Stimme: Sie sagt Ihnen, ob es an der Zeit ist, abzubrechen oder geduldig sitzen zu bleiben.

Das Öffnen des Herzens ist nicht etwas, das man tun kann, sondern etwas, das geschieht. Der Schlüssel dazu ist Bereitschaft.

Sobald Sie bereit sind, etwas anzunehmen, öffnen sich die Türen Ihres Herzens, und zwar so weit, wie Ihre Bereitschaft reicht.

Mit dem Gebet – dem SOS-Ruf nach oben – drücken Sie Ihre Bereitschaft aus. Wenn sie nicht echt ist, spüren Sie das; dann können Sie noch tiefer in sich gehen und erforschen, warum Sie nicht bereit sind, Ihr Herz zu öffnen, und sich auf die beschriebene Weise dem Hindernis zuwenden.

Nachsorge

Die Nachsorge beinhaltet zwei Schritte. Der erste gehört streng genommen zum vorigen Punkt, der zweite betrifft die Tage oder Wochen nach der Sitzung.

1. Fragen Sie das Gefühl oder den Gefühlskomplex beziehungsweise den Teil Ihrer selbst, der es erleidet, was er im täglichen Leben von Ihnen braucht. Prüfen Sie, ob Sie ihm das geben können, und ermitteln Sie, wie genau das aussieht.

Beispiel: Sie haben auf dem Grunde des betrachteten Problems den Schmerz des Abgewiesenseins entdeckt. Sie fragen diesen Schmerz – beziehungsweise den Teil Ihrer selbst, der ihn erleidet –, was er in Zukunft von Ihnen braucht, um sich besser versorgt und aufgehoben zu fühlen. Das Erste und Wichtigste, das jedes frisch »ausgegrabene« negative Gefühl braucht, ist, wahrgenommen zu werden. Es werden also wahrscheinlich Gedanken auftauchen wie »Du sollst mich wahrnehmen«, »Ich will gefühlt, bemerkt, gesehen werden« etc.

Stellen Sie sich dann Situationen vor, wie sie in Ihrem Leben vorkommen, und malen Sie sich aus, wie es ist, das betreffende Gefühl mitten in der Situation wahrzunehmen. Nehmen Sie es sich vor oder versprechen Sie es sich. Neben diesem einfachen Wahrnehmen kann es aber auch vorkommen, dass das Gefühl beziehungsweise der Teil, der es erleidet, noch andere Dinge von Ihnen verlangt. Vielleicht taucht der Gedanke auf, dass er wünscht, dass Sie ihn schützen. Dann sollten Sie zurückfragen, wie dieser Schutz denn aussehen soll.

Bleiben Sie so lange in diesem inneren Dialog, bis ganz klar ist, was Sie für das betreffende Gefühl tun können, wie das konkret aussieht und ob Sie es sich vornehmen oder versprechen können. Wenn Letzteres nicht zutrifft, bleiben Sie weiter im Dialog, bis Sie etwas finden, das Sie problemlos versprechen können.

2. *In den Tagen, vielleicht Wochen nach der Sitzung (je nach Fall variiert die Zeitspanne) ist es wichtig, das Gefühl oder den Gefühlskomplex, der in der Sitzung entdeckt wurde, im Auge zu behalten wie ein Kind, das man überallhin mitnimmt und um das man sich kümmert. Die wichtigste Nachsorge besteht darin, diese Gefühle nun ganz bewusst existieren zu lassen (anstatt sie, wie bisher, zu unterdrücken oder zu überspielen) und ihnen, wenn sie durch Begegnungen oder Ereignisse erneut ausgelöst werden, in Kurzform dieselbe Art der Aufmerksamkeit zu schenken, wie Sie es ausführlich während der Übung getan haben. Und zweitens ist es natürlich wichtig, diesen Gefühlen das zu geben, was man ihnen am Ende der Sitzung versprochen hat.*

Am besten notiert man sich die Gefühle, um die es in der Sitzung ging, jeweils in ein oder zwei prägnanten Stichworten oder einem ganzen Satz – jedenfalls in einer Formulierung, die einem hilft, sich das Gefühl zu vergegenwärtigen. »Es hat alles sowieso keinen Zweck«, kann zum Beispiel eine Beschreibung eines Gefühls von Resignation sein, die genau das trifft, was man fühlt; es fällt unter Umständen leichter, das Gefühl anhand dieser Formulierung wieder zu erkennen, als wenn auf dem Merkzettel nur »Resignation« steht. Jedoch sollte die Formulierung kurz und prägnant sein, auf keinen Fall mehr umfassen als pro Gefühl / Gefühlskomplex einen knappen Satz. So könnte auf einem Zettel als Ergebnis einer längeren Sitzung stehen:

»Es hat alles sowieso keinen Zweck«
»Mörderische Wut«
»Angst vor der mörderischen Wut«

Dieser Merkzettel erinnert Sie daran, dass diese drei Gefühle oder Gefühlskomplexe in den nächsten Tagen und Wochen Ihre Aufmerksamkeit und Fürsorge brauchen. Lesen Sie den Zettel jeden Morgen und jeden Abend und nehmen Sie sich vor, auf das Auftauchen dieser Gefühle zu achten. Notieren Sie sich daneben, auf welche Weise Sie fortan für diese Gefühle sorgen wollten (Ihr Versprechen aus der Sitzung).

Je nachdem, wie alt diese Gefühle waren und wie tief sie gesessen haben, und je nachdem, wie gründlich wir sie erlebt und wie vollständig wir sie in unser Herz aufgenommen haben, gibt es verschiedene Möglichkeiten, ihr erneutes Auftauchen betreffend:

- Ein zwar vorkommender, aber seltener Fall: Sie sind nach der Sitzung vollständig verschwunden und existieren entweder überhaupt nicht mehr oder tauchen ins Positive transformiert auf; wo einst »mörderische Wut« die übliche Reaktion war, taucht jetzt beispielsweise Verständnis und Mitgefühl auf oder anstelle von Angst Vertrauen oder Gelassenheit.
- Etwas häufiger beobachtet: Sie tauchen nach der Sitzung zwar noch auf, aber eher als Erinnerung, als Echo einst real existierender Gefühle; sie haben keine Substanz, keine Realität, keine Macht mehr.

- Der häufigste Fall: Die betreffenden Gefühle tauchen wieder auf, werden uns nun aber sogleich bewusst und können mit Leichtigkeit wahr- und angenommen werden, sodass sie nach und nach an Substanz, an Realität und an Macht über uns verlieren, bis man schließlich mit Staunen entdeckt, dass sie sich verwandelt haben wie im ersten Punkt dieser Aufzählung beschrieben. Eines Tages schauen wir zurück und stellen fest, dass der Gefühlskomplex, der uns einst so viele Probleme bereitet hatte, verschwunden ist und mit ihm die entsprechenden Probleme.
  Um diese Entwicklung zu fördern, müssen wir nach einer Sitzung körperzentrierter Herzensarbeit, in der ein bestimmtes Gefühl aufgetaucht und ins Herz geschlossen worden ist, uns um dieses Gefühl eine Zeit lang bewusst kümmern, anstatt es einfach nach der Sitzung aus dem Bewusstsein zu entlassen und der nächsten Sitzung mit dem nächsten Problem entgegenzueilen.
  Es ist wie mit einer Wunde: Eine Wunde ist gereinigt, mit Salbe oder Puder versorgt und verbunden worden (das war die Arbeit der Sitzung); nun muss man sich ab und zu um sie kümmern – neue Salbe auftragen, den Verband wechseln, den Verband schließlich abnehmen –, so lange, bis die Wunde so weit verheilt ist, dass man sie getrost aus den Augen lassen darf.
  Sobald in dieser Zeit der Nachsorge das betreffende Gefühl, durch irgendetwas ausgelöst, in Ihnen auftaucht, können Sie die Übung der körperzentrierten Herzensarbeit in verkürzter Form wiederholen: Ihren Atem spüren, fühlen, was sich in Ihrem Körper tut, bewusst erleben, wie Sie sich fühlen, und diesem Gefühl Ihr Herz öffnen. Erinnern Sie sich: Wenn es sich um Nachsorge handelt, reicht für diesen Ablauf ein einziger Augenblick im Stillen. Niemand muss es bemerken, man muss sich nicht unbedingt zurückziehen, um sich dem betreffenden Gefühl zu widmen.

Nur dann, wenn man merkt, dass zugleich mit diesem bereits bekannten und »versorgten« Gefühl noch ein neues, bisher unbemerktes auftaucht, bedarf es eventuell einer neuerlichen ausführlichen Sitzung, um auch diese Emotion auf allen Ebenen kennen zu lernen und ins Herz heimzuholen.

Wann man eine Sitzung beenden muss

Im Allgemeinen ergibt es sich von selbst, wann eine Sitzung zu enden hat. Man hat sich meist zu Beginn auf eine bestimmte Zeit eingestellt (eine halbe Stunde, eine Dreiviertelstunde oder eine Stunde), und das bewirkt, dass ungefähr nach dieser Zeitspanne ein Prozess abgeschlossen ist. Oder man sitzt einfach so lange, bis der gesamte Prozess abgelaufen ist. Bei sehr gravierenden, grundlegenden, alten Problemen kann das auch einmal zwei Stunden dauern. Das ist aber die Ausnahme.

Es gibt Fälle, in denen man eine Sitzung an einem viel früheren Punkt beenden muss, als man eigentlich anvisiert hatte. Nehmen wir beispielsweise an, jemand möchte den Unstimmigkeiten in seinem Verhältnis zu seinem Vater auf den Grund gehen. Nehmen wir an, er ist wütend auf seinen Vater und fühlt sich als Opfer.

Er geht also in die Sitzung mit der Erwartung, seine Wut kennen zu lernen und ins Herz holen zu können. Stattdessen taucht als Erstes beispielsweise die Angst auf, die er vor seiner Wut hat (oder ein Schuldgefühl wegen dieser Wut). So gilt es also, sich zuerst um die Angst zu kümmern (oder um das Schuldgefühl).

Der Betreffende lernt zuerst seine Angst als körperliche und emotionale Realität kennen und schließt sie ins Herz. Dabei wird ihm bewusst, dass diese Angst in seinem bisherigen Leben einen so wichtigen Platz eingenommen hat und dass das Annehmen dieser Angst ein so wichtiger Schritt ist, dass es unklug wäre, sogleich einen Schritt weiter gehen zu wollen. Das hieße gleichsam, der liebenden Annahme der Angst Hohn zu sprechen, wollte man sich gleich über sie hinwegsetzen und das tun, was sie ja um jeden Preis verhindern wollte: nämlich die Wut zulassen.

In diesem Fall ist es notwendig, die Sitzung nach diesem ersten Schritt (dem Aufspüren und Annehmen der Angst) abzubrechen und sich vorzunehmen, das entdeckte Gefühl – hier die Angst beziehungsweise das Schuldgefühl – erst einmal eine Zeit lang im Herzen und im Bewusstsein zu halten.

Das bedeutet nicht, es zu hätscheln und zu nähren, sondern ihm zu erlauben zu existieren und es, wenn es auftaucht, bewusst wahr- und anzunehmen. Erst wenn das eine ausreichende Zeit lang geschehen ist, ist man wirklich bereit und in der Lage, den nächsten Schritt zu gehen und sich der Wut zuzuwenden.

Im Allgemeinen fühlt man ohne jeden Zweifel, wann die Zeit dazu gekommen ist. Das kann noch am selben Tag sein oder auch erst 14 Tage später.

Manchmal sind es winzige Schritte, nach denen man innehalten und die Sitzung beenden muss. Jemand setzt sich vielleicht hin mit einem komplexen Lebensproblem, ja, sein ganzes Leben scheint ein einziges Problem zu sein; er nimmt sich vor, in einer Sitzung das gesamte Problem zu lösen, alles zu verstehen und alles zu ändern – und tut dann nur einen winzigen ersten Schritt.

Vielleicht besteht dieser nur darin, dass er seine eigene Angst vor Problemlösung und Veränderung entdeckt und ins Herz holt.

Vielleicht ist er anfangs ein wenig enttäuscht, weil er nur diesen einen kleinen Schritt getan hat, aber zugleich wird er wissen, dass es so richtig ist und gar nicht anders geht. Denn dieser scheinbar winzige Schritt war genau das, was jetzt anstand, und er hat ihn getan.

Die Schritte der Übung kurz zusammengefasst:

1. *Einstieg:* Sich (oder einem imaginären Gegenüber) das Problem (eventuell laut) schildern. Sich die oder eine Situation vergegenwärtigen, in der das Problem sich manifestiert hat (oder die Person, mit der man das Problem hat).
2. *Körperwahrnehmung:* Die Aufmerksamkeit in den Körper lenken, während die Erinnerung an die Situation, die Person oder das Problem präsent ist. Wo und wie reagiert der Körper? Bewusstsein und Atem in den reagierenden Körperzonen konzentrieren und ihren Zustand von innen kennen lernen und würdigen, indem man ihn aushält und bewusst erlebt.
3. *Emotion:* Sich fragen: »Wie fühle ich mich, wenn ich hier drinnen (das heißt in dem entsprechenden Körperbereich) anwesend bin und atme? Wie geht es mir hier?« Dem Gefühl erlauben aufzusteigen. Wenn nötig, den Atem einsetzen, um der Emotion Leben einzuhauchen (sanft und tief oder bei Bedarf heftiger atmen). Das Gefühl bewusst erleben und dabei den Atem spüren. Dem Gefühl vollkommene Zuwendung und Beachtung schenken.
4. *Herz:* Dem Gefühl – beziehungsweise dem Teil, der es erleidet – sein Herz öffnen. Hilfreiche Stichworte: Erbarmen, Mitgefühl, Achtung, Anerkennung, Verständnis, Liebe, sich in die Arme nehmen.
5. *Widerstände:* Falls Widerstand dagegen auftaucht, etwa Angst, dem Gefühl sein Herz zu öffnen, oder Ablehnung des Gefühls, sich dem Widerstand zuwenden. Sich mit der inneren Partei identifizieren, die Angst hat vor dem Gefühl (oder es ablehnt). Ihren körperlichen Zustand kennen lernen und würdigen.

Ihren emotionalen Zustand kennen lernen und würdigen. Sie verstehen und ins Herz holen. Danach sich wieder dem ursprünglichen Gefühl zuwenden und es ebenfalls ins Herz schließen.

6. *Hilfe holen:* Falls trotz aller Bemühungen das Herz verschlossen bleibt, Hilfe von oben herbeiholen.
7. *Sich fragen:* »Was braucht dieses Gefühl in Zukunft von mir?«
8. *Abschluss:* Noch eine Weile still sitzen bleiben, im Herzen gesammelt.
9. *Nachsorge:* Notieren, welche Gefühle in der Sitzung aufgetaucht sind und welches Versprechen man gegeben hat. Zur Erinnerung täglich, so lange wie nötig, den Zettel lesen, um nicht zu vergessen, sich im Alltagsleben um die betreffenden Gefühle zu kümmern.

Üben mit Partnern: Die Technik

Die Übung der körperzentrierten Herzensarbeit bleibt in ihrem Ablauf gleich, egal, ob man allein oder mit Partnern übt. Trotzdem beschreibe ich die Schritte hier in modifizierter Form noch einmal.

Normalerweise übt man zu zweit, mit einem Übungspartner. Jedoch empfehle ich, wie am Anfang dieses Kapitels erläutert, zunächst zu dritt zu beginnen. Die Rollenverteilung:

– der Übende
– der Anleitende
– der Wächter

In der Schilderung der Technik bleibe ich ebenso wie im übrigen Buch fast immer bei der männlichen Form (»der Übende«), die als neutrale, beide Geschlechter implizierende Form verstanden werden soll. Zu Beginn der gemeinsamen Sitzung einigt man sich, wer als Erster an der Reihe ist. Das sollte nach Möglichkeit die Person sein, die das drängendste Problem hat. Sie darf sich aussuchen, von wem sie geführt werden möchte.

Als Nächstes sollte eine Zeit festgesetzt werden. Pro Person wird mindestens eine halbe Stunde benötigt, höchstens eine Stunde. Ich empfehle, mit 30 oder 40 Minuten pro Person zu beginnen. Es ist weder notwendig noch ratsam, sich genau an diese Zeitvorgabe zu halten, aber es ist hilfreich, sich auf diesen Zeitrahmen vor Beginn jeder Sitzung einzustellen; man kann auch einen Wecker mit sehr leisem Signal auf 25 beziehungsweise 35 Minuten stellen und beim Ertönen des Signals dem Übenden mitteilen, dass er noch rund fünf Minuten zur Verfügung hat. Niemals allerdings sollte man eine Sitzung abrupt abbrechen, nur weil die Zeit abgelaufen ist.

Übender und Anleitender sollten einander zugewandt sitzen; der Wächter muss ausprobieren, von wo aus er das Geschehen am besten überwachen und, falls nötig, mit dem Anleitenden Kontakt aufnehmen kann.

Die Funktion des Wächters

Die Aufgabe des Wächters liegt vor allem darin, gesammelt zu bleiben und durch innere Ruhe und Sammlung dazu beizutragen, dass der Prozess harmonisch und geordnet verläuft. Er kann die übende Person unterstützen, indem er einen Lichtstrahl visualisiert, der von oben, von den höheren Ebenen seines Wesens, durchs Scheitelzentrum ins Herz fällt und dann wie ein Scheinwerfer aus dem Herzen hinaus und auf das Herz des Übenden gerichtet wird. Man muss nicht ununterbrochen an diese Einstellung denken, sondern sie lediglich zu Anfang vornehmen, vielleicht von Zeit zu Zeit erneuern und im Übrigen einfach im Herzen gesammelt bleiben.

Der Wächter mischt sich niemals von sich aus ein, hält sich aber bereit einzuspringen, wenn der Anleitende nicht weiterweiß oder der Übende mit der Führung durch den Anleitenden nicht zurechtkommt. In beiden Fällen kann er die weitere Führung entweder übernehmen oder eine Anregung geben, die dem Anleitenden weiterhilft. Auf keinen Fall jedoch sollten beide, Anleitender und Wächter, gemeinsam oder abwechselnd den Übenden führen, da dies große Verwirrung anrichten kann.

Der Wächter ist also lediglich zum Überwachen da, nur in Notfällen zum aktiven Eingreifen; und er hat eine dritte Funktion: darauf zu achten, dass der Übende bewusst atmet. Das ist zwar eigentlich die Aufgabe des Anleitenden, in der Praxis hat sich jedoch oft gezeigt, dass der Anleitende so sehr auf die Inhalte konzentriert ist, die den Übenden beschäftigen, dass er, ebenso wie meist der Übende selbst, das Überwachen der Atmung vergisst. Deshalb darf und soll der Wächter, sooft es nötig ist, den Übenden daran erinnern, sich des Atems bewusst zu sein, indem er leise sagt: »Atmen!« (Natürlich atmet der Mensch automatisch, aber eines der wichtigsten Elemente der körperzentrierten Herzensarbeit besteht nun einmal darin, sich des Atmens bewusst zu sein.)

Der Übende

Der Übende geht genauso vor, wie wenn er allein übt, nur mit dem Unterschied, dass er sich dabei vom Anleitenden unterstützen lässt. Der aktive Führer ist im Idealfall er selbst, nicht der Anleitende. Der Anleitende unterstützt ihn nur dort, wo er selbst nicht weiterweiß, übernimmt aber nicht vollständig die Führung. Das ist aus zwei Gründen wichtig: erstens, damit der Übende ebenso wie beim Üben ohne Partner die Verantwortung für sich selber übernimmt (was ja ein Hauptzweck der Übung ist) und sich nicht in Abhängigkeit begibt; zweitens, damit der Anleitende lernt, sein Herz dem zu öffnen, was der Übende erlebt – wofür erforderlich ist, das eigene Ich, die eigenen Gedanken, Ideen und Urteile zurückzustellen, sich sozusagen leer zu machen und offen und empfänglich zu bleiben. Wenn man so vorgeht, wird man den Übenden in erster Linie dadurch unterstützen, dass man mit offenem Herzen zuhört, und erst dann eingreifen, wenn klar ist, dass der Übende eine aktive Intervention benötigt.

Der Übende verfährt also idealerweise genauso wie beim Üben ohne Partner, nur dass er ausspricht, was in ihm vorgeht. Ich muss allerdings hinzufügen, dass die meisten Menschen, sobald sie mit einem Partner üben, die Führung gern vollständig an den Anleitenden abgeben. Das kann in Ordnung sein, wenn man trotzdem die Verantwortung für sich selbst übernimmt und sich nicht wie von einem Hypnotiseur vollständig führen lässt, sondern sich seiner eigenen Absicht – seine innere Wahrheit kennen zu lernen und ihr sein Herz zu öffnen – bewusst bleibt und auf Hinweise der eigenen inneren Führung achtet.

Der Anleitende

Der Anleitende hat in erster Linie die Aufgabe, mit dem Herzen dabei zu sein, das heißt mit ungeteilter Aufmerksamkeit und echtem, aber unpersönlichem Interesse zuzuhören und ganz für den Übenden da zu sein. Er sammelt sich im Herzen und ruft sich immer wieder auf die Ebene des Herzens zurück, wenn er bemerkt, dass er sich davon entfernt. Dieses Abgleiten kann in zwei Richtungen geschehen:

- *in den Kopf:* Man ist »im Kopf« anstatt »im Herzen«, wenn man das, was der Übende sagt, analysiert, bewertet, beurteilt, vergleicht oder einordnet. Sobald man das merkt, sollte man die Gedanken ohne großes Aufheben einfach fallen lassen, sich mit einem Seufzer entspannen und sich wieder im Herzen zentrieren.

– *in die eigenen Emotionen:* Wenn man auf das, was der Übende erzählt, auf persönliche Weise reagiert, ist man sozusagen eine Etage tiefer gefallen, in den Bereich der eigenen Emotionen. Man merkt das daran, dass man sich als Reaktion auf etwas, das der Übende gesagt hat, entweder ärgert oder wütend oder traurig wird oder in bedauerndes Mitleid verfällt.
  Auf der Ebene des Herzens gibt es kein bedauerndes Mitleid; das Herz fühlt mit, das heißt, es fühlt einfach, was der andere fühlt – nichts weiter. Bedauerndes Mitleid ist nicht Mitfühlen, sondern ein dem Erleben des Gegenübers hinzugesetztes persönliches Gefühl, sozusagen ein eigener emotionaler Kommentar. Auf der Ebene des Herzens gibt es auch kein persönliches Reagieren – nichts von dem, was ein anderer erzählt, kann einen verletzen, angreifen, herunterziehen oder in irgendeiner Weise stören oder beeinträchtigen. Wenn man im Herzen zentriert und das Herz offen ist, fühlt man einfach, was das Gegenüber fühlt – nichts weiter.

Sobald man also bemerkt, dass man entweder von bedauerndem Mitleid erfüllt ist oder von sonstigen persönlichen Emotionen, sollte man diese kurz bewusst fühlen, ihnen sein Herz öffnen oder wenigstens einen Gedanken von Verständnis oder Erbarmen gönnen und dann wieder für sein Gegenüber da sein.

Der Anleitende hört also in erster Linie zu, und zwar mit den Ohren des Herzens und mit wachen Sinnen. Der Kopf sollte leer und der übliche innere Dialog abgeschaltet sein, damit Herz und Sinne wach sind und man offen ist für Eingebungen. Als Anleitender lassen wir uns von dreierlei leiten:

– *von der Wahrnehmung unseres Herzens.* Ein offenes Herz besitzt die Fähigkeit, zu fühlen, was der andere fühlt, und das ist die beste Voraussetzung für eine gute Anleitung des Partners.
– *von Sinneswahrnehmungen.* Manchmal nehmen wir Emotionen unseres Gegenübers durch Stimme oder Tonfall wahr, und das kann uns helfen zu verstehen, was im Partner vor sich geht. Ein anderes Mal erhalten wir Hinweise durch das, was wir sehen; zum Beispiel nehmen wir wahr, dass der Übende die Fäuste ballt oder den Mund zusammenpresst, die Stirn runzelt oder seine Mundwinkel herunterzieht. Manche Menschen nehmen ihr Gegenüber energetisch wahr, manche fühlen im eigenen Körper das, was im Partner vorgeht, und manche bekommen Hinweise ihrer Intuition durch ihre optischen Wahrnehmungen. Deshalb ist es wichtig, wach und offen zu beobachten, jedoch nicht ohne zugleich im Herzen zentriert zu bleiben. Denn Respekt vor dem Partner, Verbundenheit und Mitfühlen – Qualitäten des Herzens – sind die wichtigste Unterstützung, die wir unserem Partner geben können.
– *von der Intuition.* Manchmal blitzen Hinweise in Form von Gedanken auf. Plötzlich wissen wir, dass sich etwas Wichtiges im Solarplexus unseres Gegenübers abspielt; oder die innere Stimme sagt: »Mach ihn auf den Rücken aufmerksam« oder dergleichen. Wenn man noch nicht wagt, diesen Hinweisen hundertprozentig zu vertrauen, kann man sie in Form von Vorschlägen oder Fragen an den Partner herantragen. »In mir taucht der Gedanke auf, du solltest mal im Solarplexus nachschauen – ich weiß nicht, ob es wirklich eine Eingebung ist; möchtest du das mal prüfen?«

Als Anleitender hören wir also dem Übenden zu, wie er sich selber führt, und unterstützen ihn darin, indem wir durch unsere innere Haltung signalisieren: »Ich bin ganz für dich da. Was immer du jetzt fühlst, ich achte es. In meinem Herzen ist Raum für alles. «

Damit dies mit Echtheit und Respekt geschieht, können wir uns am Anfang und am Ende der Sitzung vor dem Übenden verneigen und uns dabei sein wahres Selbst vergegenwärtigen – das Wesen, das hinter der Maske der Person verborgen ist und im allertiefsten Innern eins ist mit dem allertiefsten Innern unseres eigenen Wesens. Wir verneigen uns, religiös ausgedrückt, vor der göttlichen Gegenwart in unserem Gegenüber.

Anstatt uns selbst als Führer in den Vordergrund zu spielen, sagen wir im Stillen dem Gott im Innern unseres Gegenübers, dass wir ihm jetzt in der Weise dienen möchten, wie er in der Person des Übenden es wünscht und braucht.

Das ist die beste Vorbereitung auf die Übung. Allen, die mit einem Partner üben möchten, aber Angst haben, die Führung zu übernehmen, kann ich versichern: Wenn man sich auf diese Weise vorbereitet und diese ehrfürchtige und wache Einstellung während der Sitzung beibehält, wird alles so gut laufen, wie es nur irgend laufen kann.

Zur Verdeutlichung der Technik gebe ich einen fiktiven Sitzungsablauf wieder (abgeleitet aus Sitzungen, die tatsächlich stattgefunden haben, und stark vereinfacht).

Wahl des Themas

ÜBENDER: Ich habe zwei Probleme, mit denen ich mich zurzeit herumschlage. Ich weiß nicht, welches ich heute nehmen soll. Bitte helft mir beim Auswählen.

ANLEITENDER: Bitte schildere beide Probleme kurz mit zwei bis drei Sätzen. Ich werde versuchen, mit dem Herzen zuzuhören und dir Feedback zu geben.

WÄCHTER: Ich auch, wenn du willst.

ÜBENDER: Das erste Problem: Meine Schwiegermutter geht mir

auf die Nerven. Sie mischt sich andauernd in die Erziehung unserer Kinder ein und weiß alles besser. Manchmal möchte ich sie am liebsten anschreien, sie soll sich raushalten, aber ich bringe es nicht fertig. Sie meint es doch gut.

ANLEITENDER: Danke. Ich glaube, das reicht schon. Und das andere Thema?

ÜBENDER: Vielleicht ist es lächerlich. Es ist eigentlich nur eine Kleinigkeit. Wenn ich morgens aufwache, ist mir neuerdings immer so trüb ums Gemüt. Aber ich glaube, das ist gar kein Problem, denn wenn ich dann aufstehe, ist es gleich besser. Was meint ihr?

WÄCHTER: Mir ist jetzt auch ganz trüb geworden.

ANLEITENDER: Mir ist komischerweise übel geworden, während du das erzählt hast. Trotzdem muss ich sagen, dass der Ärger mit deiner Schwiegermutter mich noch stärker berührt hat. Kann es sein, dass dieses Thema mehr im Vordergrund steht?

ÜBENDER: Ich glaube ja. Es beschäftigt mich eigentlich andauernd. Ich glaube, das ist das Problem, mit dem ich heute arbeiten will. Am besten erzähle ich noch ein bisschen davon, um hineinzukommen ...

(ANLEITENDER und WÄCHTER sammeln sich noch einmal im Herzen.)

Den Einstieg finden

ÜBENDER: Wie soll ich anfangen ...?

ANLEITENDER: Am besten, du erzählst von einem konkreten Vorfall. Etwas, was sich kürzlich ereignet hat. Oder einen Vorfall, der dir besonders deutlich in Erinnerung geblieben ist.

ÜBENDER: Okay. Gestern kam Katy von der Schule nach Hause, warf alle Sachen von sich – Mantel, Tasche, Schuhe –, wie es so ihre Art ist, und fläzte sich aufs Sofa. Ich habe Verständnis für dieses Benehmen und erlaube es ihr, aber meine Schwiegermutter fing gleich an zu schimpfen. Nicht mit Katy, das tut sie nie, sondern sie schimpft immer in Gegenwart der Kinder mit mir ...

Körperwahmehmung

ANLEITENDER: Ich glaube, hier können wir schon einsteigen. Bitte halte diese Szene in deinem Bewusstsein lebendig und geh jetzt in den Körper. Schau mal, wie dein Körper darauf reagiert.

ÜBENDER: Mein Kiefer verspannt sich. Ich beiße die Zähne zusammen. Ich runzle die Stirn. Die Arme sind angespannt. Die Fäuste sind geballt. Eigentlich ist mein ganzer Körper angespannt …

WÄCHTER: Atmen!

ÜBENDER: Danke. Ich bleibe einfach dabei und versuche in diese ganze Verspannung hineinzugehen.

Was jetzt? Es ist einfach alles sehr verspannt, ich nehme das wahr und atme, aber es tut sich nichts.

ANLEITENDER: Bitte schenke dieser Anspannung deine ganze Aufmerksamkeit. Im Augenblick geht es nur darum, sie kennen zu lernen und von innen zu erleben.

ÜBENDER: Danke. Jetzt konzentriert es sich im Kiefer. Ich geh mal in den verspannten Kiefer hinein … Jetzt bin ich im Innern. Was jetzt?

ANLEITENDER: Bitte konzentriere deinen Atem und dein Bewusstsein im Innern des verspannten Kiefers und sei einfach dort anwesend. Nichts weiter. Lerne ihn von innen kennen.

ÜBENDER: Es ist ganz hart da drinnen. Es tut weh.

ANLEITENDER: Bitte nimm Härte und Schmerz wahr und spüre deinen Atem … Bist du noch im Kiefer?

ÜBENDER: Ja.

Emotion

ANLEITENDER: Wie fühlst du dich im Innern deines verspannten Kiefers?

ÜBENDER: Ich weiß nicht … Er ist einfach hart und angespannt.

ANLEITENDER: Du kannst etwas kräftiger atmen und mit dem Atem den Gefühlen, die in deinem verspannten Kiefer stecken, Leben einhauchen, damit du sie fühlen kannst.

ÜBENDER (atmet heftiger): Ich weiß nicht. Er ist einfach verspannt.

ANLEITENDER: Bemüh dich nicht, eine Bezeichnung für dein Gefühl zu finden. Sei einfach dort und fühle die Anspannung. Du ballst auch die Fäuste … Fühlst du das?

ÜBENDER: O ja.

ANLEITENDER: Wenn du mit deinem Bewusstsein gleichzeitig im Kiefer und in den Fäusten bist – bist du das jetzt? –, wie fühlst du dich da drinnen?

ÜBENDER: Grässlich.

(Stimmung und Stimme schlagen plötzlich um ins Weinerliche. Der Körper sackt zusammen, die Spannung lässt nach.)

ANLEITENDER: Was ist jetzt passiert? Ist die Anspannung verschwunden?

ÜBENDER (mit jämmerlicher Stimme): Ich weiß nicht. Jetzt bin ich ganz schwach.

ANLEITENDER: Bitte bleib dabei, wahrzunehmen und zu atmen. Rutsche nicht ganz in die Gefühle hinein.

ÜBENDER: Danke. Ja, ich fühle mich auf einmal ganz schwach und traurig. Irgendwie hilflos. Ich glaube, ich sollte einfach eine Weile bei diesem Gefühl bleiben und dafür da sein. Ja, es ist Hilflosigkeit da, irgendwie auch Ohnmacht.

ANLEITENDER: Nimmst du das auch im Körper wahr? Wie?

ÜBENDER: Alles hängt irgendwie. Die Kraft ist raus. Der Kopf hängt. Die Arme hängen.

ANLEITENDER: Atmen und wahrnehmen.

Herz

ANLEITENDER: Kannst du dich dafür verstehen, dass du dich hilflos und ohnmächtig fühlst?

ÜBENDER: Ja. (Atmet auf.) Ja, das kann ich verstehen. Irgendwie erinnert mich das an meine Kindheit … an Situationen mit meinem Vater … Ich sehe mich klein und ohnmächtig, mit hängenden Armen und hängendem Kopf … Und mit dem Gefühl, einen Tadel bekommen zu haben, den ich nicht verdient habe, gegen den ich aber nichts machen kann … (Weint.)

ANLEITENDER: Bitte schenke diesem Gefühl jetzt deine ganze Aufmerksamkeit. Wende dich ihm ganz zu. Lass es einfach da sein und sei dafür da.

ÜBENDER (atmet auf): Ich glaube, jetzt habe ich es schon ins Herz geholt. Es ist einfach passiert. Ich kann es jetzt im Herzen fühlen – es ist da, aber irgendwie ist es jetzt auch geschützt und geborgen. Es ist gut. (Atmet tief und friedvoll.) ... Ich glaube, ich muss mich mehr um dieses Gefühl kümmern.

Nachsorge

ANLEITENDER: Wie soll dieses »Kümmern« aussehen?

ÜBENDER: Ich glaube, ich muss das Gefühl vor allem bemerken, wenn es auftaucht. Und ihm einen Augenblick Aufmerksamkeit schenken. Ich glaube, damit ist es zufrieden.

ANLEITENDER: Kannst du dir das jetzt versprechen?

ÜBENDER: Ja. Ich verspreche es. Ich glaube, es ist jetzt gut. Wir können aufhören.

(Prüfen, ob alle Gefühle angenommen sind, die zum Problem gehören – falls Eingebung oder Wahrnehmung das gebieten.)

ANLEITENDER: Ich habe nicht das Gefühl, dass es abgeschlossen ist. Bitte denk noch einmal an die Szene, von der wir ausgegangen sind. Ist sie dir jetzt gegenwärtig?

ÜBENDER: Ja.

ANLEITENDER: Wie fühlst du dich jetzt, wenn du daran denkst?

ÜBENDER: Gut ... friedlicher ... Aber meine Fäuste sind geballt und mein Kiefer verspannt sich wieder. Ich glaube, das muss ich mir noch einmal anschauen. Habe ich noch Zeit?

ANLEITENDER: Du hast noch zehn Minuten. Das ist viel.

Körperwahrnehmung

ÜBENDER: Okay. Dann gehe ich jetzt noch einmal in den Kiefer hinein? Oder in die Fäuste?

ANLEITENDER (schaut ratlos zum Wächter, der auf den Bauch deutet): Kann es sein, dass auch im Bauch etwas ist? Möchtest du mal nachschauen?

ÜBENDER: O ja. Der Bauch ist total verspannt ... Ich gehe jetzt in den Bauch hinein ...

ANLEITENDER (nachdem er eine Weile gewartet hat): Wie ist das da drinnen?

ÜBENDER: Dunkel. Hart. Irgendwie giftig.

ANLEITENDER: Giftig?

ÜBENDER: Ja. Ich kann es nicht anders ausdrücken. Es fühlt sich vergiftet an.

ANLEITENDER: Bitte bleib dort und nimm diesen Zustand einfach wahr.

WÄCHTER: Und atmen!

ÜBENDER: Oje, da wird mir übel.

ANLEITENDER: Einfach im Bauch anwesend bleiben und deinen Atem wahrnehmen. Es kann nichts passieren.

ÜBENDER: Okay. (Atmet tief.) Mir ist übel. Ich fühle mich giftig. Irgendwie auch psychisch giftig und übel. Was das nur ist ... Ich nehme übel ... Ich bin vielleicht wütend ...

ANLEITENDER: Du musst das jetzt nicht interpretieren. Bitte bleib beim Wahrnehmen und Atmen. Lerne es erst einmal kennen, so wie es ist, und sei dafür da.

Emotion

ÜBENDER: Ja, das ist gut. Ich kann es einfach da sein lassen und dafür da sein. Ich merke jetzt, ich bin ganz schön vergiftet, ich ahne da so etwas wie Hass und Wut, aber ich fühle es nicht ...

Herz

ANLEITENDER: Vielleicht kannst du dich erst um das Gefühl des Vergiftetseins kümmern? Kannst du es ins Herz holen?

ÜBENDER: Im Augenblick weiß ich nicht, wie das geht ...

ANLEITENDER: Ich glaube, durch Erbarmen.

ÜBENDER: Ja, das geht. Ja, ich habe Erbarmen mit diesem Gefühl. (Atmet auf.) Jetzt ist es besser. Danke.

Nach den übrigen Gefühlen schauen

ANLEITENDER: Was ist jetzt mit Hass und Wut? Sind die noch da?
ÜBENDER: Ganz vage …

Körperwahrnehmung

ANLEITENDER: Wo denn?
ÜBENDER: Ich glaube, im Bauch. Tief drinnen im Bauch. Ich versuche, dort hineinzugehen, wo das sitzt … Es ist ganz dunkel da drinnen. Ich fühle nichts, aber ich weiß, dass dort Wut sitzt. Das Wort, das mir in den Sinn kommt, ist »mörderische Wut«. Aber ich fühle sie nicht.

Emotion

ANLEITENDER: Das macht nichts. Bleib einfach dort im Bauch, wo die Wut sitzt, und lass deine Aufmerksamkeit darauf ruhen. Und nimm deinen Atem wahr … Und jetzt atme bitte etwas heftiger und hauche den Gefühlen, die sich dort versteckt haben, mit deinem Atem Leben ein, damit du sie fühlen kannst. Sag ihnen, du bist jetzt bereit, sie zu fühlen und anzunehmen.
ÜBENDER: Ich könnte sie umbringen! (Schlägt mit den geballten Fäusten auf die Knie.)
ANLEITENDER: Atmen und dieses Gefühl wahrnehmen. Lass es ganz zu und nimm es wahr.
ÜBENDER (atmet jetzt stoßweise und zittert vor Wut, die Fäuste schlagen auf die Knie): Sie macht mich verrückt!
ANLEITENDER (etwas lauter): Bitte rutsche nicht ganz in das Gefühl hinein, sondern nimm es bewusst wahr. Nimm es wahr und schenke ihm deine ganze Aufmerksamkeit. Und deinen Atem. Und dann schau, ob du dein Herz dafür aufmachen kannst.

Herz

ÜBENDER (atmet tief durch): Ich glaube ja … Ich glaube, ich kann es verstehen. Ja, ich kann mich verstehen für diese Wut. Die Frau treibt mich wirklich in den Wahnsinn …

ANLEITENDER: Ich weiß nicht, ob es gut ist, das Gefühl zu rechtfertigen … Ich glaube, es braucht einfach ein offenes Herz … einfach deshalb, weil es da ist …
(Widerstand taucht auf)

ÜBENDER: Das ist schwer. Die Wut ist so mörderisch. Eigentlich möchte ich nicht auf irgendjemanden so wütend sein.

ANLEITENDER: Aber du bist es. Da ist ein Ich in dir, das ungeheuer wütend ist. Kannst du dieses Ich in dein Herz holen? Sozusagen nach Hause holen aus der Verbannung?

ÜBENDER: Ich glaube nicht. Ich will das nicht.

Den Widerstand ins Herz schließen – Kurzform

ANLEITENDER: Kannst du dich dafür verstehen, dass du das nicht willst?

ÜBENDER: O ja.

ANLEITENDER: Kannst du dein Herz dafür aufmachen, dass du diese Wut nicht haben willst?

ÜBENDER: Ja. Das geht.

Zum ursprünglichen Gefühl zurückkehren und es annehmen

ANLEITENDER: Dann schau noch einmal nach deiner Wut. Ist sie noch präsent? Probiere aus, ob du jetzt dein Herz für sie öffnen kannst. Vielleicht geht es durch den Gedanken an Liebe. Dieser Teil von dir, der wütend ist, leidet Not, und er braucht deine Liebe.

ÜBENDER: Ja, das kann ich verstehen. (Tiefes Aufatmen und Tränen.) Ja. Ich glaube, jetzt ist es im Herzen … jedenfalls zum Teil.

ANLEITENDER: Bitte nimm dir Zeit. Bleib so lange dabei, bis die ganze Wut Platz hat in deinem Herzen und dort angenommen, verstanden und aufgehoben ist.

Zur Ausgangssituation zurückschauen und prüfen, ob man den anderen Beteiligten sein Herz öffnen kann

ÜBENDER (nach einer langen Weile, unter Tränen): Jetzt ist es gut. Es ist unglaublich friedlich jetzt, und ein Gefühl von Licht ist da. Habe ich noch Zeit? Ich möchte schauen, ob ich auch für meine Schwiegermutter mein Herz öffnen kann ...

ANLEITENDER: Aber vorsichtig. Bleib ganz fest im Herzen verankert, achte darauf, deine Wut weiter im Herzen zu behalten und bei dir zu bleiben. Denkst du jetzt an sie?

ÜBENDER: Ja.

ANLEITENDER: Und wie geht es dir, wenn du an sie denkst?

ÜBENDER: Ich ahne etwas ... mein Herz versteht irgendwie, wie es ihr geht und warum sie sich so verhält ... Aber ich darf noch nicht zu lange an sie denken, sonst falle ich wieder heraus.

Nachsorge

ANLEITENDER: Gut. Ich glaube, du musst dich erst noch mehr um dich selber kümmern, um deine Hilflosigkeit, deine Ohnmacht und deine Wut, und erst, wenn das alles ganz fest und sicher in deinem Herzen aufgehoben ist, glaube ich, solltest du dich ihr zuwenden.

ÜBENDER: Ich danke dir. Ich danke euch. (Alle drei verneigen sich.)

Erläuterungen zu den einzelnen Etappen

1. Das Problem schildern und den Einstieg finden

Der Übende sollte das Problem erst kurz in allgemeiner Form umreißen, möglichst in ein bis zwei Sätzen (in unserem Beispiel: »Das Verhalten meiner Schwiegermutter macht mich wütend, vor allem wenn sie meine Erziehungsmethoden vor den Kindern kritisiert«). Diesen Punkt sehr knapp zu halten, ist wichtig, damit nicht kostbare Übungszeit dafür verschwendet wird, die übliche Art von Gespräch zu führen. Um den Einstieg in die Übung zu finden, soll sich der Übende dann eine konkrete Situation vergegenwärtigen, in der das Problem sich aktualisiert hat: entweder das jüngste Ereignis der betreffenden Art oder aber einen Vorfall, der ihm besonders deutlich im Gedächtnis geblieben ist. Wenn er nicht selber daran denkt, ist es Aufgabe des Anleitenden, ihn daran zu erinnern. Das heißt, nach der kurzen allgemeinen Schilderung des Problems sagt der Anleitende: »Bitte vergegenwärtige dir ganz konkret jetzt die oder eine Situation, in der dieses Problem aufgetaucht ist. Wenn die Erinnerung oder ein deutlicher Eindruck der betreffenden Situation in deinem Geist gegenwärtig ist, sag bitte Bescheid.«

Sobald der Übende meldet, dass die Situation ihm gegenwärtig ist, ist der »Einstieg« in die Übung geschafft.

2. Körperwahrnehmung

An dieser Stelle beginnt die Wahrnehmung des mit dem Problem einhergehenden Körperzustands. Der Übende begibt sich, sobald die Erinnerung an die konkrete Situation präsent ist, mit seinem Bewusstsein in seinen Körper. Wenn er selbst an dieser Stelle nicht daran denkt, erinnert ihn der Anleitende daran, indem er beispielsweise sagt: »Ich denke, du solltest jetzt in den Körper gehen und feststellen, wie dein Körper reagiert, wenn du an diese Situation denkst. Bitte lass dein Bewusstsein durch den Körper wandern und schau, ob dir irgendwo etwas Besonderes auffällt.«

Der Übende schildert dann seine Beobachtungen. Meist ist es eine bestimmte Körperregion, die sofort die Aufmerksamkeit auf sich zieht; dann ist der Fall klar: Hier liegt sozusagen der Hase im Pfeffer, und hierhin muss der Übende jetzt sein Bewusstsein lenken.

Oft sind es mehrere Körperregionen, die mit Verspannung, Schmerz oder sonstigen Symptomen reagieren; dann sollte der Übende zunächst versuchen, sich in die Gesamtheit der betroffenen Körperteile einzufühlen und sich die »Verspannungsgestalt« insgesamt zu vergegenwärtigen.

Wenn dies nicht möglich ist, konzentriert sich der Übende auf das Symptom, das die meiste Aufmerksamkeit auf sich zieht. Wenn er nicht weiß, wohin er seine Aufmerksamkeit lenken soll, gibt es mehrere Möglichkeiten:

- Er oder sie bittet die anleitende Person um Rat. Diese lauscht auf ihre innere Stimme und achtet auf sinnliche und außersinnliche Wahrnehmungen. Sie sagt beispielsweise: »Ich habe den Eindruck, du solltest dich mal deiner Stirn zuwenden. Sie erscheint mir am stärksten verspannt.«
- Er bittet Anleitenden und Wächter um Rat oder Feedback. Vielleicht kann einer der beiden durch Sinneswahrnehmung, Intuition oder eigene Körperempfindungen wahrnehmen, wo das Problem des Übenden sich in seinem Körper manifestiert.
- Er erneuert die Erinnerung an die Ausgangssituation (die Situation, in der sein Problem sich manifestiert hat), atmet bewusst und lässt einfach seine Aufmerksamkeit auf seinem Körper ruhen.

Inwieweit jemand bei dieser Übung aktive Anleitung durch den Partner benötigt, ist von Mensch zu Mensch und von Fall zu Fall verschieden. Wenn der Anleitende sich gut eingestimmt hat und mit dem Herzen dabei ist, wird er ohne jeden Zweifel wahrnehmen, wann es gilt, dem Übenden – der vielleicht in langes Schweigen versunken ist – eine Frage zu stellen, die den Prozess wieder fortsetzt, oder zu schweigen und abzuwarten. In dem eben geschilderten mehr oder weniger fiktiven Beispiel ist der Anleitende relativ aktiv; es gibt Fälle, in denen der Übende sich von Anfang bis Ende selber führt und der Anleitende im Wesentlichen nur zuhört, und andere, in denen der Übende kontinuierlich Führung benötigt. Diese Frage lässt sich vorab nicht entscheiden, und es ist unnötig, sich darüber den Kopf zu zerbrechen, da es sich während der Sitzung von selbst ergibt.

Zurück zur Körperwahrnehmung; das Prinzip dieser Phase ist: Dort, wo der Körper in auffälliger Weise auf das Problem reagiert, konzentriert der Übende, mit oder ohne Anleitung durch den Partner, seine Aufmerksamkeit. Man geht buchstäblich mit dem Bewusstsein in die betroffene Körperzone hinein, um ihren Zustand von innen kennen zu lernen.

Dabei gibt es übrigens nichts zu befürchten; das ist sowohl für den Übenden als auch für seine Partner wichtig zu wissen. Ich habe erlebt, dass sich bei Menschen der Hals in einer Weise zusammenzog, die ihnen beängstigend erschien – »Wenn das so weitergeht, kriege ich keine Luft mehr« –, oder bei Menschen, die unter physischen Herzbeschwerden litten, diese plötzlich akut wurden; oder dass Übelkeit auftauchte oder sonstige beängstigende Zustände. Nie ist in all den Jahren, seit ich diese Technik anwende und lehre, dabei Schaden aufgetreten. Niemand hat sich übergeben, niemand hat Erstickungsanfälle, Krämpfe oder Herzanfälle bekommen. Es geht ja nicht darum, körperliche Symptome zu produzieren oder zu provozieren, sondern dem, was ohnehin im Körper vorhanden ist – sei es Verspannung, sei es Schmerz, sei es sonst ein anormaler Zustand – endlich einmal Aufmerksamkeit und Zuwendung zu schenken. Diese Aufmerksamkeit und Zuwendung wirkt erlösend, heilend und befreiend und nicht etwa verschlimmernd auf das Symptom.

Das ist meine persönliche Erfahrung. Natürlich darf man sie nicht hundertprozentig verallgemeinern. Die anleitende Person muss auf ihre innere Stimme hören, und wenn ihr Gefühl ihr sagt, dass es besser ist, einzugreifen oder zu unterbrechen, muss sie diesem Hinweis natürlich folgen. Ich habe jedoch einen solchen Fall noch nicht erlebt. Bisher war es jedem Teilnehmer meiner Seminare und jedem Übungspartner, mit dem ich je gearbeitet habe, möglich, durch das betreffende Thema einschließlich aller auftretenden Körper- und Gemütszustände hindurchzugehen, ohne dass eine reale Gefahr auftauchte. Bitte erinnern Sie sich vor allem immer an dies: Der rote Faden ist der Atem. Wenn Sie jemanden anleiten, erinnern Sie die übende Person immer wieder daran, ihren Atem wahrzunehmen. Der Atem – das bewusste Aufrechterhalten und Fördern des Atemflusses – sorgt dafür, dass der notwendige und heilende Prozess seinen Lauf nimmt, dass Gefühle, die im Körper verborgen waren, an die Oberfläche kommen, dass alle Wesensschichten zusammengehalten werden und dass Transformation geschieht. Atembewusstheit sorgt dafür, dass der Mensch gegenwärtig bleibt.

Sobald es Ihnen gelungen ist, sich selbst durch mehrere Themen auf diese Weise mit Körper, Atem, Emotion und Herz hindurchzuarbeiten, wissen Sie, dass es nichts gibt, wovor man sich fürchten müsste, und dass man sich getrost trauen kann, alles, was da ist in Körper und Psyche, auftauchen zu lassen und zu erleben. Dann haben Sie die notwendige Ruhe und Beharrlichkeit, um einen Menschen anzuleiten und allem gegenüber, was dieser Mensch während der Übung erlebt und äußert, offen und furchtlos zu bleiben.

Die übende Person geht also mit oder ohne Anleitung in die Körperzone hinein, die auf das Problem in auffälliger Weise reagiert, um diesen Zustand von innen kennen zu lernen. Merken Sie sich dieses Schlüsselwort: »von innen kennen lernen«. Es kann helfen, Ihr Bewusstsein als Übender in dieser Phase der Übung dorthin zu bringen, wo es sich nun konzentrieren soll; wenn Sie einen Partner anleiten, können Sie diesen Ausdruck immer dann anwenden, wenn es darum geht, die Aufmerksamkeit des Übenden in eine bestimmte Körperregion hineinzuleiten. Lassen Sie nicht zu, dass es kompliziert wird an diesem Punkt. Manchmal meint man, in eine bestimmte Körperzone nicht hineinzukommen mit seinem Bewusstsein, oder man weiß nicht, wie das geht. Dazu sagt man (sich) am besten: »Tu's einfach. Diese Zellen sind ein Teil von dir.«

Der Übende befindet sich also nun mit seinem Bewusstsein innerhalb der verspannten oder sonst wie auffällig reagierenden Körperregion. Er nimmt seinen Atem bewusst wahr und tut nichts weiter, als an der betreffenden Stelle anwesend zu sein und ihren Zustand von innen zu erleben. Für eine ganze Weile lässt er, während er bewusst atmet (möglicherweise muss er daran erinnert werden!), seine Aufmerksamkeit dort ruhen.

Er kann auf Befragen (»Wie ist es dort?«) oder von selbst berichten, was er wahrnimmt. Möglicherweise muss er durch Fragen dabei unterstützt werden (»Eher dunkel oder hell, kalt oder warm, hart oder weich, schwach, stark, verkrampft?«). Diese Fragen dienen jedoch nur dazu, dem Übenden dabei zu helfen wahrzunehmen – nicht, von der Wahrnehmung abzulenken und ins Feld der Überlegungen und Analysen abzugleiten. Falls dies geschieht, muss der Übende an Wahrnehmen und Atmen erinnert werden. Manchmal kann es auch hilfreich sein, den Übenden darauf hinzuweisen, dass die Fragen nur dazu dienen, seine Aufmerksamkeit auf etwas zu lenken, und nicht primär dazu, den Anleitenden zu informieren (bei Menschen, die sehr brav und folgsam sind, kann es sonst passieren, dass sie jede Frage sogleich beantworten und ihre Energie in die Beantwortung der Frage investieren anstatt auf die Wahrnehmung ihrer Empfindungen).

Oft verändert sich der Zustand einer Körperregion, sobald man die Aufmerksamkeit dort konzentriert. Zuwendung bessert den Zustand im Allgemeinen. Wenn sich ein ursprünglich schmerzhafter oder verkrampfter Zustand allerdings verdächtig schnell bessert, sobald der Übende seine Aufmerksamkeit dorthin lenkt (möglicherweise sagt der Übende eifrig: »Es ist schon viel besser!«), ist es ratsam, den »schlechten« Zustand zurückzuholen, bevor er gänzlich verdrängt ist. Denn manche Menschen bemühen sich, oft ohne es zu merken, Zustände, die sie für schlecht, ungesund oder unwürdig halten, schnell in gute, gesunde, akzeptable Zustände zu verwandeln – und alles, was dabei geschieht, ist erneute Verdrängung. Etwas, das in ihnen existiert hat, manchmal schon zeit ihres Lebens, und für einen Augenblick ans Tageslicht gekommen war, wird gleich wieder abgelehnt und eiligst »umgewandelt« – es taucht also wieder ins Unbewusste ab, wo es aus dem Untergrund heraus weiterhin das Denken und Handeln des Betreffenden beherrscht, meist ohne dass dieser es merkt.

Es geht darum, den mit dem Problem einhergehenden Körperzustand, so unangenehm er auch sein mag, zu halten und auszuhalten, während man bewusst atmet. Die Absicht dabei – und es ist gut, sich beziehungsweise den Übenden oft daran zu erinnern – muss sein: diesen Zustand kennen zu lernen und zu würdigen, indem man ihn bewusst und aufmerksam von innen erlebt. Es ist das, was man Liebe nennt – bedingungslose Liebe. Alles, was ist, braucht Liebe, bedingungslose Liebe, einfach deshalb, weil es da ist. Nur bedingungslose Liebe hat die Macht, zu heilen und zu erlösen. Das ist die Erfahrung, die ich aus dieser Arbeit gewonnen habe. Ich formuliere sie deshalb so oft und in immer neuen Worten, weil die eine oder andere dieser Formulierungen Ihnen einfallen wird, wenn Sie die Übung machen oder wenn Sie jemanden anleiten, und Ihnen vielleicht im entscheidenden Moment weiterhelfen kann. Auch ich benötige solche »Eselsbrücken«, wenn ich mich mit einem Problem hinsetze. Es gibt Augenblicke, in denen ich mich absichtlich an diese Zusammenhänge und Formulierungen erinnern muss, um weiterzukommen.

Wenn es sich bei der beobachteten Veränderung des körperlichen Zustands nicht um eine zu schnelle »Reparatur« oder »Verbesserung« handelt, kann der Übende der Veränderung einfach folgen, während er von Zeit zu Zeit berichtet, was geschieht. Während dieser Phase kann es wichtig sein, ihn daran zu erinnern, beim Wahrnehmen der betreffenden Körperregion und beim bewussten Atmen zu bleiben.

Bei dem, was während dieser Phase geschieht, müssen Übender und Anleitender sich von ihrer Intuition leiten lassen; es lässt sich nicht schematisiert beschreiben, weil jeder Fall anders abläuft. Ich werde später noch etliche konkrete Fälle als unterschiedliche Beispiele für den Ablauf einer solchen Partnerübung wiedergeben.

Sobald Übender und/oder Anleitender den Eindruck haben, dass der betreffende Körperzustand vollständig wahrgenommen und gewürdigt wurde (manchmal auch, sobald man spürt, dass die Konzentration auf den Körperzustand nachlässt), kann die nächste Stufe beginnen.

3. Die Emotion wahrnehmen

Hier geht es darum, das Gefühl kennen zu lernen, das in dem betreffenden Körperzustand enthalten ist. Die Frage ist: Wie fühle ich mich, während ich mich in dieser (verspannten oder anderweitig betroffenen) Körperregion befinde? Wie fühle ich mich, wenn der Anleitende fragt: »Wie fühlst du dich dort drinnen?«

Fragen Sie nicht: »Was fühlst du?« Diese Frage kann blockierend wirken, da manche Menschen der Überzeugung sind, dass sie ihre Gefühle nicht wahrnehmen können. Fragt man: »Was fühlst du?« oder »Welches Gefühl ist dort?«, so fühlen sie sich unter Leistungsdruck gesetzt und schalten ihren Verstand ein, um diese Frage beantworten zu können. Die Frage »Wie fühlst du dich im Innern dieser Körperzone?« ist – das hat die Erfahrung gezeigt – meist ohne Problem spontan zu beantworten. Man kann sie ergänzen durch: »Wie ist es dort drinnen?«, »Wie geht es dir da?«, oder je nach Eingebung variieren, zum Beispiel: »Wie fühlt man sich denn in so einem Knoten?« Erfahrungsgemäß fällt es dem Übenden leichter, diese Frage zu beantworten, wenn sie mit echtem Interesse gestellt wird. Auch hier ist es also wichtig, dass die Person, die ihn anleitet, mit dem Herzen dabei ist.

In dieser Phase ist der Atem besonders wichtig. Der Anleitende kann, wie im obigen Beispiel, den Übenden auffordern, mit seinem Atem den Gefühlen, die im betreffenden Körperbereich festsitzen, Leben einzuhauchen, damit sie fühlbar werden. Ergänzend helfen Formulierungen wie »Atme kräftiger und benutze den Atem, um deine Gefühle lebendig zu machen«, »Ja, lass das ruhig ganz auftauchen«, »Lass das ganz zu«. Sehr hilfreich ist für viele Menschen an dieser Stelle auch die Formulierung »Lass es einfach da sein und sei dafür da«. Und, immer wieder: »Atmen!«

Auch auf dieser Stufe gibt es übrigens nichts zu befürchten. Wir haben bei Seminaren Prozesse erlebt, die furchterregend erscheinen würden, wenn man nicht wüsste, dass es nichts zu befürchten gibt. Ein Teilnehmer beschrieb, während er in seinen Hals hineinspürte, grässliche Monstergestalten mit schwarzen Flügeln, die daraus auftauchten; am Schluss fand er heraus, dass es sein inneres Kind war, das diese Monstervisionen erzeugt hatte, um auf sich aufmerksam zu machen. Eine Teilnehmerin zeigte die Tendenz, nach oben aus ihrem Körper auszusteigen, und wurde erschreckend bleich und schwach. Andere schluchzen herzerweichend und verwandeln sich in verzweifelte kleine Kinder. Was auch immer während dieser Emotionswahrnehmungsphase geschieht: Wichtig ist, dass der Anleitende den Übenden fortwährend und, wenn nötig, laut und mit Nachdruck und zwingender Beharrlichkeit daran erinnert, beim Wahrnehmen und Atmen zu bleiben. Wahrnehmen und Atmen sind die Schlüsselworte, die jedem, was auch immer sein Problem sein mag, heil durch diese Phase hindurchhelfen. Die eben erwähnten Fälle sind übrigens seltene Ausnahmen. In 99 Prozent aller Fälle verlaufen die Sitzungen reibungslos und unspektakulär.

Hier, ebenso wie in der Körperwahrnehmungsphase, geht es darum, das, was ist, wahrzunehmen, indem man es bewusst und bewusst atmend erlebt. Es geht nicht darum, sich von Gefühlen davontragen zu lassen, zu schluchzen, zu schimpfen, zu schreien, etwas auszuagieren oder seine Bewusstheit zu verlieren. Sobald dies geschieht, greift der Anleitende (oder, weil dieser vielleicht vom Geschehen gefangen ist, der Wächter) ein und erinnert den Übenden an Wahrnehmen und Atmen. »Bitte bleib beim Wahrnehmen! Nimm wahr, was du fühlst, nimm es bewusst wahr und denk an deinen Atem. Lass dich nicht davontragen.« Oder: »Identifiziere dich nicht mit diesen Gefühlen (mit deinem inneren Kind), sondern sei für sie da. Nimm sie bewusst wahr und schenke ihnen deine teilnehmende und mitfühlende Aufmerksamkeit. Und fühle deinen Atem!« Oder: »Bitte verliere dich nicht im Ausdrücken deiner Gefühle, sondern bleib beim Wahrnehmen.« Mit diesen oder ähnlichen Formulierungen kann man dem Übenden helfen, zur Bewusstheit zurückzufinden, wenn er sich in Gefühlen oder Gefühlsausbrüchen verliert.

Es geht darum, ein Gefühl bewusst zu erleben – nicht darum, es auszudrücken. Dennoch kann es manchmal helfen, ein Gefühl auszudrücken; dann nämlich, wenn der Übende nicht fühlt, was er fühlt. Er oder der Anleitende weiß oder ahnt, dass ein Gefühl vorhanden ist, aber es wird nicht gefühlt. Beispiel: Der Übende hat einen »Druck auf der Brust« wahrgenommen und als körperliches Phänomen kennen gelernt; befragt, wie er sich fühlt, wenn er sein Bewusstsein in der Brust konzentriert, im Innern der Zone, die von dem Druck betroffen ist, sagt er: »Traurig. Ich weiß, dass dort Trauer ist, aber es ist nur ein Gedanke. Ich fühle es nicht.«

In Fällen dieser Art kann es hilfreich sein, den Übenden aufzufordern, das Gefühl auszudrücken, und zwar in Ichform. Der oder die Übende muss angeleitet werden (oder sich selbst anleiten), Formulierungen auszuprobieren, die das Gefühl möglichst treffend ausdrücken. »Ich bin so traurig!« – »Ich bin stocksauer.« – »Ich habe eine Sauwut.« – »Ich könnte sie erschlagen.« Und so fort. Sobald die treffende Formulierung ausgesprochen ist, stellt sich das Gefühl ein und wird deutlich wahrnehmbar für den Zuhörer wie, in den allermeisten Fällen, für den Übenden selbst. Dann sollte sofort das Ausdrücken der Gefühle beendet und zur Wahrnehmung zurückgekehrt werden.

Ausdrücken der Gefühle im Rahmen der körperzentrierten Herzensarbeit, anhand eines (fiktiven) Beispiels:

ÜBENDER: Meine Zähne sind fest zusammengebissen. Irgendwie weiß ich, dass da Wut sitzt. Aber ich fühle sie nicht.

ANLEITENDER: Bitte bleib im Kiefer und in den Zähnen, atme bewusst und schau, wie du dich dort fühlst.

ÜBENDER: Ich fühle nur das Zusammenbeißen. Ich fühle keine Emotion. Aber ich weiß, es ist Wut.

ANLEITENDER: Probier mal zu sagen »Ich bin wütend«.

ÜBENDER (ohne Überzeugung): Ich bin wütend. Hm.

ANLEITENDER: Leg ruhig mehr Ausdruck hinein, wie ein Schauspieler. Du kannst auch verschiedene Formulierungen ausprobieren. Bis du eine gefunden hast, die trifft.

ÜBENDER: Ich bin wütend. (Ohne Ausdruck.) Ich bin stocksauer. (Nicht überzeugend.) Ich bin böse. Ich bin so wütend! Jetzt hört man deutlich die Emotion.)

ANLEITENDER: Stopp. Kannst du das auch fühlen?

ÜBENDER: O ja! Ich bin so wütend!

ANLEITENDER: Dann bleib bitte bei dieser Wut, atme bewusst, lass die Wut da sein, erlaube ihr, ganz aufzutauchen. Sie darf sich auch ausbreiten über dich, sodass du sie von innen kennen lernen kannst. Nimm sie wahr und atme bewusst.

Das Ausdrücken von Gefühlen ist also für diese Übung nur insoweit notwendig und nützlich, wie es hilft, eine Emotion fühlbar zu machen. Hier geht es um das Erleben, Kennenlernen, Würdigen und Annehmen vorhandener Gefühle, nicht um das Ausdrücken. »Es ist ausreichend, die Wut zu fühlen«, sagt die Zen-Lehrerin Joko Beck. In der Praxis habe ich festgestellt: Dadurch, dass wir ein Gefühl ausdrücken, versuchen wir meistens, es loszuwerden. Aus irgendeinem Grund ertragen wir es nicht, es zu fühlen. Entweder weil es furchterregend ist – wie Wut oder Angst –, weil es unangenehm ist – wie etwa Trauer, Schmerz, Eifersucht – oder weil es zu schön ist – wie Freude, Begeisterung, Verliebtheit, Zärtlichkeit, Lust und andere Emotionen, die mit Liebe einhergehen können. Wir meinen unbewusst, dass wir platzen, dass es uns umbringt, dass es uns schädigt, kurz, dass wir es nicht aushalten können, diese Gefühle in ihrem vollen Ausmaß zu fühlen und bei uns zu behalten. Genau darum geht es aber bei der körperzentrierten Herzensarbeit. Dadurch, dass wir ein Gefühl vollständig erleben, ohne zu versuchen, es loszuwerden, indem wir es in Worte oder Handlungen hineinkanalisieren, vervollständigen wir nicht nur unsere Bewusstheit und unser Einssein mit uns selbst, sondern daraus erwächst uns auch Kraft. Die volle Energie der Emotion bleibt bei uns und kommt unserem Herzen zugute, sobald wir nämlich den nächsten Schritt dieser Übung tun und dem betreffenden Gefühl unser Herz öffnen.

Diesen Schritt sollte man allerdings nicht zu früh unternehmen – es sei denn, er geschieht von selbst. Damit die Übung vollständig ist, muss ein Gefühl, bevor man es ins Herz holt, sowohl auf der körperlichen als auch auf der psychischen Ebene – erst ausführlich wahrgenommen und gewürdigt worden sein – so, wie es ist, ohne jeden Versuch, es zu heilen, zu lindern, zu trösten oder umzuwandeln. Tatsache ist, dass das Gefühl, das wir im Körper entdeckt haben, verdrängt ist und unter der Verdrängung leidet;

manchmal schon unser ganzes Leben lang. Erst müssen wir diesen Zustand so, wie er ist, würdigen, bevor wir tatsächlich in der Lage sind, ihn mit der Liebe unseres Herzens zu umschließen. Was wir nicht kennen, können wir nicht würdigen, und was wir nicht würdigen, können wir nicht annehmen. Das heißt am Beispiel der Wut: Nicht nur die Wut als solche muss kennen gelernt und gewürdigt werden, sondern auch die Wut im Zustand der Verbannung, einschließlich der Not des Verbanntseins. Wenn diese Not unserem Bewusstsein dämmert, stellt sich meist ganz von selbst jenes Verstehen und Erbarmen ein, mit dem die Türen des Herzens sich öffnen.

Wenn wir versuchen, unsere Gefühle ins Herz zu schließen, bevor wir sie körperlich und emotional gewürdigt haben, laufen wir Gefahr, uns zu betrügen. Anstatt Frieden, Freude und Liebe haben wir »Friede, Freude, Eierkuchen«: eine Scheintransformation.

Also müssen wir erst eine gebührende Weile, bewusst atmend, das verstoßene Gefühl kennen lernen; es aushalten, es ganz bewusst erleben, wobei man ihm erlauben kann, sich ganz auszubreiten (der Anleitende kann wie im obigen Kurzbeispiel sagen: »Du darfst diesem Gefühl ruhig erlauben, sich ganz auszubreiten, damit du es von innen kennen lernst«). Der Schlüsselsatz lautet: »Es da sein lassen und für es da sein.«

Wenn der Übende seine Emotion gründlich kennen gelernt und gewürdigt hat, kann er darangehen, ihr den Weg in sein Herz zu bahnen (wenn das, wie gesagt, nicht bereits von selbst geschehen ist).

4. Der Emotion sein Herz öffnen

Bei diesem Schritt benötigen die meisten Menschen aktive Hilfe durch den Anleitenden. Selbst erfahrene Alleinübende vergessen, wenn sie sich unter die Führung eines Partners begeben, an dieser Stelle, was es bedeutet, »sein Herz zu öffnen«.

Der Übende sitzt also da mit seiner Emotion und fragt sich oder wird vom Anleitenden gefragt, wie er dieses Gefühl ins Herz schließen kann. (»Jetzt schau bitte, wie du dein Herz für dieses Gefühl öffnen kannst«). Natürlich prüft er erst selber, auf welchem Weg dies geschehen kann. Mit einem Gedanken von Erbarmen vielleicht? Mit Verständnis? Wenn er nicht weiterweiß, bittet er um Hilfe. »Ich weiß nicht, wie ich es ins Herz holen kann. Bitte gib mir einen Tipp.«

Hier muss der Anleitende auf sein Herz und seine Eingebungen hören. Wenn man bis zu diesem Punkt mit dem Herzen dabei war, weiß man im Allgemeinen, was das betreffende Gefühl am dringendsten braucht, und kann es ohne zu zögern aussprechen. Zum Beispiel: »Erbarmen. Ich glaube, es braucht Erbarmen.« Oder: »Ich glaube, es geht durch Verstehen. Kannst du dich selber dafür verstehen, dass du so fühlst?« Oder: »Mitgefühl.« Oder: »Stell dir vor, dich selbst mitsamt diesem Gefühl in die Arme zu schließen.« Oder: »Es braucht Liebe. Gib ihm einfach Liebe.« Oder: »Achtung. Ich glaube, du musst dem Teil deiner selbst, der diese Not leidet, Achtung entgegenbringen.« Wenn man selber mitfühlt, kann man das, was man fühlt, manchmal spontan auf eine Weise ausdrücken, die das Herz des anderen berührt.

Manchmal wird an dieser Stelle die Weisheit oder Erfahrung des Anleitenden gebraucht. Einem Übenden über diese Schwelle hinwegzuhelfen, ist nicht möglich, wenn man sie nicht selbst bereits einige Male überschritten hat. Nur wer aus Erfahrung weiß, was es bedeutet, bewusst und absichtlich einem Gefühl sein Herz zu öffnen, wird hier die richtigen Worte finden, die dem Übenden helfen, diesen Schritt zu tun. Einige Beispiele werden Sie in den später geschilderten Fallgeschichten finden; aber es nützt wenig, solche Formulierungen zu benutzen, wenn sie nicht von Herzen kommen.

Ein sehr wichtiger Punkt bei dieser Stufe ist, dass der Anleitende nur helfen kann, wenn er mit offenem Herzen dabei ist. Falls er mit persönlichen Emotionen beteiligt ist, die sein Herz verschließen, beispielsweise, wenn er Angst hat vor einer Emotion des Übenden oder wenn er Ablehnung empfindet, muss er für einen kleinen Augenblick diese seine eigene Emotion wahrnehmen und sie mit Verständnis und Erbarmen ins Herz schließen, um sich dann wieder auf der Ebene des Herzens zu sammeln und offen für den Übenden da zu sein. Falls das nicht ohne weiteres geht, muss er im Interesse des Übenden um Hilfe von oben bitten.

Denn: Die wichtigste Unterstützung, die man einem Übenden geben kann, ist ein offenes Herz. Oft reicht das allein bereits aus, um seinem Gegenüber zu helfen, sich seiner Gefühle bewusst zu werden und sich ihrer zu erbarmen.

Alle Menschen gehen mit der Erwartung an die Arbeit, ihre negativen Gefühle loszuwerden. Sie wissen oder glauben, weil sie es gehört haben, dass Wut, Hass, Angst, Trauer, Neid, Eifersucht, Schmerz sich auflösen, wenn man sie ins Herz holt. Das Dumme ist nur: Wenn wir sie wirklich ins Herz holen wollen, bedeutet das, sie anzunehmen. Tun wir das mit der Erwartung, dass sie aufgelöst werden, so ist das ein Scheinmanöver, und das Herz öffnet sich nicht. Denn der Wunsch, dass das betreffende Gefühl sich auflösen und verschwinden möge, ist Ausdruck unserer Ablehnung. Solange wir das Gefühl ablehnen – das liegt auf der Hand –, können wir es nicht annehmen.

Das heißt: Auf der Schwelle zum Herzen kann es einen Augenblick Zögern geben. Kann ich es wagen, dieses Furchtbare, Grässliche, Unerträgliche wirklich anzunehmen? Eben nicht, indem ich mir wünsche, dass es sich auflösen möge, sondern indem ich ihm erlaube zu existieren und ihm einen Platz in meinem Herzen gebe? Kann ich es annehmen?

Es ist tatsächlich so, dass es sich verwandelt, sobald es im Herzen aufgenommen worden ist; aber die Absicht, es zu verwandeln, vereitelt das. Das ist das Paradoxe, das uns zwingt, uns wirklich zu öffnen.

5. Die Nachsorge vorbereiten

Der Übende fragt sich selber oder der Anleitende fragt ihn: »Was braucht dieses Gefühl im täglichen Leben von dir?« Beziehungsweise: »Was braucht der Teil von dir, der unter diesem Gefühl leidet?« Hier hat der Anleitende die Aufgabe zu prüfen, ob die Antwort wirklich aus dem Herzen kommt (indem er mit dem Herzen zuhört). Eine Herzensantwort wird immer darauf abzielen, das Gefühl, um das es geht, mit der Liebe und Aufmerksamkeit zu versorgen, die es braucht, um sich angenommen zu fühlen; manchmal wird es auch darum gehen, das Verhalten zu ändern, um den Teil des Menschen, der unter dem Gefühl leidet, besser zu schützen (zum Beispiel: die Wahrheit sagen oder öfter allein sein). Taucht aber als Antwort auf die Frage »Was braucht das Gefühl von dir?« ein Satz auf, der Aggression gegen andere ausdrückt – zum Beispiel: »Dass ich XY endlich mal sage, wie sehr er mir auf die Nerven geht« –, dann ist das ein Zeichen dafür, dass das betreffende Gefühl nicht bewusst gewürdigt und ins Herz geschlossen wurde, sondern dass der Betreffende noch mit ihm identifiziert ist. Hier kann man – je nachdem, wie viel Zeit noch zur Verfügung steht – entweder die Übung von vorn beginnen, indem man den Übenden darauf hinweist und ihn bittet, dem Gehalt dessen, was er vorgebracht hat, auf der körperlichen Ebene nachzuspüren; oder man kann sagen: »Ich glaube nicht, dass das die Stimme deines Herzens ist. Ich glaube, dein Gefühl braucht vor allem, dass du ihm Beachtung schenkst, wenn es auftauchst, anstatt es zu verdrängen … Bitte frag noch einmal, was dieses Gefühl von dir braucht, um sich angenommen und versorgt zu fühlen.«

Danach muss der Übende angeleitet werden – wenn er es nicht selber tut – zu prüfen, ob er eine genaue Vorstellung davon hat, wie er die erhaltene Antwort in die Tat umsetzen kann, und ob er sich selber versprechen kann, das zu tun.

6. Im Herzen verweilen

Nachdem die vierte Stufe – dem Gefühl sein Herz öffnen – bewältigt ist, wird der Übende im Allgemeinen das Bedürfnis haben, beziehungsweise sollte dazu angeregt werden, noch eine Weile im Herzen gesammelt zu bleiben. Dies ist ein kostbarer Augenblick, dem der Anleitende Raum gewähren sollte, ohne sich einzumischen. Es kann vorkommen, dass der Übende diesen Augenblick nur nutzt, um bei sich zu sein und das neu entdeckte Gefühl von Einssein, Liebe oder Frieden zu genießen. Ebenso kann es geschehen, dass der Übende in diesem Augenblick Eingebungen, Einsichten oder andere Segnungen erhält. Er mag sich darüber äußern oder nicht – wichtig ist, diesen Moment der Stille und des In-sich-Ruhens nicht zu früh abzubrechen. Manche Übenden sind zu brav und zu beflissen, um die Geduld ihrer Helfer am Schluss einer Sitzung noch weiter zu strapazieren, und beeilen sich, aus der Verinnerlichung herauszukommen und die Übung abzuschließen. Hier sollte der Anleitende oder, wenn nötig, auch der Wächter den Übenden einladen, noch einen Augenblick bei sich zu bleiben, die Augen geschlossen zu halten und im Herzen zentriert zu bleiben.

7. Hilfe herbeiholen

Darauf, was dieser Punkt bedeutet, bin ich zu Anfang dieses Kapitels bereits eingegangen. Der Anleitende kann dem Übenden vorschlagen, Hilfe von den höheren Ebenen herbeizuholen, wenn beide den Eindruck gewonnen haben, dass es dem Übenden unmöglich ist, sein Herz zu öffnen und sich seiner Emotion(en) zu erbarmen. Keinesfalls, wie schon gesagt, sollte dies geschehen, bevor alles unternommen wurde, um diesen Schritt allein zu tun. Manche Menschen versuchen, mithilfe der höheren Ebenen um den entscheidenden Schritt herumzukommen: nämlich sich selbst – den Teil ihrer selbst, der jenes unliebsame Gefühl hegt – anzunehmen. Andere flüchten gern in höhere Sphären, um unangenehmen Gefühlen zu entgehen. Das ist nur allzu verständlich; niemand erlebt gern Hass oder Wut, Angst oder Schmerz. Doch leider lösen diese Gefühle sich nicht in Wohlgefallen auf, wenn man ihnen entflieht; sie bleiben in vollem Umfang bestehen.

Daraus entsteht Leid. Ein Teil Ihres Wesens – und damit ein Teil des Universums, ein Teil allen Lebens – leidet im Verborgenen, und niemand ist da, sich seiner zu erbarmen. Und der Schatz, der sich in den Untiefen der schmerzhaften Emotionen verbirgt, bleibt uns vorenthalten, wenn wir nicht in diese Tiefen tauchen.

Dadurch, dass wir in die Tiefe hinabtauchen, dass wir uns mitten in unseren Schmerz – denn letztlich handelt es sich immer um Schmerz – hineintauchen und unser Herz so groß machen, dass es all diesen Schmerz umfangen kann, kommen wir ganz von selbst in Kontakt mit höheren Sphären. Nun verwandelt sich unsere innere Hölle in einen Himmel, denn sie wird von Liebe durchdrungen und erlöst.

Entfliehen wir jedoch der Hölle, um im Himmel Schutz zu finden, dann mag unser Eintauchen in himmlische Sphären vielleicht durchaus real sein und uns für einen Augenblick Frieden und Licht schenken; die Hölle aber besteht weiter, vom Himmel getrennt.

Hilfe holen sollte man also nur, wenn alles getan wurde, was man selbst tun kann. Dann kann der Anleitende sagen: »Du kannst Hilfe von oben herbeiholen. Stell dir einfach vor, dich nach oben zu öffnen und Kontakt aufzunehmen mit den höheren Ebenen deines Wesens oder mit den Welten der Engel.«

Wenn dies im richtigen Augenblick geschieht – also nicht zu früh –, kommt sofort Hilfe. Plötzlich ist Liebe da, manchmal haben alle Anwesenden einen Eindruck von Licht oder Frieden, und das Herz des Übenden öffnet sich oder er weiß plötzlich, was er zu tun hat.

8. Nachsorge

Wie bereits erläutert, sollte jeder Sitzung eine Zeit der Nachsorge folgen. In einem Gespräch nach der Sitzung könnte der Anleitende den Übenden an die Nachsorge erinnern. »Bitte präge dir dieses Gefühl gut ein und nimm dir vor, dich in den nächsten Tagen und Wochen darum zu kümmern, wann immer es auftaucht. Hast du dir gemerkt, was du dir versprochen hast?«
Die einzelnen Schritte der Anleitung kurz zusammengefasst:

Vorbereitung

1. Gemeinsame Einstellung auf die Zeit. Einstimmung. Sammlung im Herzen. Verneigen.

Einstieg

2. »Bitte erzähl ein wenig von deinem Problem, möglichst in der Gegenwart und in der Ichform. Versuche den Kern des Problems zu umreißen.«
3. »Bitte erinnere dich an eine konkrete Situation, in der dieses Problem sich manifestiert hat. Lass die Erinnerung in dir lebendig werden. Wenn sie präsent ist, sag bitte Bescheid.«

Körperwahrnehmung

4. »Bitte geh jetzt, während du die Erinnerung an die Situation wach hältst, mit deinem Bewusstsein in deinen Körper hinein und schau, wo und wie er reagiert. Bitte berichte.«
5. »Zieh jetzt deine Aufmerksamkeit und deinen Atem in diese Körperzone hinein und lerne sie von innen kennen.«

6. »Wie ist es dort? Hell, dunkel, hart, weich, kalt, warm, eng, weit … ?«
7. »Bitte lass deine Wahrnehmung dort ruhen und atme bewusst.«

Emotion

8. »Wie fühlst du dich dort drinnen?«
9. »Bitte erlaube diesem Gefühl, ganz aufzusteigen. Es darf sich auch ausbreiten über dich, sodass du es sozusagen von innen kennen lernst. Du kannst deinen Atem benutzen, um dem Gefühl Leben einzuhauchen. Lass es da sein und sei für es da.«

Herz

10. »Nun schau bitte, wie du diesem Gefühl dein Herz öffnen kannst.«
11. Wenn der Übende hierzu um Tipps bittet: »Ich glaube, dieses Gefühl braucht vor allem Erbarmen. Kannst du Erbarmen haben mit ihm? Oder mit dem Teil von dir, der dieses Gefühl erleidet?« Oder: »Kannst du dich dafür verstehen, dass du so fühlst? Kannst du über dieses Verstehen dein Herz öffnen?« Oder: »Kannst du diesem Gefühl Mitgefühl entgegenbringen?« Oder: »Ich glaube, es braucht einfach Liebe.« Oder: »Kannst du diesem Gefühl deine Achtung schenken? Dem Teil von dir, der es erleidet, Achtung erweisen?« Oder: »Stell dir vor, dich mitsamt diesem Gefühl in die Arme zu nehmen.«

Widerstände

12. Wenn der Übende aus Angst oder Ablehnung heraus nicht in der Lage ist, das Gefühl ins Herz zu holen: »Dann bitte wende dich dieser Angst (oder

Ablehnung) einmal zu. Lass sie zu und nimm sie wahr. Identifiziere dich mit dem Teil von dir, der Angst vor dem Gefühl hat oder der es ablehnt. Wie fühlt sich dein Körper? Wo und wie reagiert er?
Bitte gehe mit deinem Bewusstsein in diesen Körperteil (oder diese gesamte Verspannungsgestalt) hinein, atme bewusst und nimm seinen Zustand von innen wahr. Wie fühlst du dich dort drinnen? Kannst du dein Herz öffnen für dieses Gefühl?
Dann können wir uns jetzt wieder dem ursprünglichen Gefühl zuwenden? Bitte schau, ob du es jetzt ins Herz holen kannst, ohne die Angst (oder die Ablehnung) daraus wieder zu verstoßen. Es geht ganz leicht. Sie können einfach nebeneinander existieren.«

Falls SOS nach oben nötig ist

13. Wenn der Übende den Eindruck hat, trotz aller Versuche sein Herz nicht dem betreffenden Gefühl öffnen zu können: »Dann hole bitte Hilfe von oben herbei. Stell dir einfach vor, dich nach oben hin (am Scheitelchakra) zu öffnen und Kontakt mit den höheren Ebenen aufzunehmen. Bitte darum, dass du dein Herz öffnen kannst.«

Abschluss

14. »Bitte bleib noch eine Weile ruhig sitzen. Nimm dir Zeit. Bleib bei dir.«
15. »Lass uns kurz rekapitulieren, um welche(s) Gefühl(e) du dich in den nächsten Tagen und Wochen kümmern musst: … Notiere dir am besten Stichworte dazu.«
16. Dank und Verneigung.

Schwierigkeiten, die auftauchen können, und Möglichkeiten der Abhilfe

1. Man findet den Einstieg nicht

Der Übende erzählt in immer neuen Varianten von seinem Problem und findet keinen Einstieg in die eigentliche Übung. Hier müssen Anleitender und eventuell auch Wächter sich bemühen, mit dem Herzen zuzuhören, um wahrzunehmen, was die übende Person fühlt, während sie erzählt. Allein die Tatsache, dass dem Übenden jemand mit dem Herzen zuhört, kann ihm helfen, in Kontakt zu kommen mit seinen Gefühlen, mit dem Kern seines Problems.

Eine abstrakte oder verallgemeinernde oder zu weit ausholende Schilderung eines Problems darf und soll frühzeitig unterbrochen werden. »Bitte versuche den Kern des Problems mit einem oder zwei Sätzen zu umreißen.« Und wenn das geschehen ist: »Bitte erinnere dich jetzt an einen konkreten Vorfall. Wenn du willst, kannst du ihn kurz schildern, aber es reicht auch, wenn du dir die Erinnerung vergegenwärtigst und mir dann Bescheid sagst, wenn sie präsent ist.«

Gehen Sie möglichst immer von einer konkreten Situation aus: Wo sonst sollte das Problem in Erscheinung treten als in einer konkreten Situation? Wenn es sich nicht um eine bestimmte Situation handelt, die das Problem ausgelöst hat, leiten Sie den Übenden an, sich den Zeitpunkt, den Augenblick oder den Vorfall zu vergegenwärtigen, in dem das Problem sich zuletzt manifestiert hat oder der besonders deutlich in Erinnerung geblieben ist.

Der Anleitende – wenn nötig, auch der Wächter – kann aber auch die Möglichkeit wahrnehmen, in einem gegebenen Augenblick die Erzählung zu unterbrechen und zu sagen: »Ich glaube, hier können wir schon einsteigen« – dann nämlich, wenn er an einem Punkt der Erzählung des

Übenden fühlt, dass dieser den Kern des Problems berührt hat. Man spürt es irgendwie, wenn die Schilderung ein wirkliches Problem berührt; es ist, als ob ein Nerv getroffen oder als ob es plötzlich brenzlig würde. Oft ist es sogar notwendig, an dieser Stelle zu unterbrechen und in die Übung einzusteigen, denn viele Menschen haben die Tendenz, über die brenzlige Stelle schnell hinwegzugehen, indem sie zu weitschweifigen Überlegungen, Rechtfertigungen, Analysen, Korrekturen des Gesagten etc. übergehen.

Es kann gelegentlich vorkommen, dass die Übenden deshalb keinen Einstieg finden, weil sie das falsche Thema gewählt haben. Möglicherweise wurde ein Thema gewählt, das kein wirkliches Problem für den Übenden darstellt, beziehungsweise eines, das von einem anderen, dringenderen Thema, das mehr im Vordergrund des Bewusstseins steht, verdeckt wird. Bei der Auswahl der Themen ist nicht darauf zu achten, welches einem bedeutender vorkommt, sondern welches einem mehr unter den Nägeln brennt. Es gibt Kleinigkeiten, die wir als lächerlich bewerten, die uns aber so sehr auf die Nerven gehen oder uns so stark ängstigen können – dummerweise, wie wir meinen –, dass größere, bedeutendere Probleme durch sie in den Hintergrund gerückt werden. Wenn man diese Kleinigkeiten tatsächlich zum Thema der Übung macht, entdeckt man im Allgemeinen hinter ihnen ein riesengroßes Problem, oft auch einen Zusammenhang mit denjenigen seiner Probleme, die man für bedeutender und tiefgreifender hielt, aber nicht für die Übung ausgewählt hat, weil die »Kleinigkeit« aktueller war.

2. Der Übende spürt nichts in seinem Körper

Manche Menschen meinen oder behaupten, nichts zu spüren, ihren Körper nicht wahrzunehmen. Dies bezieht sich auf die erste Stufe der Übung, nach dem »Einstieg«: die Körperwahrnehmung. Der Betreffende hat sein Problem geschildert, sich an einen entsprechenden Vorfall erinnert und ist nun aufgefordert worden – oder hat sich selber aufgefordert –, in den Körper hineinzuspüren, um festzustellen, wie er auf das Problem reagiert. Er oder sie

- bleibt jedoch »im Kopf«, ist also nicht bereit oder in der Lage, von den Gedanken zu lassen, die um sein Problem kreisen, um seinen Körper wahrzunehmen;
- bemüht sich, irgendetwas in seinem Körper wahrzunehmen, spürt aber nichts.

Hier hat der Anleitende verschiedene Möglichkeiten:

a) Er kann seine eigene sinnliche oder außersinnliche Wahrnehmung nutzen, um den Übenden zu den reagierenden Körperregionen zu führen. Der Anleitende wird entweder in seinem eigenen Körper spüren oder am Körper seines Gegenübers wahrnehmen, wo sich etwas tut; manches ist leicht von außen zu erkennen, beispielsweise wenn die Stirn sich runzelt, der Mund sich verzieht, die Lippen zusammengepresst werden; wenn die Haltung sich verändert; wenn die Fäuste sich ballen oder die Hände oder Füße sich nervös bewegen. Mancher bekommt auch außersinnliche Wahrnehmungen durch die Sinneswahrnehmungen hindurch. Beispielsweise wird durch ein Spiel von Licht und Schatten ein krasser Unterschied der Farbe von Gesicht und Hals wahrgenommen, und plötzlich erkennt man darin einen Hinweis; oder in einer markanten Falte der Kleidung; oder einer scharfen Trennlinie in der Taille, hervorgerufen durch Gürtel oder Gummizug ... Wenn so etwas geschieht, geschieht es spontan und geht mit intuitivem Wissen oder Erkennen einher. Man darf allerdings auf keinen Fall nach solchen Hinweisen suchen und sie sich irgendwie zurechtinterpretieren. Das kann zu unsinnigen Irrwegen führen. Wenn der Anleitende einen solchen Hinweis bekommen hat, sei es durch innere oder durch äußere Wahrnehmung, so kann er ihn in respektvoller und vorsichtiger Form formulieren (niemals aber dem anderen als Wahrheit aufzwingen): »Bitte schau einmal in deinen Nacken; ich habe den Eindruck, dass dort etwas ist.«

b) Der Anleitende kann den Übenden beruhigen, ihm versichern, dass alles in Ordnung ist, und ihn anleiten, einfach des Problems bewusst zu bleiben und seinen Atem im Körper zu spüren. »Ich spüre aber nichts …« – »Das macht nichts. Lass dir Zeit. Bleib einfach im Körper anwesend und spüre deinen Atem, während du die Problemsituation im Hinterkopf behältst. Weiter nichts.«

c) Falls der Übende zwar wahrnimmt, wo das Problem sich in seinem Körper manifestiert, aber meint, er sei nicht in der Lage, sich mit seinem Bewusstsein dorthin zu begeben, kann man dreierlei tun:

- Der Übende kann die Hände auf die betreffende Stelle(n) legen.
- Oder er kann sich einfach vorstellen, sich in die Stelle hineinzubegeben, so wie man ein Zimmer betritt.
- Der Anleitende kann anmerken, dass das Bewusstsein des Übenden sich ohnehin bereits in der betreffenden Stelle befindet, dass er sich nur selbst darauf aufmerksam machen muss.

Im Allgemeinen wird der Übende dann nach einer Weile beginnen, seinen Körperzustand wahrzunehmen.

Falls keinerlei Anhaltspunkt zu ermitteln ist, wo das Problem sich im Körper manifestiert, kann der Anleitende den Übenden fragen: »Schau einmal, wo du im Körper bist, während du an das Problem/die Situation denkst.« Dann haben Sie einen Ansatzpunkt. Fast jeder kann diese Frage ohne Umschweife beantworten. Der Übende wird vielleicht sagen: »Im Hals.« Dann kann der Anleitende vorschlagen: »Dann geh doch bitte mal mit deiner ganzen Aufmerksamkeit in den Hals. Zieh dein Bewusstsein und deinen Atem in den Hals hinein und sag mir, wie es dort ist.«

3. Der Übende fühlt keine Emotion

Der Übende ist zwar in der Lage, beispielsweise seine Angst als Anspannung der Körperperipherie, Zusammenziehen des Bauches oder Engwerden des Halses zu spüren, er weiß vielleicht sogar, dass diese Anspannung Angst ist, aber er kann die Angst als Emotion nicht fühlen. In diesem Fall kann Ausdrücken helfen. Der Übende kann aufgefordert werden, Ichsätze zu bilden, die Angst ausdrücken. »Ich habe Angst.« – »Ich habe solche Angst.« – »Ich habe furchtbare Angst.« – »Ich habe Angst vor ...« – Ach habe Angst zu ...« – »Ich fürchte mich.« Sobald die richtige Formulierung gefunden ist, taucht Emotion auf.

Nun fordert man den Betreffenden auf, die Emotion bewusst wahrzunehmen (sie zuzulassen, da sein zu lassen und für sie da zu sein oder ihr vollkommene Zuwendung zu schenken), während er weiterhin im Körper anwesend ist und bewusst atmet.

Manchmal kommt es vor, dass jemand einer Emotion in treffender Weise Ausdruck verleiht und diese Emotion dabei zwar für die Übungspartner deutlich wahrnehmbar ist, aber für ihn selbst nicht. Hier kann es helfen, den Übenden zu bitten, ein wenig mehr zu erzählen. Anstatt nur zu sagen: »Ich habe Angst«, wird er gebeten zu erzählen, wovor er Ängst hat und warum. Meist taucht an dieser Stelle die Emotion deutlich auf und wird auch vom Betreffenden selber wahrgenommen.

Wenn der Übende hartnäckig versichert, nichts zu fühlen, kann der Anleitende seine Aufmerksamkeit zurück auf den Körper lenken und ihn bitten, einfach die betreffende Körperspannung wahrzunehmen und dabei bewusst zu atmen. Man kann auch vom Körper aus den Weg direkt ins Herz finden, beispielsweise indem man sagt: »Kannst du die Anspannung in deinem Bauch fühlen? Kannst du dem Teil von dir, der unter dieser Anspannung leidet, dein Herz öffnen/ Erbarmen schenken, Mitgefühl, Liebe?«

Eine weitere Möglichkeit ist die Aufforderung, kräftiger zu atmen und mit dem Atem den Gefühlen, die sich in den betroffenen Körperzonen verbergen, Leben einzuhauchen, sodass der Betreffende sie fühlen kann. Der Übende kann den im Körper versteckten Gefühlen auch sagen: »Ich bin jetzt bereit, euch kennen zu lernen und anzunehmen. Bitte zeigt euch, damit ich euch fühlen kann.«

Manchmal muss man sich zuerst um das Hindernis kümmern. Der Übende weigert sich unbewusst, seinen Schmerz zu fühlen, weil er Angst hat, dass dieser Schmerz unerträglich ist. Wenn der Übende diese Angst äußert oder vom Anleitenden, der sie gespürt hat, auf ihr Vorhandensein hingewiesen wird und sie entdeckt, muss er sich zuerst um diese Angst kümmern (wiederum indem er sie als Körper- und als Gemütszustand kennen lernt und ihr sein Herz öffnet). Die Angst muss da sein dürfen, verstanden, respektiert und mit Erbarmen und Mitgefühl umfangen werden. Möglicherweise muss man an dieser Stelle die Sitzung beenden, damit der Übende sich zunächst einmal genügend Zeit nimmt, um diese Angst auch im täglichen Leben zu würdigen und anzunehmen, bevor er sich daranmacht, den nächsten Schritt – den gefürchteten Schmerz zu fühlen – zu unternehmen. In vielen Fällen reicht es jedoch aus, der Angst für einen Augenblick vollkommene Aufmerksamkeit zu schenken und sie ins Herz zu holen, um dann bereit zu sein, sich dem Schmerz zuzuwenden.

Grundsätzlich gilt: Wann immer ein Hindernis auftaucht, muss man sich zuerst um das Hindernis kümmern (indem man es als Körperzustand und als Gemütszustand kennen lernt und ins Herz schließt), bevor man sich dem zuwendet, was durch das Hindernis verdeckt oder verhindert wurde. Wenn beispielsweise das Gefühl Hass auftaucht und der

Übende will diesem Hass sein Herz öffnen, ist aber nicht dazu in der Lage, weil zugleich in ihm Ablehnung gegenüber diesem Hass auftaucht, muss er sich erst der Ablehnung zuwenden. Die Technik ist, sich für einen Augenblick mit der ablehnenden oder verurteilenden Instanz zu identifizieren und sie zu Wort kommen zu lassen (laut auszudrücken, was diese bewegt), während man die Körperspannung und -haltung, die mit ihr verbunden ist, und zugleich (wie immer) seinen Atem bewusst erlebt. Dann muss man das Gefühl, das darin verborgen ist, kennen lernen und ins Herz schließen. Danach kann man sich wieder dem Opfer der Ablehnung – hier dem Teil seiner selbst, der hasst – zuwenden und auch ihm sein Herz öffnen. Beide Teile haben – das ist wichtig zu wissen – nebeneinander im Herzen Platz; das Herz ist in der Lage, unterschiedslos alles aufzunehmen und zu verstehen. Es ist nicht notwendig, das eine mit dem anderen zu versöhnen oder in einen sinnvollen oder harmonischen Zusammenhang zu bringen; das eine muss auch nicht das andere ersetzen oder auslöschen; man muss auch keine Synthese suchen – man muss einfach beides kennen lernen, würdigen und annehmen, also ins Herz schließen, das ist genug. So wie die Sonne, wie es schon in der Bibel heißt, auf Gute und Böse scheint, so macht auch die Liebe des Herzens keine Unterschiede. Sie versteht und umfängt alles, einfach deshalb, weil es existiert.

4. Übertragung

Wie in einer Psychotherapie, so kann auch bei der Partnerübung der körperzentrierten Herzensarbeit das Phänomen der Übertragung vorkommen. Das heißt, der Übende verwechselt den Anleitenden unbewusst mit einem oder beiden Elternteilen oder sonstigen prägenden Autoritäten seiner Kindheit und beginnt ihn in seine Problematik einzubeziehen, beispielsweise, indem er plötzlich trotzig auf Anweisungen reagiert.

Aus meiner Erfahrung heraus scheint mir hier das Wichtigste zu sein, dass der Anleitende sich bemüht, im Herzen zentriert zu bleiben – also eine offene, wohlwollende, unpersönliche und mitfühlende Haltung beizubehalten, anstatt sich persönlich treffen zu lassen und mit einer Gegenreaktion zu antworten. Fühlt man sich als Anleitender jedoch persönlich betroffen, so sollte man dies bewusst wahrnehmen und sich einen Augenblick Zeit nehmen, um sich im Stillen um sein Gefühl zu kümmern und es ins Herz zu holen. Anschließend kann man die Aufmerksamkeit des Übenden auf das in ihm neu aufgetauchte, aus der Übertragung entstandene Gefühl lenken – hier Trotz: »Fühlst du dich jetzt trotzig? Bitte erlaube deinem Trotz, da zu sein, und schenke ihm für einen Augenblick deine Beachtung und Achtung.« Nun ist der Trotz Gegenstand der weiteren Übung – Körper, Emotion, Herz –, denn er ist es, der jetzt im Vordergrund steht und der Zuwendung bedarf.

Falls Sie als Anleitender in eine Übertragung verwickelt werden, nehmen Sie das bitte als Anlass für Ihre eigene Übung. Setzen Sie sich nach der betreffenden Partnerübung allein hin und gehen Sie der Sache auf den Grund. Vergegenwärtigen Sie sich den Moment der Partnerübung, an dem Sie begannen, persönlich zu reagieren (beispielsweise mit Ärger, Abwehr, Angst, Mitleid, Sympathie), und steigen Sie hier in die Übung der körperzentrierten Herzensarbeit ein: Nehmen Sie wahr, was in Ihrem Körper geschieht, während Sie bewusst atmen, und konzentrieren Sie Ihre Wahrnehmung in der betroffenen Region; stellen Sie fest, wie Sie sich fühlen, während Sie Ihr Bewusstsein und Ihren Atem in dieser Zone konzentrieren, und öffnen Sie diesem Gefühl Ihr Herz.

Dies ist ein Hinweis, der besonders auch für Therapeuten nützlich ist. Natürlich lernt man als Therapeut, mit Übertragungen umzugehen; man lernt sie für die Therapie zu nutzen, was sehr wertvoll sein kann. Hier aber geht es um eine neue Technik, mit deren Hilfe man eine Übertragung, in die man sich verwickeln ließ, als Hinweis auf ein eigenes Problem nutzen und diesem Problem auf heilende und erlösende Weise auf den Grund gehen kann.

5. Der Übende meint, ein Gefühl nicht ins Herz schließen zu können, weil es ja gerade sein Herz sei, das verletzt ist

Hier hilft es, einfach zu sagen: »Es klingt paradox, aber du kannst die Verletzung, unter der dein Herz leidet, ins Herz holen. Du kannst ihr dein Herz öffnen, indem du mit dir selber mitfühlst und mit deinem Schmerz Erbarmen hast.«

Das Herz kann nicht eigentlich verletzt werden, auch wenn es sich manchmal so anfühlt. Das, was im Allgemeinen verletzt wird, ist unser Ego – das, was wir für unser Ich halten, unsere falsche Vorstellung von uns selbst. Jede Kränkung, Herabsetzung, Verhöhnung, Nichtbeachtung, »Verletzung« unser selbst trifft nicht unser Herz, sondern unsere Person – das, was wir fälschlicherweise für unser Ich halten. Nehmen wir einen solchen Angriff mit dem Herzen auf, so trifft er auf keinen Widerstand, sondern auf Mitgefühl: Anstatt uns angegriffen zu fühlen, fühlen wir einfach, was der »Angreifer« fühlt; und da wir es unmittelbar fühlen, verstehen wir es auf diese unmittelbare Art, in der das Herz versteht. Das ist alles. Im Herzen gibt es kein abgegrenztes Ich, das verletzbar wäre. Selbst wenn wir von einem geliebten Menschen, dem wir vertraut haben, enttäuscht werden, kann unser Herz, wenn wir es zulassen, die innere Realität dieses Menschen fühlen und verstehen.

Allerdings kann das Herz »brechen«, und zwar aus Liebe – wenn man beispielsweise gezwungen ist, jemanden zu verletzen, den man liebt (beispielsweise, indem man seinen Partner verlässt), oder wenn man erfährt oder erlebt, wie ein Unschuldiger gefoltert oder getötet wird, wie Menschen unter Ausbeutung, Unterdrückung, Ungerechtigkeit,

Seuchen oder Hunger leiden oder wie Vertrauen oder Arglosigkeit missbraucht wird. Eigentlich bricht nicht das Herz, sondern es brechen die Schalen, die es umgeben, sodass die Liebe hervorkommen und sich ausbreiten kann. Aber man empfindet es als »gebrochenes« Herz.

6. Wenn es vage oder nebulös wird

Es kommt vor, dass der Übende während einer Sitzung plötzlich den Eindruck hat, dass alles verschwimmt, dass er Körperempfindungen und Gefühle nicht mehr wirklich erlebt, sondern eher ahnt, und alles in einem diffusen Nebel verschwindet. Die Möglichkeiten:

- Man geht davon aus, dass es sich nur um eine vorübergehende Trübung oder Ermüdung der Wahrnehmung handelt. In diesem Fall kann man das Erleben wieder lebendiger machen, indem man den Atem und die Bewusstheit »anfacht«. Der Übende wird aufgefordert, sich sein Ausgangsproblem wieder deutlich zu vergegenwärtigen, während er zugleich tiefer und kräftiger atmet und sich weiterhin auf die betreffende Körperregion oder Emotion konzentriert. Mit dem Atem lädt er seine Empfindungen und Gefühle ein, in sein Bewusstsein zu kommen, sodass sie fühlbar werden.
- Man kehrt zurück zur Ausgangssituation. Der Übende vergegenwärtigt sich von neuem das Problem beziehungsweise die Situation, von der er ausgegangen war, und lenkt erneut seine Aufmerksamkeit auf den Körper.
- Man geht aufgrund einer Ahnung, eines Wissens oder einer Eingebung (des Übenden oder Anleitenden) davon aus, dass der Nebel die Folge eines Widerstands ist. In diesem Fall kann man die atemverbundene Wahrnehmung auf den nebelhaften Zustand selber richten. Der Übende begibt sich ganz in das nebelhafte Gefühl hinein und widmet ihm seine ausschließliche Aufmerksamkeit, um die-

sen Zustand kennen zu lernen, zu würdigen und anzunehmen. Er lädt das Gefühl, das sich dahinter verbirgt, ein, in sein Bewusstsein zu kommen, indem er ihm sagt, dass er bereit ist, es anzunehmen und zu respektieren. Dann atmet er weiter bewusst und bleibt mit seiner Aufmerksamkeit im Zustand der Nebelhaftigkeit. Früher oder später wird das Gefühl, das den Nebel verursacht hat – irgendeine Form von Angst –, zutage treten. Der Anleitende kann den Teil der Persönlichkeit des Übenden, der sich als »Nebel« manifestiert, auch auffordern, sich zu äußern. »Bitte geh in diesen Nebel hinein und lerne ihn von innen kennen ... Was hat dieser Nebel denn zu sagen? Was möchte er gern äußern, wenn du ihm seine Stimme leihst?« Auf diese Weise wird der Übende in die Lage versetzt, den Teil seiner selbst, der den Nebel bildet, zu verstehen, sodass er ihm mit Leichtigkeit sein Herz öffnen kann.

– Der Übende (wenn er allein übt) oder der Anleitende mobilisiert »unbeugsame Absicht«. Das ist ein Begriff, den Carlos Castaneda bzw. sein Lehrer, der Schamane Juan Matus, geprägt hat. Er trifft genau das, was man braucht, wenn man eine Sitzung mit sich selbst oder mit einem Partner über einen toten Punkt hinweg zu Ende bringen will. »Ich stehe nicht eher auf, bis ich dieser Sache auf den Grund gegangen bin.« Diese unbeugsame Absicht braucht ein übergeordnetes Motiv – und zwar das Motiv, das uns bei unserer Arbeit mit Körper, Herz und Seele überhaupt leitet; der Wert, den wir am höchsten schätzen: zum Beispiel Liebe oder Wahrheit oder Freiheit.

Wenn also alles verschwimmt oder Nebel oder Müdigkeit an einem Punkt auftaucht, an dem der Prozess noch lange nicht beendet ist, mobilisiert man dieses Motiv – seine Liebe zur Wahrheit, zur Freiheit, zur Liebe oder zu welchem höchsten Wert auch immer – zusammen mit einer unbeugsamen Absicht. Wenn dies aus ganzem Herzen geschieht, verschwinden die Hindernisse, und die Arbeit kann weitergehen.

7. Wenn der Übende nicht aufhört zu weinen

Wenn jemand beim Auftauchen der Emotion zu weinen beginnt und damit nicht aufhören kann, muss er daran erinnert werden beziehungsweise sich selbst daran erinnern, dass es um bewusstes Wahrnehmen geht und dass er sich nicht davontragen lassen soll von seinem Gefühl. Der Atemfluss soll, wenn irgend möglich, nicht durch das Weinen unterbrochen, der Atem nicht durch Schluchzen »abgewürgt« werden. Wenn ein Schmerz so stark ist, dass der Übende nicht anders kann, als heftig zu weinen, so kann er sich doch zugleich an Wahrnehmen und Atmen erinnern, was dazu führt, dass er, während er weint, zugleich heftig atmen wird und der Atem eine ähnliche Dynamik bekommt wie beim Rebirthing (stoßweiser, schneller, heftiger Atem bis hin zur Hyperventilation). Das ist ganz in Ordnung; es ist förderlicher für die Übung, als einfach zu schluchzen und auf den Tränen davonzuschwimmen. Hiermit ist nicht viel gewonnen außer ein wenig Erleichterung. Es gibt Menschen, die über ein und denselben Kummer über Jahre hinweg immer wieder Tränen vergießen können, ohne dass sich an dem Kummer etwas ändert. Wenn man stattdessen bewusste Wahrnehmung und Atembewusstsein einschaltet, wird der Kelch des Kummers bis zur Neige geleert; der Kummer wird vollständig vom Herzen aufgenommen und verwandelt sich dort, wie alles, was vollständig vom Herzen aufgenommen wurde, in Liebe. Das heißt, anstatt endloser Wiederholung ereignet sich Transformation.

8. Wenn die Symptome nicht aufhören zu wandern

Manchmal wandern die Symptome, sobald der Übende seine Aufmerksamkeit nach dem »Einstieg« auf den Körper richtet. Erst fühlt er etwas im Hals, dann im Rücken, dann im Bauch ... Bis hierhin geht er (oder der Anleitende) vielleicht noch vertrauensvoll mit, doch wenn dann das Symptom weiterwandert in den Kopf und, sobald man im Kopf angekommen ist, in die Arme, beginnt er sich zu fragen, ob das nicht ein Versteckspiel ist. »Sobald ich mich auf eine Verspannung in einem bestimmten Körperteil konzentriere, meldet sich ein anderer; was soll ich tun?«

Zunächst sollte er einmal mitwandern mit der Aufmerksamkeit. In manchen Fällen handelt es sich nicht um ein Versteckspiel, das der Übende mit sich selbst oder mit dem Anleitenden spielt, sondern um eine Aufdeckung immer tieferer Schichten. Wir entdecken Verspannung oder Schmerz erst im Hals, und wenn wir uns darauf konzentrieren, meldet sich der Rücken, und wenn wir unsere Aufmerksamkeit im Rücken gesammelt haben, der Bauch. Hier schließlich finden wir vielleicht den Kern des Problems.

Wenn man nach einer Zeit des Mitwanderns allerdings den Eindruck gewinnt, dass das Unternehmen sinnlos ist, weil das Symptom offenbar endlos weiterwandern will, dann sollte man zu dem ersten Körperteil zurückkehren, in dem sich eine auffallende Reaktion manifestiert hat, und dort einfach die Aufmerksamkeit ruhen lassen (beziehungsweise den Übenden auffordern, seine Aufmerksamkeit dort ruhen zu lassen) – ganz gleich, welcher andere Körperteil sich daraufhin melden mag. »Bitte geh zurück in den Hals. Ich glaube, es ist gut, wenn du einfach dort verweilst, ganz gleich, was sonst in deinem Körper geschieht, und wahrnimmst, was im Hals vor sich geht.« Wenn die Absicht und Aufmerksamkeit des Übenden beziehungsweise des Anleitenden unerschütterlich, ruhig und beharrlich ist und vom Herzen ausgeht – das heißt von Liebe, Achtung und Mitgefühl bestimmt ist –, wird der Übende schließlich das Gefühl entdecken, das sich in der betreffenden Stelle des Körpers versteckt hatte und vor der Entdeckung in andere Körperzonen geflüchtet war.

9. Wenn man meint, nicht mit dem Bewusstsein in eine betroffene Körperzone hineinzugelangen

Nach dem »Einstieg« war der erste Schritt der Übung festzustellen, wo und wie der Körper auf das Problem reagiert. Anschließend geht es darum, in die betroffene Körperzone mit Bewusstsein und Atem hineinzugehen. Manchmal kommt es vor, dass jemand meint, nicht hineingelangen zu können. »Da ist ein Knoten im Solarplexus; ich kann den Knoten von außen wahrnehmen – er ist hart und dunkel –, aber ich kann nicht hinein.« Hier reicht es, dem Übenden zu versichern, dass der betreffende Knoten ein Teil seiner selbst ist und dass es deswegen sehr wohl möglich ist, ihn von innen kennen zu lernen. Wenn dies mit Ruhe und Sicherheit seitens des Anleitenden vorgebracht wird beziehungsweise der Übende sich diese Tatsache bewusst macht, gelingt es ohne weiteres, das Bewusstsein in die betroffene Körperpartie hineinzubringen.
Wenn es einmal nicht gelingen sollte – ein unwahrscheinlicher Fall –, reicht es, (sich) zu sagen: »Das macht nichts. Lass einfach deine Aufmerksamkeit auf dem Knoten ruhen und nimm deinen Atem wahr.« Oder: »Das macht nichts. Stell dir einfach vor, im Innern des Knotens zu sein.«

10. Wenn man nicht weiß, wie man sein Herz öffnet

Auf diesen Punkt bin ich schon einige Male eingegangen. Hier noch einmal die hilfreichen Stichworte:

- Erbarmen
- Mitgefühl mit sich selbst
- Verständnis
- Achtung
- Anerkennung
- Liebe
- die Vorstellung, sich selbst (gegebenenfalls das innere Kind) mitsamt dem betreffenden Gefühl zu umarmen

Wer im eigenen Innern einige Male die Erfahrung gemacht hat, wie sein Herz sich einem zuvor verstoßenen Gefühl oder einem abgelehnten oder ungeliebten Teil seiner selbst geöffnet hat, dem werden im kritischen Moment die zündenden Worte einfallen. Wenn die Worte des Anleitenden von Herzen kommen und von Mitgefühl und Achtung getragen sind, werden sie auch das Herz des Übenden erreichen. Hilfreich ist in vielen Fällen auch der Gedanke: Alles braucht Liebe, ganz einfach deshalb, weil es da ist.

Manchmal ist der Vorgang des sich öffnenden Herzens nicht in auffälliger Weise feststellbar; dann mag es ausreichen, dem Gefühl genügend Zeit zu geben, in der man ihm seine Präsenz und seinen Atem schenkt und mit ausschließlicher Aufmerksamkeit für es da ist. Der Übende kann dann sich selber fragen oder vom Anleitenden gefragt werden: »Gibt es noch etwas, das fehlt, damit dieses Gefühl Einlass ins Herz findet?«

11. Wenn es im Innern des Übenden einen Konflikt zwischen zwei Parteien gibt

Es kommt vor, dass der Übende zwei Gefühle oder zwei Wesensteile in sich entdeckt, die einander widersprechen oder bekämpfen. Die beiden Gefühle oder Wesensteile müssen nacheinander behandelt werden. Manchmal gibt es noch ein drittes Ich, das zwischen diesen beiden steht und unter dem Konflikt leidet. Man beginnt mit derjenigen der drei Parteien, die im Vordergrund steht – die also im Augenblick stärker wahrnehmbar oder leichter zugänglich ist, vergegenwärtigt sie sich, lässt sie eventuell zu Wort kommen, nimmt wahr, was dabei im Körper geschieht, und geht die drei Stufen Körper – Emotion – Herz durch, bevor man sich den anderen Parteien auf die gleiche Weise zuwendet. Wie bereits erwähnt, können alle problemlos nebeneinander im Herzen existieren. Es ist nicht nötig, weitere Schritte zu ihrer Versöhnung oder Vereinbarung zu unternehmen.

12. Wenn der Übende nicht aufhört, wütende Gedanken zu äußern

Ebenso wie manche Menschen mit ihren Tränen davonschwimmen und sich in Traurigkeit vergessen, kommt es auch vor, dass ein Mensch so von seiner Wut eingenommen ist, dass er seine Bewusstheit darin verliert. Fordert man ihn auf, seine Wut wahrzunehmen, so sagt er zum Beispiel: »Ich nehme sie doch wahr. Ich bin verdammt sauer. Dieser XY ist wirklich ein Drecksack.« Jedes Mal, wenn man den Übenden bittet, sich seiner Wut zuzuwenden, versichert er wütend, das bereits getan zu haben, und zum Beweis liefert er eine neue Schimpftirade.

Nachdem der Übende auf diese Weise seine Wut ausgedrückt hat, kann der Anleitende sagen: »Bitte lenke deine Aufmerksamkeit wieder in den Körper und nimm wahr, wie sich das anfühlt, was du gerade gesagt hast. Und spüre deinen Atem.«

In Fällen wie diesen ist es hilfreich, einen Schritt zurückzugehen zur Körperwahrnehmung. »Bitte geh in deinen Körper und schau, was er jetzt macht. Wenn du irgendwo eine Verspannung oder einen auffälligen Zustand wahrnimmst, melde es.«

Der Körperzustand muss noch einmal ausführlich erlebt und gewürdigt werden, bevor man sich von neuem der Ebene des Gemütszustands zuwendet.

Wichtig ist auch, daran zu erinnern, die Bewusstheit einzuschalten: »Bitte identifiziere dich nicht mit deiner Wut, sondern lerne sie bewusst kennen. Um das tun zu können, musst du einen Schritt zurücktreten und mit dem Beobachter in deinem Innern eins werden. Atmen und beobachten.« Dieses Beobachten allerdings geschieht fühlend und spürend nicht mental, sozusagen von oben herab.

Daran muss man ebenfalls erinnern, falls der Übende seine Wut nicht mehr fühlen kann, sobald er versucht, sie zu beobachten.

13. Wenn die Gefühlsregung so stark ist, dass man nicht in der Lage ist, irgendeine Technik anzuwenden

Es kann vorkommen, dass etwas geschieht im Leben, das einen so sehr überwältigt, schockiert oder in einen so starken Schmerz stürzt, dass man nichts weiter tun kann, als sich der Emotion zu überlassen. Man weiß, man sollte atmen, wahrnehmen und sein Herz öffnen, aber man ist so verzweifelt, dass man zu nichts in der Lage ist, außer zu weinen.

Hier muss man den Emotionsanfall einfach durchstehen, möglicherweise mithilfe einer feinstofflichen Notfallmedizin (Homöopathie, Bach-Blüten, Aura Soma), und möglichst gleich, nachdem das Schlimmste vorbei ist und man sich beruhigt hat, die drei Stufen der körperzentrierten Herzensarbeit nachholen. Darauf zu verzichten, nur weil man sich wieder beruhigt hat, wäre schade; so läuft man nicht nur Gefahr, dass man einem Teil seiner selbst die dringend notwendige Zuwendung und Aufmerksamkeit versagt, sondern man wird auch nicht des »Schatzes« teilhaftig, den man finden kann, wenn man durch alle Phasen des Wahrnehmens und Annehmens hindurchgeht.

14. Beim Üben mit einem Partner: Wenn der Anleitende von der Methode abweicht

In meinen Gruppen habe ich beobachtet, dass die Anleitenden gelegentlich auf andere Methoden ausweichen, die sie gelernt haben. Beispielsweise fordern sie den Übenden plötzlich auf, goldenes Licht zu visualisieren, etwas aufzulösen, loszulassen, fortzuatmen, umzuwandeln oder eine Lösung zu suchen.

Wenn der Übende bemerkt, dass der Partner, der ihn anleitet, von der einfachen Methode des Wahr- und Annehmens (also der körperzentrierten Herzensarbeit) abweicht, kann, darf und soll er die Führung und Verantwortung selbst übernehmen. »Bitte entschuldige, aber ich möchte zur Körperwahrnehmung zurückkehren. Lass mich noch einen Augenblick bei dieser Verspannung verweilen und sie einfach wahrnehmen. Ich möchte sie kennen lernen.« Niemand wird das übel nehmen. Oft geschieht das Ausweichen auf eine andere Methode deshalb – wie die Betreffenden mir nachher erzählt haben –, weil der Anleitende nicht mehr weiterwusste und etwas Bekanntes brauchte, an dem er sich festhalten konnte.

Was das Visualisieren von Licht, das bewusste Auflösen oder Umwandeln von Zuständen anbelangt, so kennen wir – meine Helfer und Übungspartner und ich – diese Methoden aus eigener Erfahrung. Wir haben jedoch festgestellt, dass die Wandlung, die durch atemverbundenes Wahrnehmen und Annehmen von selber geschieht, wesentlich wirksamer und tiefgreifender ist als eine Veränderung, die man mithilfe kreativer Imagination willentlich vornimmt.

Auf zwei Stichworte möchte ich zum Schluss noch näher eingehen, weil sie so hilfreich sind. Sie sind »Universalschlüssel«, die in allen schwierigen Fällen die Türen öffnen können.

Die unbeugsame Absicht

Dieser Ausdruck – ich erwähnte es schon – trifft genau die Haltung, die man braucht, wenn man einem inneren Phänomen, einem Gefühlsknoten, einem Problem, einem Gemütszustand, auf den Grund gehen möchte. »Nichts bringt mich von diesem Fleck weg, bis ich diesem Phänomen auf den Grund gegangen bin.«

Diese unbeugsame Absicht kann einem über alle Hindernisse hinweghelfen: Wenn man müde wird, wenn alles verschwimmt und undeutlich wird, wenn man plötzlich keine Lust mehr hat, Gedanken an Kaffee und Kuchen auftauchen oder man nicht mehr weiß, was die ganze Übung eigentlich soll. Welches Ausweichmanöver auch immer das Unterbewusstsein sich einfallen lässt: Unbeugsame Absicht lässt uns einfach ruhig sitzen bleiben und mit konzentrierter Aufmerksamkeit am Ball bleiben. Und immer lichtet sich der Nebel, verschwindet die Müdigkeit, taucht schließlich das auf, was auftauchen soll.

Das höchste Motiv

Diese »unbeugsame Absicht« – auch das erwähnte ich schon – muss gekoppelt sein mit dem allerhöchsten Motiv des Übenden. Für jeden Menschen, der sich auf den spirituellen Weg begibt, existiert ein zentrales Motiv, eine Qualität, die er höher schätzt als alle anderen und der er mit seinem Leben und Streben dienen möchte. Natürlich muss es das Motiv sein, das im Herzen wirklich vorherrscht, und nicht eines, das man sich zurechtzimmert anhand dessen, was Eltern, Erzieher, Kirche, Gurus einem beigebracht haben. Die Übung gelingt immer, wenn ich die Haltung unbeugsamer Absicht mit diesem allerhöchsten Motiv verbinde – indem ich mir sage: der Wahrheit zuliebe (oder aus Liebe oder wie auch immer dieses höchste Motiv lautet) will ich dieser Sache auf den Grund gehen, will ich dieses Gefühl aus der Verbannung befreien und ins Herz holen.

4. KAPITEL

Beispiele für eine problemorientierte Anwendung der körperzentrierten Herzensarbeit

Krisensituationen

Man muss sich die Krise – die Umstände, Beziehungen und Probleme, die die Krise ausmachen – in aller Deutlichkeit vergegenwärtigen und dann mit der Aufmerksamkeit in den Körper gehen.

In Krisenzeiten empfiehlt es sich, sich täglich oder jedenfalls so oft wie möglich hinzusetzen und sich mit der Dreistufentechnik der körperzentrierten Herzensarbeit um das zu kümmern, was am jeweiligen Tag ansteht – das, was einen am meisten bedrückt, wovor man Angst hat, was einen traurig macht etc. Wenn kein besonderes Problem ansteht, sollte man einfach erstens den Zustand des Körpers wahrnehmen und sich ihm für eine Weile liebevoll zuwenden, zweitens erforschen, wie man sich im Körper fühlt, und die Aufmerksamkeit auf dem Gefühl ruhen lassen und drittens sich selber samt seinem momentanen Zustand ins Herz schließen.

Entscheidungsfragen

Wenn man die Wahl zwischen zwei oder mehreren Möglichkeiten hat und sich nicht entscheiden kann: Dann sollte man sich Möglichkeit A vorstellen, als wenn sie sich schon realisiert hätte; mit dem Bewusstsein in den Körper gehen und feststellen, wo und wie er reagiert; in den betreffenden Zonen Bewusstsein und Atem konzentrieren; feststellen, wie man sich darin fühlt; das Gleiche dann mit Möglichkeit B und eventuellen weiteren durchspielen. Auf diese Weise erfährt man, wie man sich – jenseits dessen, was Verstand und Vernunft sich erdacht haben – tatsächlich mit den zur Wahl stehenden Möglichkeiten fühlt. Anschließend zentriert man sein Bewusstsein im Herzen (wer bereits einige Male körperzentrierte Herzensarbeit praktiziert hat, wird dazu ohne weiteres in der Lage sein) und bleibt für eine Weile mit Bewusstsein und Atem im Herzen gesammelt. Dann denkt man an Möglichkeit A, als wäre sie schon Realität, und nimmt wahr, was im Herzen vor sich geht; das Gleiche praktiziert man dann mit B und C usw. Auf diese Weise bekommt man einen Eindruck von der Wahl, die man treffen würde, könnte man frei nach dem Herzen entscheiden.

Wenn der Eindruck nicht klar genug ist, kann man sein Herz auch einfach befragen. Die Frage muss einfach, klar und ehrlich sein. Anschließend bleibt man einfach im Herzen gesammelt und nimmt seinen Atem wahr. Man sollte nicht nach einer Antwort suchen oder Ausschau halten, sondern einfach still und gesammelt sitzen bleiben. Auf die eine oder die andere Weise wird das Herz antworten – wenn nicht während der Sitzung, dann danach.

Man kann das Entscheidungsproblem auch mit einem Partner angehen, indem man seinen Übungspartner bittet, mit dem Herzen zuzuhören und Feedback zu geben. Man erzählt von Möglichkeit A, als sei sie bereits Realität, und der Übungspartner hört mit dem Herzen zu und schildert anschließend, was er während der Erzählung gefühlt, gespürt oder sonst wie wahrgenommen hat; das Gleiche geschieht dann mit B und den eventuellen weiteren Möglichkeiten. Der Übungspartner hüte sich aber davor, seine Wahrnehmungen irgendwie zu interpretieren oder seinen persönlichen Standpunkt hineinzubringen; hier geht es darum, dass der Übende zur Stimme seines eigenen Herzens findet, und dies kann eine sehr leise Stimme sein, deren Wahrnehmung ein Partner, der sich mit eigenen Ansichten oder Interpretationen einmischt, vielleicht unmöglich macht. Feedback zu geben bedeutet hier zu sagen: »Als du von A erzähltest, habe ich kalte Füße bekommen. Bei B habe ich gar nichts gefühlt, habe allerdings gesehen, dass deine Stirn gerunzelt war. Bei C tauchte in mir Freude auf. Ich weiß nicht, ob es meine eigene Freude war oder deine; jedenfalls tauchte Freude auf, und du sprachst etwas lebhafter.«

Die Auswertung dieser Informationen überlasse man dem Übenden ganz allein. Falls der Übende sich für diese Auswertung beim Partner Rat holen möchte, sollte der Partner nur in der Weise helfen, dass er den Übenden ermuntert, laut zu denken, und ihm wiederum mit dem Herzen zuhört. Der Übungspartner kann von Zeit zu Zeit wiedergeben, was der Übende gesagt hat, um diesem zu mehr Klarheit zu verhelfen, oder ihm gegebenenfalls wieder Feedback geben. Auf keinen Fall sollte er aber helfen, zu interpretieren oder eine Entscheidung zu treffen. Das würde dem Zweck der Übung widersprechen.

Ein Fallbeispiel: Sophie weiß nicht, wie sie ihre Ferien verbringen soll. Soll sie nach Helsinki zu einem Kongress reisen, der sie interessiert, oder einfach einen erholsamen Urlaub am Meer verbringen? Eigentlich braucht sie Erholung, aber zu dem Kongress kommen viele wichtige Referenten, darunter einige, denen sie immer schon mal begegnen wollte.

Sophie setzt sich mit ihrer Freundin und Trainingspartnerin hin, um herauszufinden, welche Wahl ihr Herz treffen möchte. Sie erzählt von allen drei Möglichkeiten, während ihre Freundin sich bemüht, mit dem Herzen zuzuhören. Schließlich gibt die Freundin Feedback: Bei der Möglichkeit, »einfach in Urlaub zu fahren«, hat sie – wie sie meint – nichts gefühlt; bei Helsinki stellte sich starke Aufregung ein. Sie beschließen, sich Helsinki näher anzuschauen. Sophie denkt also an Helsinki und wendet dann, angeleitet von ihrer Freundin, ihr Bewusstsein ihrem Körper zu. Was tut sich in ihrem Körper, während sie an Helsinki denkt? Sophie beobachtet Druck auf den Schultern und Verspannung im Rücken. Sie geht in die betroffenen Zonen mit ihrem Bewusstsein hinein. Sie nimmt Druck und Anspannung wahr, die sich verstärken, und während sie dies beobachtet und bewusst atmet, taucht der Gedanke an ihren Vater auf. Sophie erkennt, dass Helsinki die Wahl ist, die sie sich zu treffen verpflichtet fühlt, um den Anforderungen ihres Vaters gerecht zu werden. Sie mobilisiert Mitgefühl und Verständnis für ihre Not – das Gefühl, unter Druck zu stehen – und öffnet auf diese Weise ihr Herz für sich selber. Rücken und Schultern fühlen sich bald freier an. Nun fordert ihre Freundin sie auf, im Herzen zentriert zu bleiben und sich noch einmal vorzustellen, nach Helsinki zu dem Kongress zu reisen. Was sagt ihr Herz? Wie fühlt sich Sophie jetzt mit dieser Vorstellung? Sie erkennt, dass der Kongress sie in Wirklichkeit momentan nicht interessiert.

Sophie verbringt also einen erholsamen Urlaub am Meer.

Zwischenmenschliche Konflikte

Nehmen wir an, Sie haben Streit. Sie können Ihren Partner oder Gegner nicht von Ihrer Meinung überzeugen und er Sie nicht von seiner. Vielleicht ist es ein Streit über tief gehende Themen – wie beispielsweise Emanzipation in der Ehe –, vielleicht einer von eher oberflächlicher Art – wie etwa die Frage einer Gehaltserhöhung, die zwischen Ihnen und Ihrem Chef ungeklärt ist und Unzufriedenheit erzeugt.

Setzen Sie sich hin und vergegenwärtigen Sie sich das strittige Thema und die Person, mit der Sie streiten. Denken Sie eine Weile über das Thema nach und beobachten Sie, was Sie denken. Vielleicht rechtfertigen Sie sich in Gedanken, vielleicht greifen Sie den anderen aber auch an oder setzen ihn herab. An der Stelle, wo Ihr Unmut, Ihr Ärger, Ihre Unzufriedenheit, Wut oder was auch immer der Streit in Ihnen hervorruft für Sie selbst deutlich spürbar wird, steigen Sie in die Übung ein. Sie gehen in den Körper, schauen, wie und wo er reagiert; konzentrieren Ihr Bewusstsein und Ihren Atem in der betroffenen Region und lernen deren Zustand von innen kennen; dann fragen Sie sich, wie Sie sich fühlen, während Sie in dieser verspannten Körperregion anwesend sind und atmen; schließlich erleben und würdigen Sie dieses Gefühl ganz bewusst und holen es dann ins Herz.

Erst wenn alle Gefühle, die in Ihnen im Zusammenhang mit dem strittigen Thema vorhanden sind, vollständig erfahren und in Ihrem Herzen angenommen, anerkannt und aufgehoben sind, können Sie einen weiteren Schritt tun und sich, während Sie sorgfältig darauf achten, im Herzen gesammelt zu bleiben, innerlich Ihrem Streitgegner oder Partner zuwenden und schauen, ob Sie schon in der Lage sind, von Herz zu Herz mit ihm Verbindung aufzunehmen. Wenn Sie dieser Versuch aus dem Herzen heraus- und in den alten Ärger hineinbringt, beenden Sie ihn augenblicklich und kehren zu Ihren eigenen Gefühlen zurück, um ihnen all die Zuwendung und Achtung zu geben, die sie brauchen, bevor Sie in der Lage sind, Ihr Herz dem anderen zu öffnen.

Hartnäckiger Ärger über eine bestimmte Person

Vergegenwärtigen Sie sich die betreffende Person in einer Situation, die Ihren Ärger in besonders deutlicher Weise ausgelöst hat. Atmen Sie bewusst, während Sie sich die Situation vorstellen, und steigen Sie dann in die Übung ein: Körperwahrnehmung, Emotion, Herz.

Chronischer, jahrelang auftretender Ärger braucht möglicherweise mehr als eine Sitzung der ausführlichen Zuwendung; immer enthüllt er durch die atemverbundene Körperwahrnehmung, wenn diese konsequent durchgeführt wird, tiefere Schichten von Emotionen, die mit der Person, welche den aktuellen Ärger ausgelöst hat, nichts zu tun haben – meist Emotionen aus früher Kindheit.

Es lohnt sich, den Ärger weder als lästiges Ärgernis zu betrachten noch ihm einfach Nahrung zu geben durch ständiges Wiederkäuen unserer empörten Gedanken, sondern ihn zu nutzen als Signal, das uns auf eine tief liegende, nicht verheilte Wunde aufmerksam machen will. Diese Wunde macht durch den Ärger auf sich aufmerksam, damit wir ihr die heilende Zuwendung schenken können, die sie braucht. Der Mensch, der unseren Ärger immer wieder auslöst, ist in diesem Sinne alles andere als ein Feind; er ist ein Helfer, der uns auf eine verborgene Wunde aufmerksam macht. Es nützt allerdings nichts, sich diesen Zusammenhang nur geistig klarzumachen, um dann aufgrund dieses intellektuellen Verständnisses zu versuchen, dem Betreffenden dankbar zu sein, anstatt sich über ihn zu ärgern. Nur wenn wir den Ärger vollständig zulassen und ebenso vollständig annehmen (also in unser Herz aufnehmen), werden wir wirklich in der Lage sein, dem Auslöser des Ärgers von innen heraus ein anderes Gefühl entgegenzubringen – Mitgefühl, Dankbarkeit, Verständnis, Achtung oder Liebe. Den Wandel zum Positiven bewirkt man nicht durch absichtliches Umwandeln des Negativen in Positives – also Ablehnung des Negativen; durch Annahme des Negativen geschieht er von selbst.

Probleme aller Art

Um zu zeigen, wie anhand verschiedener Alltags- und Lebensprobleme der »Einstieg« in die Übung gefunden werden kann, skizziere ich kurz zwei typische Probleme und zeige auf, wie man hier in die Übung einsteigen kann.

1. Susannes Problem liegt darin, dass sie gern das genießt, was sie »gutes Essen« nennt – Fleisch mit fetten Saucen, Nudelgerichte, Kuchen –, aber zum Dickwerden neigt und Angst hat, dass ihr Freund sie nicht mehr mag, wenn sie zu viel Speck ansetzt.

Hier sehe ich zwei Ansatzpunkte für einen Einstieg in die Übung.

- Zum einen: Angst. Susanne könnte sich als Erstes um die Angst, ihr Freund könne sie nicht mehr mögen, kümmern. Diese Angst ist ja tatsächlich vorhanden und hat ihren Anteil an dem inneren Konflikt, in dem sie steckt. Die Technik: Um die Angst hervorzulocken, muss Susanne sich vorstellen, dass ihr Freund sie nicht mehr mag, weil sie zu dick geworden ist. Wahrscheinlich muss sie sich das anhand einer imaginären Situation möglichst konkret vorstellen. Dann muss sie die Wahrnehmung in den Körper lenken, beobachten, wie der Körper auf diese Vorstellung reagiert, und in die Übung einsteigen.
- Zum anderen: die Vorliebe für das »gute Essen«. Susanne hat diese Vorliebe in einer Weise geschildert, die sie betont unverdächtig erscheinen lässt, so, als sei das etwas ganz Natürliches, worauf man ja schließlich ein Anrecht hätte. Das lässt vermuten, dass sie in dieser Hinsicht nicht ganz frei ist, sondern dass es sich eher um eine Art Sucht handelt. Susanne kann das wie folgt prüfen:
- entweder indem sie sich eine Situation vergegenwärtigt, in der der Appetit auf ein gutes Essen in ihr aufsteigt, und an dieser Stelle in die Übung einsteigt. Dann sollte sie wahrnehmen, was im Körper geschieht, dort die Aufmerksamkeit und den Atem zentrieren, aufspüren, welche Gefühle sich dort verbergen, und diese bewusst erleben, ins Herz schließen und sie fragen, wie sie sie in Zukunft besser würdigen kann.
- oder indem sie sich vorstellt, sie verzichte fortan auf

»gutes Essen«, und hier in die Übung einsteigt: Was geschieht in ihrem Körper, in ihrer Psyche bei dieser Vorstellung? Vielleicht taucht Angst auf (mancher hegt unbewusst Angst vor dem Verhungern), vielleicht Trotz, Wut, Erbitterung. Was auch immer es ist: Sie muss es wahrnehmen, atmen und ins Herz holen.

2. Katja streitet oft mit ihrem Mann. Es stört sie, dass ihr Mann fast nie zu Hause ist, weil sein Arbeitgeber ihn – ihrer Auffassung nach deshalb, weil er zu gutmütig und zu billig ist – oft zu weit entfernten Orten schickt, um dort für ihn eine Aufgabe zu erfüllen. Sie ist sicher, dass das Problem bei ihrem Mann liegt, aber sie bekommt ihn nicht dazu, etwas zu ändern. Er, auf der anderen Seite, verlangt von ihr, dass sie zu Hause bleibt und nicht arbeiten geht – was sie aber gern würde. Aus ihrer Sicht leidet sie unter seinem Fehlverhalten und seiner Ungerechtigkeit. Er müsste sich ändern. Nun ist sie es aber, die leidet und sich dessen bewusst ist, und sie ist es, die die Veränderung wünscht. Was kann sie (allein) tun?

Ansätze für die körperzentrierte Herzensarbeit:

- Katja vergegenwärtigt sich eine Situation, in der sie allein zu Hause ist und sich darüber ärgert, dass ihr Mann mal wieder einen weit entfernten Job angenommen hat. Sie lässt die Erinnerung an diese Situation so deutlich werden wie möglich und geht dann mit ihrer Aufmerksamkeit in den Körper. Wo reagiert er? Was geschieht dort? Atmen, wahrnehmen etc.
- Katja vergegenwärtigt sich einen Streit, den sie mit ihrem Mann zu diesem Thema hatte. Sobald die Situation in ihrem Geist präsent ist, kann sie in die Übung einsteigen.

Das sind zwei Möglichkeiten, sich um die Gefühle zu kümmern, die die häufige Abwesenheit des Mannes in ihr auslöst, und das zu entdecken, was in Wahrheit hinter ihrer Unzufriedenheit steckt. Zusätzlich kann sie bei ihrem Wunsch nach Veränderung ansetzen:

- Katja klärt – durch Nachdenken und Vorstellung –, welches ihre Wünsche sind. Was soll sich verändern? Wie soll die häusliche Situation aussehen, damit sie zufrieden ist? Sobald sie sich das vergegenwärtigt hat, steigt sie in die Übung ein: Körperwahrnehmung, Emotion … Möglicherweise tauchen negative Emotionen auf. Vielleicht hat sie Angst vor einer positiven Veränderung, aus welchen Gründen auch immer. Das wird sich bei der Übung zeigen. Vielleicht taucht auch einfach Freude auf, und der Wunsch und die Sehnsucht nach Veränderung sind deutlich spürbar und leicht ins Herz zu holen. Dann wird Katja, wenn sie danach noch im Herzen gesammelt bleibt, aus ihrem Innern heraus die Erkenntnisse erhalten, die sie in die Lage versetzen, die gewünschte Veränderung einzuleiten.
- Zum Abschluss (auf keinen Fall, bevor Katja sich um ihre eigenen Gefühle gekümmert hat) kann Katja noch aus dem Herzen heraus, sozusagen mit den Augen des Herzens, ihren Mann anschauen und versuchen zu fühlen und zu verstehen, was ihn zu seinem Verhalten bewegt.

Angst

Man kann sich das vorstellen, was man befürchtet – das Allerschlimmste, was passieren kann –, und dann in die Übung einsteigen: Körperwahrnehmung, Emotion, Herz. Wenn man nicht in der Lage ist, sich das Befürchtete vorzustellen, weil man bereits davor Angst hat, so muss man sich erst um diese Angst – die Angst vor der Angst – kümmern (unter »Kümmern« verstehe ich immer das vollständige Wahr- und Annehmen). Anschließend kann man entweder gleich oder später (nachdem man eine Zeit lang der Angst vor der Angst erlaubt hat, da zu sein und gefühlt zu werden) erneut versuchen, sich das Allerschlimmste, was passieren kann, vorzustellen. Man sage sich, dass es nicht darum geht, dieses Allerschlimmste zu beschwören und sich mit der Tatsache vertraut zu machen, dass es eintreten wird – sondern dass man es sich nur vorstellt, um das volle Ausmaß seiner Angst kennen zu lernen.

Man sollte sich also das Schlimme, das man befürchtet, vorstellen und dann das Bewusstsein in den Körper lenken und in die drei Stufen der körperzentrierten Herzensarbeit einsteigen (Körper, Emotion, Herz). Manchmal ist die Angst leicht aufzufinden, beispielsweise wenn der Hals eng wird oder der Solarplexus sich zusammenzieht; manchmal aber bemerkt man sie nicht gleich – dann achte man auf subtile Spannungen im Körper, beispielsweise ein leichtes Zusammengezogensein der Körperperipherie, Anspannung der Arme (man will sich etwas vom Leib halten) oder der Vorderseite des Körpers. Wie schon an anderer Stelle gesagt, kann es hilfreich sein, die Angst in Worten auszudrücken, um ihrer als Emotion gewahr zu werden.

Schock, Trauer, Schmerz

Nach einem Ereignis, das Schock, Trauer oder Schmerz ausgelöst hat, sollte man – bevor man in die körperzentrierte Herzensarbeit einsteigt – einen Augenblick nur still sitzen und ohne besondere Konzentration einfach für sich selbst da sein. Das heißt, dass man alle Fäden der Aufmerksamkeit sozusagen einholt. Man fühlt seinen Atem, ist ganz bei sich, ganz gegenwärtig im Körper, und schenkt sich selbst den Trost, den Schutz und die Wärme der eigenen Gegenwart.

Wenn man dann bereit ist, mit der Übung zu beginnen, vergegenwärtigt man sich das betreffende Ereignis, während man bewusst atmet (der Atem ist wie ein Seil, an dem man sich festhalten kann, wenn man in Gefühlsabgründe zu stürzen droht) und die Aufmerksamkeit in den Körper lenkt. Dann geht es weiter wie gehabt: Bewusstsein und Atem konzentrieren sich in der betroffenen Körperregion; dem darin gespeicherten Gefühl erlaubt man, aufzusteigen und sich ganz auszubreiten, sodass man es von innen kennen lernen kann. Was auch immer geschieht, man sollte beim bewussten Atmen und Wahrnehmen bleiben. Schließlich, wenn das nicht schon von selbst geschehen ist, öffnet man den entdeckten Emotionen sein Herz – durch Mobilisieren von Erbarmen, Mitgefühl, Verständnis, Achtung, Liebe oder einfach Anerkennung oder durch die Vorstellung, sich selbst mit diesen Emotionen in die Arme zu schließen.

Verbotene oder unerwiderte Liebe

Körperzentrierte Herzensarbeit – die Übung des vollständigen, bewussten, atemverbundenen Wahr- und Annehmens – eignet sich nicht nur für den Umgang mit negativen Emotionen. Auch solche, die wir als positiv bewerten, werden ganz anders erlebt, wenn man sie mit Atembewusstheit körperlich und emotional vollständig erlebt und ihnen ganz bewusst sein Herz öffnet. Freude, Zärtlichkeit, mit Liebe verbundene Gefühle werden nicht nur, wie wir das üblicherweise tun, oberflächlich gestreift und in Gedanken oder Handlungen aus uns herauskanalisiert, sondern vollständig erlebt, und ihre Energie bleibt bei uns und kommt unserem Herzen zugute, was zu Erfüllung und Lebensfreude führt. Das Herz wird genährt und weitet sich. Das Gleiche gilt für Sehnsucht und Wünsche. Können Sie Ihre Wünsche fühlen, anstatt nur um ihr Vorhandensein zu wissen? Und können Sie ihnen Ihr Herz öffnen? Auch wenn sie vielleicht unerfüllbar scheinen?

Körperzentrierte Herzensarbeit hilft auch, wenn man sich in jemanden verliebt oder jemanden sexuell begehrt, den man nicht begehren darf oder soll. Die Technik ist die gleiche wie bei negativen Gefühlen: Vergegenwärtigen Sie sich die Person, die Gegenstand Ihrer Verliebtheit oder Ihres Begehrens ist. Gehen Sie mit der Aufmerksamkeit in Ihren Körper. Nehmen Sie Ihren Atem wahr und beobachten Sie, was in Ihrem Körper geschieht. Zentrieren Sie Ihre Aufmerksamkeit dort. Was auch immer es ist, lassen Sie es geschehen, erleben Sie es bewusst, aber lassen Sie sich von nichts davontragen. Bleiben Sie beim bewussten Wahrnehmen und Atmen. Bleiben Sie gegenwärtig. Gleiten Sie nicht in Fantasien ab.

Wenn Sie Ihren Zustand auf der körperlichen und emotionalen Ebene vollständig kennen gelernt, erlebt und gewürdigt haben, öffnen Sie Ihr Herz für alle jetzt in Ihnen vorhandenen Gefühle. Nehmen Sie Ihr Verliebtsein, Ihre Sehnsucht, Ihr Begehren, Ihr Habenwollen, nehmen Sie was auch immer Sie fühlen (und egal wie Sie es bewerten) in Liebe, Mitgefühl und Achtung an. Wenn all dies in Ihrem Herzen aufgenommen und aufgehoben ist, bleiben Sie im Herzen gesammelt und fühlen Sie Ihren Atem.

Erfahrungsgemäß verändert diese Übung die Beziehung des oder der Übenden zu der betreffenden Person. Die Emotion ist nun nicht mehr gerichtet – das heißt, sie drängt uns nicht mehr zu Handlungen oder Tagträumen –, sondern sie verwandelt sich in einen erfüllten und lebendigen Zustand, der in sich selbst ruht. Außerdem stellt sich, da nun das Herz offen ist, mehr Mitgefühl und Verständnis für den anderen ein, der nun nicht mehr so sehr ein Objekt der Begierde ist, dafür mehr ein Mitmensch, den man eher liebt und versteht als zu besitzen begehrt.

Ebenso wie negative Gefühle, die sich schon vor langer Zeit in uns festgesetzt haben, braucht auch diese Art von Verliebtheit möglicherweise mehr als eine einzige Sitzung körperzentrierter Herzensarbeit und auch eine Zeit bewusster Nachsorge, wenn die Transformation von Dauer sein soll.

Übung zu zweit

Die gleiche Übung kann man übrigens auch zu zweit, mit einem Liebes- oder Lebenspartner, durchführen. Wenn Sie sich in jemanden verliebt haben, den Sie in dieser Weise nicht lieben dürfen/sollen/wollen (beispielsweise wegen ehelicher Bindung) und das Glück haben, dass die betreffende Person erstens Ihre Gefühle und zweitens Ihre Offenheit für spirituelle Übungen teilt, können Sie sich auch mit ihr gemeinsam hinsetzen und die oben beschriebene Übung durchführen.

Auf diese Weise können Sie Liebe, Verlangen, Sehnsucht, Zärtlichkeit und was auch immer Sie verbindet zulassen und annehmen, ohne all diese Gefühle in eine konventionelle Beziehung – mit Händchenhalten, Sex, Bindung und allem, was dazugehört – kanalisieren zu müssen. Seltsamerweise macht meiner Erfahrung nach dieses gemeinsame Üben die Partner in einem Fall wie diesem eher unabhängig voneinander, da sich alle Empfindungen und Emotionen am Schluss der Übung, wenn sie vollständig durchgeführt wird, in einen Zustand von Ganzheit und Erfülltsein verwandeln und nicht mehr auf ein äußeres Objekt gerichtet sind.

Es verlangt allerdings einen hohen Grad von Entschlossenheit. Wenn man sich gemeinsam mit einem Partner hinsetzt, um diese Übung zu machen, müssen beide darauf eingerichtet sein, dass es sich um eine gefährliche Gratwanderung handelt. Wenn beide keinen Augenblick lang von der Übung abweichen – also die ganze Zeit über darauf konzentriert bleiben, das, was ist, bewusst wahrzunehmen und ins Herz zu schließen und auf jede Ablenkung zu verzichten –, kann es gelingen, sich gemeinsam höhere Ebenen der Inspiration und Verbundenheit zu erschließen, ohne die niedrigeren (das ist nicht wertend, sondern technisch gemeint) der Sexualität, der Erotik und der Emotion ausleben zu müssen. Geben Sie sich zu Beginn das Versprechen, nicht von den drei Stufen der Übung abzuweichen; andernfalls kann das Experiment eine andere Richtung nehmen als beabsichtigt. Die Vertrautheit, Offenheit, Liebe und Ekstase, die man bei der Übung erlebt, kann, wenn man sie doch mit dem Ausleben von Sex, Erotik und Emotion verbindet, zu einer Beziehung führen, die so intensiv ist, dass andere Partnerschaften, denen man sich eventuell verpflichtet fühlt, dadurch gefährdet werden können. Umgekehrt kann es auch geschehen, dass die Übung zu tiefer Entzweiung führt, dann nämlich, wenn einer der Partner das heilige Geheimnis dessen, was bei der Übung erlebt wurde, verletzt und es entweder zu persönlichen Zwecken missbraucht, indem er es etwa bei Streitereien ins Feld führt, oder es anderen Personen mitteilt. Die Übung ist also nur etwas für Menschen, die einander unbedingte Freundschaft und Vertrauen entgegenbringen und dem Weg des Herzens hundertprozentig verpflichtet sind.

Ganz sicher ist sie ebenso nützlich für Menschen, die eine sexuelle und emotionale Beziehung miteinander haben und haben dürfen, für ganz normale Paare also. Indem man die Energie der Beziehung auf der sexuellen, erotischen und emotionalen Ebene wahrnimmt, anstatt sie (nur) auszuleben, und sie ins Herz holt, kann eine neue Kraft entstehen, die zu gemeinsamen spirituellen Erlebnissen, Wahrnehmungen und Inspirationen befähigt.

Kurz zusammengefasst: Verzichten wir darauf, unsere Gefühle von Liebe, Sehnsucht, Verlangen, Verliebtheit aus uns heraus- und in Gedanken, Tagträume, Erinnerungen und Handlungen hineinzukanalisieren, und nehmen sie stattdessen einfach vollständig wahr und an, so verwandeln sie sich in etwas, das uns Kraft gibt und uns »runder«, vollständiger und damit unabhängiger macht. Wir können dann frei entscheiden – im Einklang mit den Bestrebungen unseres allerinnersten Wesens, unserer Seele –, mit wem wir uns auf welche Weise verbinden wollen. Wir werden weniger getrieben und gezwungen von unseren Emotionen und Begierden.

In vielen Fällen tauchen, wenn wir die Übung wie beschrieben im Fall von Verliebtheit durchführen, natürlich auch negative Emotionen auf, die nach Aufmerksamkeit schreien. Vielleicht zieht es Sie mit Macht zu jemandem hin, mit dem Sie eigentlich keine Beziehung eingehen wollen; wenn Sie sich dann hinsetzen und sich diesen Menschen mit der Technik der körperzentrierten Herzensarbeit vergegenwärtigen, werden Sie die tiefer liegenden Emotionen und Probleme finden, um deretwillen es Sie so stark zu jenem Menschen hinzieht. Erlösen Sie diese Emotionen aus ihrer Verbannung, so gewinnen Sie nach und nach Ihre Entscheidungsfreiheit zurück. In hartnäckigen Fällen muss man sich wieder und wieder auf diese Weise mit der Anziehungskraft, die einem zu schaffen macht, beschäftigen.

Verliebtheit allgemein

Warum fühlen wir uns zu einem bestimmten Menschen hingezogen? Ich glaube, dafür gibt es viele Gründe; es kann sein, dass dieser Mensch eine bestimmte Qualität verkörpert, die uns noch fehlt; es kann sein, dass wir seit Anbeginn der Zeit mit diesem Menschen verbunden sind, weil er ein enger Gefährte unserer Seele ist; es kann aber auch sein – und das ist sehr oft bei flüchtigen »Lieben« oder Verliebtheiten der Fall –, dass wir uns deshalb zu einem Menschen hingezogen fühlen, weil er ein bestimmtes Gefühl in uns auslöst. Dieses Gefühl macht, dass wir uns lebendiger fühlen oder kraftvoller, schwungvoller, vielleicht auch schöner oder mehr geliebt. In diesen Fällen ist die Übung ganz besonders wertvoll. Wenn wir das schöne Gefühl, das der oder die Betreffende in uns auslöst, als Geschenk wirklich annehmen; wenn wir es (körperlich und emotional, bewusst atmend) vollständig wahrnehmen, erleben, würdigen und uns zu Eigen machen, indem wir es in unser Herz aufnehmen – dann ist dieses Gefühl nicht mehr etwas, das wir uns von einem anderen holen müssen, sondern wir tragen es in uns selber. Der andere hat es in uns zum Leben erweckt, und nun finden wir es in uns selber. Wir sind weniger abhängig von der anderen Person. Was bleibt dann noch von der Beziehung übrig? Wenn sie nur dem Zweck gedient hat, das betreffende Gefühl in uns wachzurufen, dann ist ihr Zweck erfüllt, und es wird nicht viel übrig bleiben von ihr, außer vielleicht Dankbarkeit. Wenn jedoch tatsächlich Liebe, Verbundenheit, Zusammengehörigkeit, auf welcher Ebene auch immer, existiert, so werden sie durch die Übung natürlich nicht ausgelöscht. Was wahr ist, bleibt wahr.

Dann wieder gibt es Fälle, wo wir uns deshalb verlieben oder von jemandem angezogen fühlen, weil dieser andere uns unbewusst an unseren Vater oder unsere Mutter erinnert und wir mit ihm Themen bearbeiten können, die mit Vater oder Mutter nicht gelöst wurden. Auch dies findet man natürlich mit körperzentrierter Herzensarbeit heraus und kann es auflösen.

Körperliche Probleme: Chronische Verspannungen

Chronischen Verspannungen kann man zwar entgegenwirken, indem man bewusst eine andere Haltung übt. Ein verspannter Kiefer kann gelockert werden, indem man übt, den Mund weit zu öffnen, während man spricht, und den Unterkiefer entspannt hängen zu lassen, wenn man unbeobachtet ist, wobei man laut seufzend ausatmet. Verspannte Schultern können gelockert werden, indem man übt, sie hängen zu lassen (anstatt sie hochzuziehen), während man mit dem Bauch atmet, ohne den Atem in Brust und Schultern zu heben. Und so fort.

Doch im Allgemeinen ist das eine Sisyphusarbeit. Kaum

schaut man nicht hin, verspannt sich der betreffende Körperteil wieder. Hinter tief sitzenden chronischen Verspannungen steckt immer eine psychische Anspannung. Diese lässt sich meiner Erfahrung nach nicht dauerhaft lösen, indem man ihr entgegenwirkt, sondern indem man sie vollständig wahr- und annimmt: also mit körperzentrierter Herzensarbeit.

Hier setzt man direkt beim Körper an, indem man in die verspannte Zone mit Bewusstsein und Atem hineingeht, um sie von innen kennen zu lernen, und durchläuft dann die weiteren Stadien – die Emotion wahrnehmen und das Herz öffnen. Manchmal verschwindet eine Verspannung sofort und bleibend, wenn endlich die Qual, die sich in ihr manifestiert hat, ins Bewusstsein und ins Herz aufgenommen wird. In einigen Fällen bedarf es mehrerer Sitzungen und viel Nachsorge, um die Verspannung zu lockern.

Wenn trotz gründlicher und erfolgreicher Übung die Verspannung bleibt und äußere Ursachen ausgeschlossen sind (ergonomisch falsch gestalteter Arbeitsplatz, elektrische oder geopathische Störfelder, Bewegungsmangel, zu viel Autofahren in angespannter Haltung etc.), so gibt es höchstwahrscheinlich noch ein verborgenes Elend; irgendetwas in Ihnen, das Not leidet und noch keine Beachtung gefunden hat. Fragen Sie sich einfach, was das sein könnte, während Sie in der betroffenen Körperzone bewusst atmend präsent sind. Fragen Sie Ihr Herz. Fragen Sie Ihr inneres Selbst. Fragen Sie Ihren Körper. Wenn Sie es wirklich wissen wollen, werden Sie Antwort bekommen. Wichtig ist beim Fragen die Art der Absicht. Ihre Frage muss von aufrichtigem Wissenwollen getragen sein und von der Bereitschaft, dem betreffenden Gefühl Achtung und Mitgefühl entgegenzubringen.

Ein Fallbeispiel: Eine junge Frau litt unter starken Kreuzschmerzen. Ihr unterer Rücken war so verspannt, dass sie ihn weder beim Sitzen noch beim Liegen noch im Stehen entspannen konnte. Er schien sogar im Schlaf verspannt zu sein. Auf meine Empfehlung hin widmete sie dieser Verspannung, bewusst atmend, Ihre ganze Aufmerksamkeit, und dabei meldete sich ihr aufgrund ihrer Lebensumstände ängstlich verdrängtes sexuelles Verlangen. Es reichte aus, diesem Verlangen zu erlauben, zu existieren und gefühlt zu werden, um die Verspannung zum Verschwinden zu bringen. Nachdem sie dieses Verlangen mit der Dreistufenmethode Körper – Emotion – Herz vollständig wahr- und angenommen hatte, beherrschte es sie nun nicht etwa (das war es, was sie befürchtet und weswegen sie es unterdrückt hatte), sondern verwandelte sich in Lebensfreude und Energie.

Schmerzen

Für körperliche Schmerzen gilt das Gleiche wie für Verspannungen. Ihr Körper gehört zu Ihnen; es gibt nichts in Ihrem Körper, was Ihrem Bewusstsein, wenn Sie es beharrlich darauf konzentrieren, rätselhaft bleiben muss. Gehen Sie einfach mit Bewusstsein und Atem in Ihren Schmerz hinein zuallererst einmal, um ihm endlich völlige Zuwendung und Aufmerksamkeit zu schenken! Vielleicht sind Sie dem bisher immer ausgewichen, weil Sie dachten, der Schmerz sei zu unangenehm. Wagen Sie es, ihn zu erleben. Es ist Ihr Schmerz! Er braucht Ihre Aufmerksamkeit, Ihre Liebe! Und mehr als das: Er hat eine Botschaft für Sie. Wahrscheinlich verbirgt sich in ihm auch noch ein verborgener Schatz – etwas Schönes, eine Segnung, ein tiefes Erleben oder Erkennen, eine Erleuchtung: der Schatz, den man findet, wenn man einen Schmerz ganz und gar durchlebt und ihm sein Herz öffnet.

Ein Fallbeispiel: Hanna litt unter starken Schmerzen in verschiedenen Teilen ihres Körpers. Sie betrachtete diese heftigen Schmerzanfälle als wertvolle Hinweise auf verdrängte

Leiden und wandte die Methode der körperzentrierten Herzensarbeit mit einer einzigartigen Konsequenz und Konzentration an, sobald Schmerzen auftauchten. Sie brachte es darin zu einer beispiellosen Meisterschaft. Sie war in der Lage, ihr Bewusstsein mit solcher Konzentration auf einen Schmerz oder ein Symptom zu richten, dass es ihr die gesamte in der betreffenden Körperstelle eingespeicherte Geschichte enthüllte – jüngere Vergangenheit, Kindheit, frühere Inkarnationen; sie deckte jeweils so viele Schichten von Emotion auf, bis sie auf Grund stieß: auf (die immer allem zugrunde liegende!) Liebe.

Erkrankungen

Schon in jungen Jahren habe ich herausgefunden, dass körperliche Erkrankungen immer einen Grund im Geist haben – eine Ursache und/oder einen Zweck. Ich lernte, Krankheiten (einmal handelte es sich um sehr hohes Fieber, einmal um eine orangengroße Zyste und einmal um eine heftige Blasenentzündung) in Minutenschnelle verschwinden zu lassen, teils dadurch, dass ich Zweck und Ursache herausfand und somit das, was das Bewusstsein in den Körper verdrängt hatte, ins Bewusstsein zurückholte; teils dadurch, dass ich mir mithilfe entsprechender Schriften bewusst machte, dass Krankheit keine reale Existenz hat.*

Heute arbeite ich anders. Nicht, dass ich die geistigen Erkenntnisse, die ich damals gewann, heute für ungültig halte – keineswegs. Heute geht es mir weniger darum, Krankheitssymptome verschwinden zu lassen, sondern mehr darum, sie zu nutzen, um das in ihnen verborgene Elend oder Unwohlsein kennen zu lernen, zu fühlen und mit dem Herzen zu verstehen und anzunehmen. Dieses Verstehen

---

* Vergleiche die Schriften von Dr. Masaharu Taniguchi, vor allem *Leben aus dem Geiste.*

wirkt unmittelbar heilend, und es ist eine Heilung, die nicht nur für den Augenblick ein Symptom verschwinden lässt, sondern tiefere Schichten des Wesens umfasst. Es ist Heilung und Verwandlung zugleich.

So kann ich empfehlen, bei körperlichen Erkrankungen ebenso vorzugehen wie bei allen anderen Problemen. Die Absicht dabei sollte nicht sein, die Krankheit zum Verschwinden zu bringen – das ist eine feindselige Absicht –, sondern sie zu verstehen, zu würdigen und den in ihr verborgenen Emotionen sein Herz zu öffnen: also eine liebevolle Absicht.

Sicherlich muss man das nicht bei jeder Erkältung tun. Oft reicht es aus, sich einer Erkrankung einfach hinzugeben, indem man Bett- und Geistesruhe (!) pflegt. Damit ist in vielen Fällen der Zweck der Krankheit schon erfüllt. Man gönnt dem Körper und dem Geist Ruhe und erlaubt sich, einmal einfach nur da zu sein. Manche Krankheiten zwingen einen geradezu, einfach nur da zu sein, weil sie gar nicht anders auszuhalten sind als bei vollständiger Ruhe des Körpers, des Gemüts und des Geistes. Diese Krankheiten wirken oft Wunder als Instrumente zur Heilung, da die inneren Kräfte, die Heilung und Transformation bewirken wollen, endlich einmal ungestört arbeiten können. Man sollte sie nicht Erkrankung nennen, sondern Erheilung.

Daneben gibt es aber auch Erkrankungen, vor allem chronische, hinter denen sich eine Not verbirgt, welche der gezielten Erforschung und Zuwendung bedarf. Das Vorgehen ist hier das gleiche wie in allen anderen Fällen. Man zieht sein gesamtes Bewusstsein in den Körper und nimmt dessen Zustand aufmerksam wahr – mehr noch, man erlebt und würdigt ihn zur Gänze so, wie er ist, während man bewusst atmet. Nach einer Weile fragt man sich, wie man sich fühlt, während man in diesem leidenden Körper präsent ist und atmet. Man erlaubt dem betreffenden Gefühl, aufzusteigen und sich auszubreiten, erlebt es bewusst und schenkt ihm seine ganze Aufmerksamkeit. Und schließlich öffnet man ihm sein Herz.

Man kann diese Übung auch dann durchführen, wenn man sich aufgrund der Krankheit geschwächt fühlt und das Bewusstsein vielleicht nicht so wach und konzentriert ist wie sonst. Es geht trotzdem. Entscheidend ist der aufrichtige Wunsch, sich seiner Not zuzuwenden, der Krankheit auf den Grund zu gehen und den zutage geförderten Gefühlen sein Herz zu öffnen. Selbst wenn das Erlebnis und Ergebnis einem aufgrund der Krankheit vielleicht vage und verschwommen vorkommt, nur angedeutet anstatt mit aller Schärfe erlebt, so tut die Übung trotzdem ihre klärende und heilende Wirkung. Etwas ist auf jeden Fall in Gang gesetzt, das weiterwirken kann.

Wenn man mit diesem Ansatz keinen Erfolg hat, kann man das Problem auch – ausnahmsweise – beim intellektuellen Ende anpacken, indem man versucht, die Krankheit zu interpretieren. Woran hindert mich das Symptom? Wozu zwingt es mich? Was könnte es ausdrücken? Hier kann man Kenntnisse über psychosomatische Zusammenhänge nutzen. Sobald man fündig geworden ist, kann man in die körperzentrierte Herzensarbeit einsteigen. Nehmen wir an, Sie haben Magenschmerzen. Sie vermuten, dass Ihr Magen deshalb schmerzt, weil Sie zu viel Ärger hinuntergeschluckt haben. Nun vergegenwärtigen Sie sich eine Situation, in der Sie sich geärgert haben, und schon haben Sie den Einstieg in die Übung: Nehmen Sie wahr, wie Ihr Körper reagiert, konzentrieren Sie in den betreffenden Regionen Bewusstsein und Atem, lernen Sie die Emotion kennen, die sich dort manifestiert, und holen Sie sie ins Herz. Vielleicht bessert sich Ihr Magen daraufhin; dann haben Sie das Gefühl gefunden, das Ihrem Magen Schmerzen macht. Oder er bessert sich nicht: Dann haben Sie trotzdem etwas Wichtiges getan, indem Sie ein anderes Gefühl aus der Verbannung heimgeholt haben.

Versuchen Sie es noch einmal. Wenden Sie sich Ihrem Magen zu. Nehmen Sie seinen Schmerz wahr. Erleben Sie ihn mit allen Fasern. Nehmen Sie Gedanken und Emotionen, die dabei auftauchen, bewusst wahr. Erbarmen Sie sich Ihres Schmerzes. Fühlen Sie mit sich selber mit (= Ihr Herz öffnen).

Ein Fallbeispiel: Nach einer langen, ziemlich schweren Krankheit entdeckte ich ziemlich große Mengen Blut im Urin. Es machte mir Angst. Nachdem ich das Phänomen zwei oder drei Tage beobachtet hatte, hoffend, dass es von selbst verschwinden würde, ließ ich mich von einer medizinkundigen Freundin darüber informieren, welche verschiedenen Herkunftsmöglichkeiten es für dieses Blut gibt – Harnwege, Blase, Niere; ich wusste sofort, es mussten die Nieren sein. Ich legte meine Hände auf die Nieren. Sofort brach ich in Tränen aus, und es war, als sagten mir die Nieren: »Gott sei Dank, dass du endlich da bist! Wir haben schon gar nicht mehr gewusst, wie wir allein mit all der Angst fertig werden sollten!« Ich verweilte einige Minuten bei den Nieren und fühlte die Angst, die sich darin gestaut hatte (Angst, die durch die Furcht erregenden Symptome der noch nicht ganz überstandenen Krankheit und durch meine Existenzsituation insgesamt ausgelöst worden war). Danach war das Symptom verschwunden – kein Blut mehr im Urin. Natürlich kümmere ich mich weiterhin um die Nieren und um die Angst.

Üben mit dem Liebes-, Lebens- oder Ehepartner

Dies scheint ein schwieriges Kapitel zu sein. Obwohl es die segensreichsten Wirkungen haben kann, wenn zwei Menschen, die sich in einer festen Beziehung verbunden haben, miteinander üben, steht dem offenbar in vielen Fällen großer Widerstand entgegen. Entweder möchte nur einer von beiden gemeinsam üben, oder beide haben Angst davor, sind zu bequem oder bereits gegeneinander zu verhärtet, um sich miteinander hinzusetzen und ihren Problemen auf den Grund zu gehen.

Beate und Ulrich sind seit 20 Jahren miteinander verheiratet. Die Unstimmigkeiten, Misshelligkeiten und Schwierigkeiten zwischen ihnen haben einen so hohen Grad erreicht, dass es manchmal fast unerträglich ist, als sie, angeregt durch ein Seminar, beginnen, miteinander »Herzensgespräche« zu führen und diese durch körperzentrierte Herzensarbeit zu vertiefen. Ihre Aussagen darüber:

BEATE: Endlich hatte ich das Gefühl, den anderen wirklich zu sehen – aus seiner eigenen Perspektive und nicht, wie sonst immer, aus meiner, und zu erfahren, wie er sich fühlt.
Und umgekehrt: Auch von ihm wurde ich so gesehen, wie ich bin. Die Übung führte dazu, dass man den Partner viel tiefer erlebt als sonst, was zuvor, bedingt durch den Familienalltag, nicht möglich war. Sie führte zu mehr Nähe. Sie führte auch dazu, Verletzlichkeit zu zeigen. Das war für mich ungewohnt, tat mir aber sehr gut. Die Unterschiede zwischen Ich und Du schwinden, man kommt zu einem Erleben von Einheit.

ULRICH: Durch diese gemeinsamen Übungen eröffnete sich mir die Möglichkeit, das kleine Ich für Momente zu transzendieren. Sie ermöglichten mir, mein Gegenüber wirklich wahrzunehmen, da Vorurteile und Muster außer Kraft gesetzt wurden. Man lernt, sich selbst zu spüren. Das eigene Liebespotenzial wird freigesetzt.

Ich muss hinzufügen, dass es nicht damit getan ist, einige Momente der Öffnung zu erleben. Beate und Ulrich haben nach einiger Zeit begeisterten Übens wieder nachgelassen, und die Kommunikation zwischen ihnen ist wieder schwieriger geworden. Es bedarf der Disziplin, wenn der Erfolg bleibend sein soll. Es ist auch notwendig, dass beide Partner für sich allein üben, um in ihrem Innern Klarheit zu schaffen über ihre wahren Motive und Bestrebungen.

Manche Menschen trauen sich an das Üben mit ihrem Lebenspartner überhaupt nicht heran; ihnen fällt es leichter, Herzensarbeit mit sich allein zu machen und auf diesem Wege ihren Teil zur Lösung der gemeinsamen Probleme beizutragen, als sich mit ihrem Partner zusammenzusetzen.

Leider entgeht uns etwas Wunderbares, wenn wir aus Angst oder Bequemlichkeit darauf verzichten, mit unserem Partner vielleicht nicht die vollständige körperzentrierte Herzensarbeit zu üben, aber wenigstens Herzensgespräche zu führen. Die wunderbare Möglichkeit nämlich, einander Vertrauen zu beweisen dadurch, dass wir unser Herz ausschütten, und dieses Vertrauen zu rechtfertigen dadurch, dass wir das, was unser Partner uns anvertraut, mit offenem Herzen anhören. Ein Gespräch, in dem jeder die Wahrheit seines Herzens ausspricht und jeder dem anderen offenen Herzens zuhört, ohne sich einzumischen, ist etwas ganz Kostbares.

Aber ich gebe zu, dass es unter Lebenspartnern eine sehr delikate Angelegenheit ist. Zu groß sind unter Umständen die Wunden, die man einander schon zugefügt hat, zu groß dementsprechend die Empfindlichkeit und die Angst vor neuerlicher Verletzung oder, auf der anderen Seite, die Verbitterung, der Groll, die Verschlossenheit und Verhärtung – sodass entweder die Angst oder der Unwille über die leise Stimme des Herzens (das sich immer nach Liebe, Öffnung, Ausdehnung sehnt) siegen können.

Nun, immerhin kann man sich aber allein hinsetzen und sich wieder und wieder mit Geduld und Liebe um die eigenen Gefühle kümmern. Wenn man das konsequent tut, weichen die inneren Verhärtungen langsam auf, das Herz beginnt sich zu öffnen und man taucht aus seiner egozentrischen Schale auf; so ist man nach und nach immer schneller in der Lage, aus seinen Verhaltensmustern, sobald man sie bemerkt, hinauszuspringen in die Realität und seinen Partner so wahrzunehmen, wie er sich von innen heraus erlebt, anstatt nur von außen, durch die Brille der Vorurteile.

Auch kann man üben, dem Partner oder der Partnerin mit dem Herzen zuzuhören, wenn er/sie etwas erzählt oder sich über etwas beklagt. Man kann das ganz im Stillen üben, auch wenn der Partner nicht mitmacht. Solange man noch meint, man müsse den anderen dazu bringen, sich zu verändern, ist man mit seiner Herzensarbeit noch nicht wirklich im Herzen angekommen. Mit konsequenter Übung fällt es nach und nach leichter, nicht nur die eigenen Gefühle zu verstehen, zu achten und ins Herz zu schließen, sondern auch die Gefühle des anderen, und man beginnt die grundsätzliche Unschuld hinter allen Verhaltensweisen zu entdecken.

Das verbessert in jedem Fall die Qualität der Beziehung, die man selber zu seinem Partner oder seiner Partnerin hat – ganz gleich, ob er oder sie die Übung mitmacht oder nicht; damit verändert sich natürlich auch die Beziehung insgesamt. Der Partner reagiert mit Erleichterung, wenn er fühlt, dass er endlich verstanden und angenommen wird. Vielleicht sind es erst nur Momente, in denen man »im Herzen« ist und sich eine neue Qualität einstellt; je konsequenter man selber übt, desto häufiger werden diese Momente.

»Üben« in diesem Sinne bedeutet, um es noch einmal zusammenzufassen,

- in allen Gesprächen und Interaktionen mit seinem Partner oder seiner Partnerin wenigstens einen Rest Bewusstheit eingeschaltet zu lassen, der einen daran erinnert, dem, was der andere sagt, mit dem Herzen zuzuhören, und dem, was im eigenen Innern einschließlich des Körpers vorgeht, bewusste Aufmerksamkeit und ein offenes Herz zu schenken;
- sich nach allen Vorfällen, die ungelöste Konflikte, Probleme, Missverständnisse oder Gefühlsaufruhr hinterlassen,

hinzusetzen, um ihnen mithilfe körperzentrierter Herzensarbeit auf den Grund zu gehen (Situation vergegenwärtigen, Körperreaktion wahrnehmen, atmen, Gefühl aufspüren und ins Herz holen);

- seine eigenen Gefühle dem Partner gegenüber möglichst ehrlich und in Ichform auszudrücken, sofern man spürt, dass das wichtig oder notwendig ist.

Körperzentrierte Herzensarbeit als Mittel zur täglichen Rekapitulation

Von vielen geistigen Lehrern wird empfohlen, jeden Abend vor dem Einschlafen den Tag Revue passieren zu lassen. Das ist eine hervorragende Methode zur geistig-psychischen Hygiene, wenn man sie mit körperzentrierter Herzensarbeit kombiniert. Es gehört allerdings Disziplin dazu, die Ereignisse des Tages vom Aufstehen bis zum gegenwärtigen Moment zu rekapitulieren, ohne in Überlegungen und Träumereien abzuschweifen. Man lässt die Erinnerungen wie einen Film ablaufen und achtet dabei darauf, wie man sich bei der jeweiligen Erinnerung fühlt und was im Körper geschieht. Dort, wo etwas Signifikantes geschieht, sollte man einen Augenblick verweilen, um den betreffenden Körperzustand und den damit verbundenen Gemütszustand kennen zu lernen, und schließlich den auftauchenden Emotionen sein Herz öffnen. Wer die Technik bereits einige Male anhand bestimmter Probleme ausführlich geübt hat, kann sie zum Zweck der täglichen Rekapitulation auf diese Weise in Kurzform anwenden. Wenn dabei etwas auftauchen sollte, was auf ein größeres Problem hindeutet, kann man trotzdem in dieser etwas oberflächlicheren Kurzform das betreffende Ereignis mit Körper, Emotion und Herz anschauen und sich vormerken, sobald man etwas mehr Zeit aufwenden kann, sich der Sache ausgiebig zu widmen. Gerade in den Augenblicken kurz vor dem Einschlafen kann dieses oberflächliche, aber mit ernsthafter Absicht betriebene »Anreißen« eines Themas Wunder wirken, da die angefangene Arbeit dann oft im Schlaf fortgesetzt wird.

Auch zur schamanistischen Rekapitulation, wie sie von Carlos Castaneda und den anderen Schülern beziehungsweise Schülerinnen des mexikanischen Schamanen Juan Matus (Taisha Abelar und Florinda Donner-Grau) übermittelt und mittlerweile von vielen Menschen in der ganzen Welt praktiziert wird, ist die körperzentrierte Herzensarbeit unserer Erfahrung nach eine gute Ergänzung. Man rekapituliert die Ereignisse vermittels der besonderen Atemtechnik der Schamanen (ausführlich beschrieben in Taisha Abelars Buch *Die Zauberin*), und wenn man dabei auf eine Begebenheit stößt, die mit tief sitzenden emotionalen Problemen behaftet ist, schaltet man die drei Stufen der körperzentrierten Herzensarbeit ein: Körperwahrnehmung, Würdigung der Emotion, Öffnen des Herzens. Anschließend kann man die normale Rekapitulation fortsetzen.

5. KAPITEL

Fallbeispiele zur körperzentrierten Herzensarbeit

Im Folgenden sind Tonbandaufzeichnungen und Tagebuchnotizen von Sitzungen wiedergegeben, die in unterschiedlichen Rahmen stattgefunden haben: in der Gruppe (gruppengestützte Einzelarbeit), in der Zweiersituation mit einem Übungspartner, allein.

Gruppengestützte, angeleitete Einzelarbeit

Aufzeichnung von Einzelsitzungen, die im Rahmen und mit Unterstützung einer Gruppe stattgefunden haben. Die Anleitende ist die Autorin (»S«). Der Zeitrahmen war durch die Gruppensituation stark begrenzt; dennoch kann man feststellen, dass in jeder Sitzung Entscheidendes passiert ist.

Helga I

Helga: Ich habe ein Problem mit etwas, das ich als unästhetisch empfinde. Kämpfen und Streiten kann ja auch ästhetisch sein, kann sogar Spaß machen. Aber das Problem, das ich mit meiner Tochter habe, ist, dass sie die Grenzen dessen, was ich noch als ästhetisch empfinde, nicht einhält. Mein Kopf sagt: »Ich habe Verständnis«. Aber irgendwo im Bauch quält mich das.

S: Bitte denk an das betreffende Gespräch.

Helga: Es war ein Gespräch, in dem sie mir Dinge aus der Kindheit vorwarf.

S: Und sie wurde aggressiv dabei?

Helga: Aggressiv ist gar nicht mal schlimm. Nein, sie war gemein.

S: Dann bitte denk jetzt an dieses Gespräch zurück, und wenn es präsent ist, sag Bescheid.

HELGA: In mir kam auch das Gefühl von Wehrlosigkeit auf gegenüber einer sehr niedrigen Ebene. Dem möchte ich entweder entfliehen oder es ändern, aber es fällt mir schwer, es anzunehmen – schwerer, als wenn einer mal richtig draufhaut, weil er wütend ist. Das kann ich leichter akzeptieren.

S: Ja. Bitte denk jetzt an die konkrete Situation. Ist sie jetzt präsent?

HELGA: Ja.

S: Dann bitte geh in deinen Körper. Was tut sich da?

HELGA: Ein flaues Gefühl im Unterbauch. Direkt unterm Nabel.

S: Sonst noch etwas?

HELGA: Ja, in der Kehle ein Druck. Es schnürt mir ein bisschen die Kehle zu. Ich möchte antworten. Ich möchte laut schreien und sie niederbrüllen: »Hör auf mit diesen Gemeinheiten!«

S: Dann bleib mal bei der Kehle und bei dem Gefühl, schreien zu wollen. Sei ganz da für dieses Gefühl. Lass es ganz aufsteigen, nimm es wahr und spüre deinen Atem dabei.

HELGA: Es breitet sich in den Unterkiefer aus, unterhalb der Zunge. Die Haut wird dort ganz warm ... Jetzt merke ich auch etwas oberhalb des Herzens. Das Gefühl ist damit verbunden.

S: Dann bitte lass deine Aufmerksamkeit auf dem ruhen, was sich oberhalb des Herzens und in Kehle und Unterkiefer tut, und atme.

HELGA: Jetzt wird der Druck oberhalb des Herzens stärker und die Kehle ist entlastet. Es ballt sich jetzt hier zusammen.

S: Dann bleib hier mit deiner ganzen Aufmerksamkeit und deinem Atem.

HELGA: Da steigt Emotion auf. Es ist eine Wehmut. Sie ist sehr stark.

S: Bitte lass sie ganz aufsteigen und kümmere dich darum mit deiner Aufmerksamkeit.

HELGA: Es verflüchtigt sich jetzt ein bisschen. Es war ganz kurz ein richtiger Anfall und jetzt fließt es weg ...

S: Hol es zurück.

HELGA: Ja, das Gefühl verändert sich. Die geballte Wehmut ist fort, aber jetzt ist so eine triste Stimmung da. Es hängt durch. Es deprimiert mich. Es ist nicht mehr konzentriert zusammengeballt, sondern der ganze Körper hängt wie eine welke Pflanze herunter.

S: Kannst du dich dafür verstehen, dass du so fühlst?

HELGA: Ja, das kann ich.

S: Dann kannst du dein Herz öffnen für dieses Gefühl?

HELGA: Ja, das geht ... Zu der Depression gehört auch ein Schuldgefühl. Ich habe bei ihr vieles falsch gemacht und verdorben.

S: Wo fühlst du das in deinem Körper?

HELGA: Auch über dem Herzen. Aber das ist weniger intensiv. Es geht einher mit den Worten »Schade, dass ich die Zeit nicht zurückdrehen kann, um es besser zu machen.«

S: Bitte kümmere dich um dieses Gefühl, indem du ihm deine ganze Aufmerksamkeit schenkst. Und dein Mitgefühl und dein Erbarmen.

HELGA: Ja. Es geht. Es ist gut.

S: Wie fühlst du dich jetzt im Körper?

HELGA: Ich kann meinen Körper jetzt überall gleichmäßig fühlen. Endlich präsent! Ich möchte kräftig aufseufzen. (Seufzt einige Male tief auf.)

S: Bitte denk jetzt noch einmal an die betreffende Szene und erzähle ein wenig von dem Gespräch.

HELGA: Es ging um eine Zeit, in der ich überfordert war. Ich war berufstätig, hatte zwei große Kinder zu versorgen und eine Nichte, außerdem war ich schwanger. Da habe ich manchmal die Nerven verloren. Ich habe meine Tochter auch mal geschlagen, als sie so unbändig und trotzig war.

S: Mit welchen Worten hat deine Tochter darüber gesprochen?

HELGA: Sie hat gesagt: »Das würde ich nie, nie machen, dass ich ein Kind verhaue.« Ich habe versucht, ihr zu erklären, dass ich damals völlig am Ende und sie so widerborstig war ...

S: Bitte erinnere dich an das, was dich an dem Gespräch so besonders gestört hat.

HELGA: Ja, dass sie das so ausgebreitet hat, wie ich sie damals gehauen habe. Und dass sie das in diesem gehässigen Ton gesagt hat.

S: Bitte geh jetzt wieder in den Körper und schau, was dort passiert.

HELGA: Da ist wieder so ein Druck, nicht ein Knoten wie vorher, sondern ein sanfter Druck, der oben auf dem Herzen lastet, aber gleichmäßig. Es ist eine größere Fläche.

S: Kannst du in diese Zone hineingehen?

HELGA: Ja, das ist eine Zone … eine dunkle Zone. Wenn ich hineingehe und im Innern spazieren gehe, ist es wie eine dunkle, schwere Wolkenbank, die die Sonne nicht durchlässt. Im Innern bin ich betrübt und bekümmert, dass das Wetter so scheußlich ist.

S: Bitte bleib bei dieser Körperempfindung und diesem Gefühl. Wie ist es weiter?

HELGA: Schwer.

S: Bitte nimm auch deinen Atem wahr. Du kannst ruhig etwas tiefer atmen.

HELGA (atmet tiefer): Das ist ein Ort, an dem ich nicht wohnen möchte. Es ist nicht mein Zuhause. Es ist jetzt nicht in mir, ich bin in ihm.

S: Es ist deins. Es gehört zu dir. Du kannst dein Herz ganz groß machen, um diesen Zustand mit deiner Liebe und deinem Mitgefühl zu umfangen.

HELGA: Es ist größer als ich … Wenn ich da drinnen sitze, kann ich nichts machen. Es muss etwas Größeres geben, das diese ganze dunkle Wolkenbank mitsamt meiner selbst umfängt. Ich bin mitten im dunklen Smog und habe keine Orientierung.

S: Bitte nimm diesen Zustand aufmerksam wahr und spüre deinen Atem. Identifiziere dich nicht ganz damit, verschwinde nicht darin, sondern nimm es wahr und atme. Und dann mach dein Herz ganz groß auf für dieses Gefühl. Umfange es mit deiner Liebe. Stell dir vor, dieses Ich, das da im Smog sitzt, zu umarmen.

HELGA: Ja. Das Besondere an diesem Ich, das im Smog sitzt, ist, dass es so winzig ist.

S: Dann schließe dieses Winzige jetzt in die Arme deines Herzens.

HELGA: Ja, da ist es schon. Es ist so klein ... wie ein armes kleines Tierchen. (Atmet tief auf.)
Und jetzt?

S: Kannst du ihm deine Achtung schenken?

HELGA: Ich glaube, das ist schwer. Da ist Verachtung gegenüber diesem kleinen Ich.

S: Dann musst du erst die Verachtung würdigen und verstehen ...

HELGA: Ja, das geht ...

S: Dann kannst du jetzt das kleine Ich in dein Herz nehmen?

HELGA: Ja. Es geht.

S: Und nun denk bitte noch einmal an das Gespräch mit deiner Tochter und an ihre Gehässigkeit.

HELGA: Ja. jetzt habe ich Mitgefühl für ihre Gehässigkeit. Das ist ja auch so etwas Kleines, Schwarzes, diese Gehässigkeit.

HELGA II

Ausgangssituation ist diesmal eine Auseinandersetzung, die Helga gehabt und die ein unbehagliches Gefühl in ihr hinterlassen hat. Sie vergegenwärtigt sich die Situation und entdeckt im Bereich von Brust und Hals einen versteckten Teil ihrer selbst, der starke Gefühle in Bezug auf ihren Vater hegt. Hier beginnt die Aufzeichnung.

S: Bitte lass diesen Teil mal sprechen. Leihe ihm deine Stimme. Was würde er sagen?

HELGA: »Ich kann das nicht aushalten, dass du immer schräg an mir vorbeischaust ... Ich komme nicht an dich heran. Mit allem, was ich sage oder tue, komme ich nicht an dich heran.«

S: Und wie fühlst du dich dabei? Was macht das mit dir, dass du nicht an ihn herankommst?

HELGA: Ich bin einsam und enttäuscht.

S: Kannst du dieser Enttäuschung und dieser Einsamkeit mal erlauben aufzusteigen, sodass du sie fühlen kannst? In ihrem ganzen Ausmaß? Der Atem kann dir dabei helfen. Sei ganz für diese Gefühle da. Sag der Enttäuschung, du möchtest sie kennen lernen. Du bist jetzt bereit, für sie da zu sein. Und sie anzunehmen.

HELGA: Bei diesen Worten bewegt sich etwas. Und mir kommen Tränen. Eigentlich kenne ich sie schon lange, diese Enttäuschung.

S: Kannst du dein Herz für sie aufmachen? Kannst du sie ins Herz schließen?

HELGA: Ja.

S: Ganz!

HELGA: Ja. Es ist gut.

S: Lass dir mehr Zeit.

HELGA: Ja. Jetzt erlebt das kleine Mädchen in mir die Enttäuschung erst mal ganz.

S: Bitte bleib noch dabei, bis es wirklich ganz sicher aufgehoben ist in deinem Herzen, mit all seiner Enttäuschung und seiner Einsamkeit, vielleicht auch seinem Zorn ... Es muss auch zornig sein! So lange, bis es wirklich da sein darf und von dir gewürdigt und gefühlt wird.

HELGA: Es ist ganz da. Ich kann es spüren.

S: Und viel atmen. Alles, was da noch ist an Gefühlen, auftauchen lassen mit dem Atem.

HELGA: Jetzt fühlt es sich gut an. Wir sind jetzt wie Verbündete, das kleine Mädchen und ich.

S: Wenn es dir möglich ist, wäre es gut, wenn das kleine Mädchen jetzt durch dich sprechen könnte und deinem Vater sagen, was es fühlt, worunter es gelitten hat.

HELGA: »Du wendest dich immer ab.«

S: Bleib bei dir selber. Drücke deine eigenen Gefühle aus.

HELGA: »Ich bin enttäuscht. Ich bin einsam. Niemand ist für mich da. Ich muss alles selber herausfinden.«

S: Sag mal: »Ich hätte dich so gebraucht.«

HELGA: Klingt nicht nach mir.

S: Dann suche das, was nach dir klingt.

HELGA: »Ich war so neugierig auf die Welt. Du hast mir nichts erklärt. Du warst immer mit anderen Dingen beschäftigt und mit meiner Mutter.«

S: Probier es trotzdem mal mit »Ich hätte dich so gebraucht«.

HELGA: »Ich hätte dich so gebraucht.«

S: Fühlst du das?

HELGA: Das darf ich nicht an mich herankommen lassen, dann bin ich geliefert.

S: Sag's mal.

HELGA: »Ich hätte dich gebraucht.«

S: Sag es wirklich zu deinem Vater. Und steh dazu.

HELGA: »Ich hätte dich so gebraucht. Ich hätte dich wirklich so gebraucht. Es wäre so schön gewesen.« (Weint.)

S: Und jetzt sei ganz da für dein inneres Kind und erlaube ihm, alles auszudrücken, was es wirklich fühlt.

HELGA: Es hat jetzt genug geweint. Jetzt möchte es fort.

S: Denk nochmal an deinen Vater. Versuche mal, zu sagen: »Ich bin dir böse. Du hast mich im Stich gelassen.«

HELGA: Das stimmt aber gar nicht.

S: Nur probieren. Wenn's nicht stimmt, merken wir das.

HELGA: »Ich bin dir böse. Ich bin dir böse.«

S: Oder: »Ich bin zornig.«

HELGA: »Ich bin wütend auf dich … Ich bin traurig.« Das stimmt. Ich bin traurig. (Weint.)

S: Nimm es in dein Herz.

HELGA: Das habe ich jetzt mit allen Fasern gefühlt.

S: Bitte erlaube diesen Gefühlen, auch weiter da zu sein, solange es nötig ist. Lass sie nicht wieder verschwinden. Solange sie da sind, brauchen sie dich, brauchen sie deine Aufmerksamkeit. In der nächsten Zeit schenke ihnen bitte weiter Beachtung. Schau ab und zu mal nach, wie es steht. Bleib geistig im Dialog mit deinem Vater, solange es nötig ist. Und schau, ob dein inneres Kind irgendwann auch bereit ist, dir seinen Zorn, seinen berechtigten Zorn, zu zeigen. Lade es von Zeit zu Zeit dazu ein. Sag ihm: »Ich würde dich verstehen, wenn du zornig wärst. Bitte zeige mir deinen Zorn, damit ich ihn mitfühlen kann.«

Olivia

Olivia: Mein Problem ist, dass ich mir immer irgendetwas auferlege.

S: Und wie würdest du das Gegenstück dazu benennen? So, wie es stattdessen sein soll?

Olivia: Lebendigen Ausdruck. Dass ich einfach im Augenblick da bin, anstatt ständig zu reflektieren, was vorher war, was ich getan habe und so weiter.

S: Okay. Und warum bist du nicht im Augenblick da?

Olivia: Ich rutsche immer wieder weg.

S: Was passiert, wenn du wegrutschst? Bitte erinnere dich. Welche Gedanken und Gefühle ziehen dich weg?

Olivia: Gedanken, in denen ich mich bewerte. Ich bewerte, was ich bei anderen sehe, und vergleiche mich selber damit. Ich bin nicht frei für das, was im Augenblick geschieht …

S: Du bist sozusagen besetzt von Gedanken. Um welchen Kern kreisen diese Gedanken? Du sprichst oft von Bewerten, Prüfen und Vergleichen … Du sagtest bei anderer Gelegenheit, du hast ein Bild von dir und möchtest dem entsprechen … Ist es das, was dich plagt?

Olivia: Ja. Ich filtere aus meinen Eindrücken das heraus, was ich an mir vermisse, und damit mache ich mir Auflagen.

S: So scheint das also wirklich das Thema zu sein. Dann schalte jetzt bitte zurück zu einer Situation, in der dir das in letzter Zeit am krassesten aufgefallen ist. Sobald die Erinnerung da ist, sag bitte Bescheid. Lass es einfach in deinem Geist auftauchen und nimm das Erste, was auftaucht.

Olivia: Ja, jetzt ist eine Erinnerung da.

S: Dann mach bitte diese Erinnerung in deinem Geist so lebendig wie möglich und stell dich selbst hinein. Lass bitte die Augen geschlossen. Geh zu dem Moment, wo das passiert ist, was du »wegrutschen« nennst. Und dann sag Bescheid.

OLIVIA: Ja. Ich bin da.

S: Halte die Erinnerung weiter in dir lebendig und geh in deinen Körper. Stell erst einmal fest, wo du jetzt im Körper bist.

OLIVIA: Ich beiße die Zähne zusammen, ich nehme mich zurück. Das ganze Gesicht würde sich am liebsten einkrümeln wie ein Igel und zurückweichen.

S: Und der Rest des Körpers?

OLIVIA: Ich habe das Gefühl, dass es den nicht so betrifft.

S: Dann bleiben wir beim Gesicht. Geh mit deiner ganzen Aufmerksamkeit und dem Atem in all diese Zonen hinein, die sich jetzt so anspannen, um sie von innen kennen zu lernen. So wie man in einen Raum hineingeht, um zu schauen, wie es da drinnen ist.

OLIVIA: Es ist, als wenn die Klappen geschlossen sind. Es ist düster.

S: Wie fühlt man sich da im Dustern?

OLIVIA: Ziemlich kühl ... allein ...

S: Einsam?

OLIVIA: Ja.

S: Kannst du bitte mal dort drinnen bleiben und dich dem ganz aussetzen, um diesen Zustand und um den Teil von dir, der diesen Zustand erleidet, zu würdigen? Und deinen Atem spüren ... Was passiert, wenn du das tust?

OLIVIA: Erst kam mehr Licht herein, dann habe ich versucht, das rückgängig zu machen, um den Zustand nicht gleich zu verändern, sondern erst mal kennen zu lernen. Ich merke, dass es dort sehr dunkel ist und dass es eine Trennung gibt. Der Rest meines Körpers ist lebendiger.

S: Kannst du bitte mal diese Trennung ganz bewusst und aufmerksam spüren? Einfach dort sein, wo die Trennung ist, und sie kennen lernen als etwas, das zu dir gehört ... Ist das eine scharfe Trennlinie oder ein fließender Übergang?

OLIVIA: Fließend.

S: Bitte geh noch mal in den Kopf und ins Gesicht hinein, in das

Dunkle dort drinnen, und schau, ob du den Teil von dir, der das macht – also der die »Schotten dicht macht« und sich zurückzieht –, ob du diesen Teil einmal sprechen lassen kannst. Was würde der sagen?

OLIVIA: Es ist eine Instanz, die so etwas sagt wie: Jetzt hast du mal wieder total danebengegriffen … Und die den Schädel dicht macht.

S: Bitte werde mal für einen Augenblick eins mit dieser Instanz und identifiziere dich mit ihr. Lass sie mal durch dich reden. Ich frage diese Instanz jetzt: Was ist dein Anliegen? Was bezweckst du? Was wünschst du?

OLIVIA: »Ich will sie formen.«

S: Warum möchtest du das? Was ist dein Anliegen? Ist sie nicht gut genug?

OLIVIA: »Sie könnte besser sein.«

S: Bitte sag das noch mal. Und schau mal, wie dein Körper reagiert. Wo bist du jetzt im Körper?

OLIVIA: Im Hals.

S: Und wie ist das dort?

OLIVIA: Die Verbindung zwischen Kopf und Körper wird eng.

S: Sei bitte ganz anwesend im Hals, um das, was jetzt eng ist, von innen kennen zu lernen. Und atme bewusst.

OLIVIA: Es wird schon wieder besser.

S: Was steckt da noch? Was will ausgesprochen werden? Es ist wichtig, dass diese Instanz gehört wird. Probier einfach Formulierungen aus. »Ich möchte, ich fürchte« …

OLIVIA: »Ich möchte sie im Griff haben.«

S: Spürst du das auch?

OLIVIA: Es ist genau das Gefühl, das ich schon lange habe.

S: Warum möchtest du sie im Griff haben? Wovor hast du Angst? Sprich einfach aus, was auftaucht.

OLIVIA: »Dass sie mir ausbricht.«

S: Was passiert dann? Was ist das Schlimme, das dann passiert?

OLIVIA: »Dass ich dann keine Funktion mehr habe. Dass ich nicht mehr gehört werde.«

S: Warum ist das schlimm?

Olivia: »Weil sie dann den Regeln nicht mehr entspricht.«

S: Versuch mal, den Gefühlen dieser Instanz Ausdruck zu verleihen, indem du ausprobierst zu sagen: »Ich habe Angst, dass …«

Olivia: »Ich habe Angst, dass sie einen Fehler macht. Ich habe Angst, dass sie nicht weiterkommt. Ich habe Angst, dass sie etwas falsch macht.«

S: Wovor hast du eigentlich Angst? Was passiert dann, wenn sie etwas falsch macht? Was ist das eigentlich Schlimme?

Olivia: »Dass andere sehen, dass sie etwas falsch macht?« Ich weiß nicht.

S: Probier mal zu sagen: »Ich habe Angst, nichts wert zu sein.«

Olivia: »Ich habe Angst, nichts wert zu sein.«

S: Schau mal, was mit deinem Körper passiert, wenn du das sagst.

Olivia: Es ist ein Schauern im Körper.

S: Gut. Ich denke, diesen Satz solltest du dir einfach mitnehmen: »Ich habe Angst, nichts wert zu sein.« Nicht, um dir diese Angst einzureden, sondern um sie aufzuspüren, ihrem Vorhandensein Achtung zu erweisen und sie dann ins Herz zu nehmen. Vielleicht ist es ein guter Weg, wenn du in der nächsten derartigen Situation, die auftaucht, dir das Schlimme vorstellst, das diese Instanz befürchtet. Stell dir vor, du machst es ganz falsch, und alle sehen es … Oder dass du dich im Geist anhand irgendeiner Situation deiner Erinnerung dieser Schande mal aussetzt, um das Gefühl, um das es geht, in seinem vollen Ausmaß kennen zu lernen und es ins Herz schließen zu können. Das Gefühl, nichts wert zu sein. Ich glaube, das ist der Kern. Bitte frag dieses Gefühl jetzt, was es im Leben von dir braucht. Was braucht dieses Gefühl von dir, damit es sich besser angenommen und aufgehoben fühlt?

Olivia: Ich glaube, es braucht vor allem, dass ich es bemerke, wenn es auftaucht. Dass ich es überhaupt erst mal fühle.

S: Gut. Kannst du dir das vornehmen?

Olivia: Ja.

Anmerkung: Der letzte Schritt der körperzentrierten Herzensarbeit, nämlich die Angst, die hier entdeckt wurde, körperlich zu erleben und ins Herz zu holen, konnte in dieser Sitzung nicht vollzogen werden. Olivia hat ihn nachgeholt. Sie hat in den Wochen bis zur nächsten Gruppensitzung ihre Angst, »nichts wert« zu sein, beobachtet. Dabei hat sie entdeckt, dass dahinter der Wunsch noch Liebe steckte. Beide Gefühle, die Angst, nichts wert zu sein, und den Wunsch noch Liebe, hat sie in darauf folgenden Gruppensitzungen im Körper entdeckt und ins Herz geschlossen. Olivia ist heute wesentlich unabhängiger von der Liebe und der Wertschätzung anderer und traut sich mehr, ihr wahres Wesen zum Ausdruck zu bringen.

Paula

Das Problem, mit dem Paula arbeiten möchte: Sie sehnt sich nach einer Beziehung, findet keinen Partner, ist neidisch auf andere und zutiefst gekränkt.

PAULA: Eine Freundin von mir hat jetzt zwei Partner. Bei all meinen Bekannten und Freunden rundherum tut sich etwas in Sachen Partnerschaft. Alle gehen neue Beziehungen ein oder intensivieren die alten. Da kommt in mir das Gefühl auf: Ich möchte auch!

S: Fühlst du, während du das sagst, auch immer noch das Gekränktsein, von dem im Vorgespräch die Rede war?

PAULA: Das Beleidigtsein, meinst du? Es ist eher Traurigkeit und der Gedanke: Vielleicht soll es ja nicht sein.

S: Das Gekränktsein ist nicht mehr da?

PAULA: Doch. Das Gefühl, dass es ungerecht ist. Es ist auch Wut da. Wieso ist für mich nicht auch jemand da?

S: Bitte zieh jetzt deine Aufmerksamkeit in deinen Körper hinein und schau, was er macht.

PAULA: Ich spüre Wut. Ich möchte auf den Boden stampfen. Ich spüre das allerdings nicht im Körper. Aber ich würde gern aufstampfen.

S: Sind die Beine verspannt? Fühlst du dort das Aufstampfen-wollen?

PAULA: Ja! Ich möchte doch auch mal! Warum denn ich nicht! Warum immer die anderen! Ich bin doch auch nicht schlechter als die anderen!

S: Bitte bleib jetzt mal beim Körper. Nimm wahr, was dein Körper macht, und fühle deinen Atem.

PAULA: Alles hängt. Kraftlos.

S: Bitte lass dieses Hängen, diese Kraftlosigkeit zu. Lass es einfach da sein und sei dafür da. Und atme.

PAULA: Ich möchte mich unsichtbar machen ... Ohnmacht ... Da ist Ohnmacht. Ich bin doch sonst so kraftvoll, wieso jetzt so kraftlos?

S: Bitte lass diese Kraftlosigkeit einmal zu. Lass sie da sein. Nimm sie wahr und spüre deinen Atem ...

PAULA: Da ist so ein Stampfen in den Beinen. Ziemlich kraftvoll. In den Armen und den Beinen.

S: Bitte zieh deine Aufmerksamkeit und deinen Atem dort hinein, um das von innen kennen zu lernen. Nicht in der Absicht, es zu entspannen, sondern es ganz kennen zu lernen.

PAULA: Ich bin immer die Verständnisvolle ... Es hängt mir zum Hals heraus! Die ewig Verständnisvolle! Ich merke, das macht mich wütend auf mich selber.

S: Kannst du diese Wut auf dich selber in deinem Körper spüren?

PAULA: O ja. Die ewig Gutmütige ... endlos Geduldige ... Ich will's nicht mehr.

S: Wo sitzt das im Körper?

PAULA: Da hinten, bei der Lunge, links. Es möchte gern ins Herz rein. (Wütend.) Ich hab genug von der Geduld. Ich hab's satt. Ich schaff's nicht mehr.

S: Kannst du dein Herz aufmachen für dieses Gefühl?

PAULA: Dass ich das so lange da hinten reingestopft habe! Da ist viel Wut.

S: Bitte nimm sie ins Herz.

PAULA: Sie hat gar keinen Platz darin.

S: Dann mach dein Herz ganz weit, so weit, dass es all diese Gefühle aufnehmen kann.

PAULA (weint): Ja. Ich möchte alles retten. Alles hineinholen.

S: Wie ist es jetzt?

PAULA: Ich will mir auch nicht mehr böse sein …

S: Kannst du dir bitte selber das Versprechen geben, dich um diese Gefühle zu kümmern, wenn sie wieder auftauchen?

PAULA: Ja. Ich werde sie wahrnehmen und ins Herz nehmen.

S: Was brauchen sie von dir in Situationen des täglichen Lebens?

PAULA: Sie wollen gefühlt werden! Gefühlt und anerkannt, glaube ich.

Paula ist uns mit einer anderen Schicht derselben Problematik bereits ganz am Anfang des Buches begegnet und wird auch im Rahmen einer Gruppensituation, die ich später in diesem Kapitel schildere, wieder auftauchen. Sie hat sich in bisher fünf Sitzungen durch einen sehr alten, sehr fest sitzenden Problemkomplex hindurchgearbeitet und immer tiefere Schichten von Gefühlen aufgedeckt und ins Herz geholt. Sie kam in die Gruppe in der festen Überzeugung, keinen Zugang zu ihren Gefühlen zu haben, und mit dem Wunsch zu lernen, mehr zu fühlen, anstatt nur zu denken. Mittlerweile ist sie glücklich, endlich ihren Körper und damit ein neues Wohlgefühl entdeckt zu haben. Ihre Kernproblematik ist noch nicht gelöst aber sie legt immer tiefere Schichten von Gefühlen frei, mit denen sie dank der einfachen Technik der körperzentrierten Herzensarbeit mühelos in Kontakt kommt und die sie ins Herz schließt Sie ist auf dem Weg, sich mit den ungeliebten Teilen ihrer selbst zu versöhnen, was möglicherweise Auswirkungen auf ihr äußeres Problem (keinen Partner zu finden) haben wird.

INGRID

Ingrid hat einen Sohn und ein Enkelkind. Der Sohn hat sich von seiner Frau getrennt, und Ingrid kann deshalb ihr Enkelkind, das bei der Mutter lebt, nicht mehr sehen. Sie leidet sehr unter dieser Situation.

INGRID: Du hast mich gefragt, welche von den drei Personen – mein Sohn, seine Frau, mein Enkelkind – diesen Schmerz auslöst. Ich kann das nicht sagen. Jedes Mal, wenn mir eine der drei Personen einfällt, fühle ich den Schmerz.

S: Dann erinnere dich bitte jetzt an eine konkrete Situation, in der dieser Schmerz ausgelöst wird.

INGRID: Präsent ist er eigentlich immer.

S: Bitte rufe dir eine konkrete Situation ins Gedächtnis, in der er besonders akut wurde.

INGRID: Im ersten halben Jahr nach der Geburt des Enkels hatte ich Kontakt und eine echte Herzensverbindung zu ihm. Ich denke jetzt an ihn.

S: Dann geh bitte jetzt in deinen Körper.

INGRID: Ich ziehe die Schultern nach vorn.

S: Bitte schließ die Augen, damit du bei dir bleibst, und beobachte, was in deinem Körper passiert.

INGRID: Ich bekomme Herzklopfen.

S: Bitte nimm es einfach wahr und atme. Bleib beim Herzklopfen.

INGRID: Es ist so, als ob sich das Herzklopfen ausbreitet.

S: Bitte bleib bei diesem sich ausbreitenden Herzklopfen und den verspannten Schultern und nimm deinen Atem wahr... Wie ist es jetzt?

INGRID: Es rutscht hinunter zum Solarplexus. Ich habe das Gefühl, dort ist ein Knoten.

S: Bitte schau, ob du mit deinem Bewusstsein in den Knoten hineinkommst, und nimm dort deinen Atem wahr. Wie ist es im Innern?

INGRID: Es ist weniger dicht jetzt.

S: Und wie noch? Hell, dunkel, warm, kalt ...?

INGRID: Das Innere ist sehr dicht und dunkel.

S: Bitte lass deine Aufmerksamkeit dort ruhen und fühle deinen Atem. Wie fühlst du dich dort drinnen?

INGRID: Es fühlt sich unangenehm an, so, als ob etwas sich wehrt.

S: Bitte nimm dieses Wehren wahr und sei einen Augenblick dafür da. Fühle deinen Atem dabei.

INGRID: Es ist wie Trotz … Es liegt etwas Beharrliches darin … Jetzt wird es besser.

S: Ich glaube, du solltest dieses Gefühl nicht so schnell verschwinden lassen, sondern erst würdigen. Kannst du es zurückholen? Vielleicht, indem du ihm Ausdruck verleihst? Was würde es sagen?

INGRID: »Ich will bleiben.«

S: Was bedeutet das? Verstehst du das?

INGRID: Ja. Ich habe immer den Anspruch, solche Gefühle zu verändern, umzuwandeln. Aber es will nicht verändert werden. Es wehrt sich dagegen. Es ist noch nicht so weit.

S: Bitte würdige dieses Gefühl einmal ausführlich. Lass es ganz da sein und sei dafür da. Und fühle deinen Atem. Und dann schau, wie du es in dein Herz aufnehmen kannst. Es braucht dein Verständnis, dein Mitgefühl, deine Achtung.

INGRID: Ja … Das Verständnis kommt jetzt.

S: Dann kannst du diesem Gefühl jetzt dein Herz öffnen.

INGRID (weint): Ja. Ja, das geht. Jetzt ist da Licht.

S: Ich glaube, hier müssen wir es stehen lassen. Das ist ein sehr wichtiges Gefühl, und jetzt weiterzugehen hieße, es zu missachten. Bist du einverstanden, wenn wir es dabei belassen?

INGRID: Ja.

S: Dann musst du bitte in nächster Zeit dein Augenmerk auf dieses Gefühl richten und dich weiter darum kümmern. Wann immer du bemerkst, dass du dabei bist, ein Gefühl umwandeln zu wollen, achte bitte auf diese Abwehr und respektiere dein Widerstreben. Nimm die Abwehr an und gib es auf, das betreffende Gefühl umwandeln zu wollen. Mach stattdessen dein Herz auf für das Gefühl, so wie es ist.

Anmerkung: Ingrid ist Therapeutin. Sie wird von ihren Klienten sehr geschätzt wegen ihres behutsamen, einfühlsamen und achtsamen Umgangs mit ihnen. Ich traf sie einige Wochen später. Sie zeigte sich sehr froh über diese Sitzung. Sie erzählte, dass sie sich bis dato immer bemüht hatte, bei sich selber und bei ihren Klienten negative Gefühle zu transformieren. Sie hatte in letzter Zeit schon gespürt, dass bei ihrer Arbeit etwas fehlte, und war sehr froh, es in dieser Gruppensitzung entdeckt zu haben (Gefühle zu respektieren, so wie sie sind, anstatt sich zu bemühen, sie zu transformieren, und sie aktiv ins Herz zu schließen). Sie hat nun einen Weg gefunden, mit Gefühlen umzugehen, der ihr besser, weil vollständiger und wahrer erscheint, und kann ihn erfolgreich in ihre Arbeit einbeziehen.

Zweiersitzungen unter Übungspartnern

Es folgen Aufzeichnungen privater Übungspartnersitzungen. Die anleitende Person ist jeweils mit ÜP (= Übungspartner) gekennzeichnet.

Maria I

Ausgangsthema: Maria leidet unter ihrer Wohnsituation.

ÜP: Bitte stell dir dein Zuhause einmal vor.

Maria: Ich sehe, es ist einerseits klein und eng und andererseits löchrig. Das ist es, worunter ich leide: diese Kombination. Klein und eng und gleichzeitig löchrig. Löchrig ist das Allerschlimmste für mich.

ÜP: Was bedeutet das für dich?

Maria: Löchrig heißt für mich »nicht geschützt«. Jeder kann hindurch, jeder kann hinein. Es ist, als wenn man Löcher in meine Aura macht. Das Haus ist so gebaut. Keine richtigen Türen; Durchgänge, Vorhänge, das Bad kann man nicht abschließen, man wird dauernd gestört ...

ÜP: Und deine Aura wird auch durchlöchert?

Maria: Ich glaube, sie ist es, und deshalb stört mich das so. Wenn sie es nicht wäre,würde mich das löchrige Haus nicht so stören. Sie ist ziemlich löchrig.

ÜP: Fühlst du das jetzt?

Maria: Ja. Das ist ein Eindruck, da könnte ich sofort in Verzweiflung ausbrechen. Und gleichzeitig taucht dieses Gefühl auf, das früher schon mal aufgetaucht ist: »Es hat sowieso keinen Zweck.«

ÜP: Versuch mal, bei diesem Gefühl zu bleiben. Schau, was alles drinsteckt in dieser Verzweiflung.

MARIA: Ich sehe dann als Bild: Ich bestehe praktisch nur aus meinem physischen Körper, und drum herum ist fast nichts, also keine Aura. Und die Personen, mit denen ich in Beziehung stehe, können alle in mein Feld herein. Die können mich alle unmittelbar ... treffen. Ein grauenhaftes Gefühl.

ÜP: Kannst du das noch näher beschreiben, außer mit »grauenhaft«?

MARIA: Schutzlos ... heimatlos ... kein Platz für mich. Kein sicherer Platz für mich. Ich reagiere darauf, indem ich mich nach innen zurückziehe. Denn wenn ich meinen Körper ganz ausfülle, dann bin ich ohne Schutz, da um den Körper herum nichts ist – keine Aura. Wenn ich mich aber in das Innere meines Körpers zurückziehe, dann habe ich den Körper als Schutz um mich. Das ist es, was ich tue. Ich ziehe mich nach innen zurück. Und dadurch gebe ich meine Macht im Außen auf. Sollen sie da draußen tun, was sie wollen. Soll das Leben doch laufen, wie es will.

ÜP: Bist du jetzt auch nach innen zurückgezogen? Gut. Dann erfühle und beschreibe diesen Zustand.

MARIA: Er ist sehr unstabil. Alles, was draußen passiert und mich wieder rauslockt, holt mich aus meinem Schutz heraus. Deshalb macht es mich auch so verrückt, wenn etwas passiert, was nicht geplant war... Er ist sehr zerbrechlich, dieser Zustand, er muss mit Anstrengung aufrechterhalten werden. Ich merke, dass es eine muskuläre Anspannung ist, alles nach innen zu ziehen. Die Schultern ...

ÜP: Kannst du die Anspannung einmal konzentriert wahrnehmen?

MARIA: Ja. Das ganze Gesicht ist angespannt, der Solarplexus ... Dort konzentriert es sich. Er tut auch weh. Es ist recht anstrengend. Und dazu kämpfe ich an allen Fronten, um diesen geschützten Zustand aufrechtzuerhalten.

ÜP: Du machst dich steif?

MARIA: Ja, genau.

ÜP: Ist es wie Totstellen?

MARIA (seufzt): Ich habe es durch Aufatmen etwas gelockert. Aber der Solarplexus zieht sich noch zu. Ein geschützter Zustand: Das ist genau das, was mir in unserem Haus fehlt.
Ich schaue mir diesen ungeschützten Zustand jetzt noch genauer an. Ungeschützt ... Ich hasse es.

ÜP: Also du bist ungeschützt, du fühlst dich ungeschützt und du hasst es. Kannst du das bitte mit Ichsätzen wiederholen?

MARIA: Ich bin ungeschützt, ich fühle mich ungeschützt; ich fühle mich löchrig und ungeschützt. Und ich hasse es. Ich hasse es. Ich hasse es und es müsste eigentlich gar nicht so sein, denn das bin nicht ich, es ist etwas, was mir angetan wurde. Ich hasse es. (Atmet tief.) Ich bin eigentlich nicht so. Das ist alles überhaupt nicht ich ...

ÜP: Das sind keine Gefühle mehr ... Bleib mal bei den Gefühlen. Löchrig ... ungeschützt ... Du hasst es ...

MARIA (atmet tief): Es ist alles so weit weg heute.

ÜP: Als du vorhin ausgesprochen hast: »Ich bin löchrig«, da war das Gefühl am stärksten wahrnehmbar.

MARIA: Der Satz taucht in mir auf. »Ich will wieder in mein eigenes Leben zurück.« Und: »Mein eigenes Leben« ist verbunden mit »heil« und »harmonisch«. Zugleich erschien ein Bild. Ich sah ein kleines Fetzchen angefangenen Lebens und in diesem Fetzchen war es noch heil. Dann ist das abgebrochen und danach kommt lauter Löchriges. Ich denke, das Heile am Anfang ist die Zeit mit meiner Mutter. (Maria hat als Baby ihre Mutter verloren.). Ich weiß nicht, ob das jetzt echte Wahrnehmung ist oder rationale Erklärung ...

ÜP: Bei mir tauchte das auch schon auf, bevor du es ausgesprochen hast. Vielleicht hilft dir das Bild, besser an die Gefühle heranzukommen.

MARIA: Da ist noch ein Bild. Hinten links ist das angefangene Heile, Geschlossene, und auf der rechten Seite ist lauter … aufgebrochenes Zeug, schaut grässlich aus, aber hell. Diese Art von Helligkeit hasse ich. Ekelhaft. Das Licht der Bewusstheit ist das. Mein Vater und der Rest der Familie repräsentieren das.

ÜP: Ekelhaft findest du das … Fühlst du dieses »Ekelhaftfinden«?

MARIA: Ja. Es ist wie Abwehr. Denn es ist zu viel. Das andere ist auch wichtig, das Dunkle und Geschützte. Ohne das Dunkle, Geschützte kann ich dieses ganze Lichtzeug nicht aushalten. Außerdem ist es so zerbrochen, unzusammenhängend, unheil. Das ist ein Gefühl, das sich durch mein Leben zieht. Dass alles unheil ist. Zu Hause ist nur Unheil. In Beziehungen ist immer Unheil. Unheil, aber hell. Während dunkel gleichbedeutend mit heil ist.

ÜP: Bedeutet das Helle »bewusst« und das Dunkle »unbewusst«?

MARIA: Ich glaube ja … Das eine ist links – das Dunkle, Heile vom Anfang –, das andere rechts.

ÜP: Und jetzt sind beide präsent?

MARIA: Ja … Ich wende mich jetzt dem Dunklen zu. Da ist Schutz, Frieden … Die Welt kann einem nichts anhaben. Es ist eine sichere Zone. Dieses Dunkle, Geschützte ist schön. Es ist wie die dunkle Mutter, der dunkle Schoß. Ich tauche da ein. Wie zurück in den Mutterschoß … (Schluchzt auf.) Ich weine, weil ich genau weiß, dass ich in der nächsten Minute wieder da raus muss, weil es das in Wirklichkeit gar nicht gibt …

ÜP: Aber es ist da! … Bist du jetzt draußen oder noch drinnen?

MARIA: Ein bisschen ist noch vorhanden … Ich denke mir: Damit ich diesen Schutz haben kann, muss es jemanden geben, der ihn mir gibt. Wenn es diesen Jemand nicht gibt, muss ich das alles selber machen, und dann bin ich ja wieder die Ungeschützte … Eigentlich will ich eine Mutter.

ÜP: Kannst du das bitte noch mal sagen?

MARIA: Eigentlich will ich eine Mutter.

ÜP: Fühlst du das?

MARIA: Ja.

ÜP: Kannst du das Kind, das eine Mutter will, in den Arm nehmen?

MARIA: Ja ... Aber ich weiß nicht, wie ich das halten kann. Ich bin ja nicht zwei, ich bin eins. Entweder bin ich die, die die Mutter sein muss – aber dafür bin ich eben zu schutzlos ... Ich kann mich ja nicht spalten

ÜP: Stopp. Hier ist das Kind, das eine Mutter möchte. Diese Stimme gilt es jetzt zu erhören. Nimm es in dein Herz auf. Sei für dieses Kind jetzt da.

MARIA: Die ganze Welt ist ein grässlicher Ort für dieses Kind, wenn da keine Mutter ist. Es ist von allem überfordert.

ÜP: Dieses Gefühl war immer schon da. Es will jetzt einfach erlebt, gesehen, verstanden, geliebt werden.

MARIA (verzweifelt): Aber dann bin ich ja ganz allein ...

ÜP: Jetzt identifizierst du dich mit deinem Gefühl und hast deine Bewusstheit verloren. Du musst dich jetzt um dieses Gefühl kümmern, es nicht im Stich lassen. Sei bitte für dieses Kind, das sich allein fühlt, da. Verschwinde nicht in ihm ... Wie ist es jetzt?

MARIA: Es ist auch Frieden da. Irgendwie bin ich sehr weit weg vom Leben. So, als wenn ich einschliefe ...

ÜP: Ich habe den Eindruck, dass wir das Helle auf der rechten Seite noch anschauen müssen.

MARIA: Hell, zerfetzt und der Gedanke »Ich hasse es«.

ÜP: Fühlst du diesen Hass auch?

MARIA: Ja. Das Helle ist das Licht der Bewusstheit. Ich hasse es, denn wenn das Licht der Bewusstheit da ist, dann sehe ich all dieses Grässliche, Hässliche, Zerfetzte, das ich nicht lösen kann. Das will ich aber nicht sehen. Okay. Ich beobachte es jetzt. Ich lasse zu, dass es sich ausbreitet. Es schiebt sich über mein ganzes Sein. Ich erlebe das jetzt von innen. Ja, so erlebe ich mich: löchrig und zerrissen.

ÜP: Bei mir kommt immer: »Annehmen!«

MARIA: Das soll ich annehmen? Das ist schwer. Das heißt, auf die Illusion verzichten, ich könnte doch etwas anderes, etwas Heiles sein ... Was ich da annehmen muss, ist der Zustand des Zerrissenseins. Unzusammenhängend sein. Und hässlich. Unheil. Okay. Ich mache mein Herz auf und hole dieses Löchrige, Zerrissene, Hässliche hinein. Ja, das geht ... Ich sehe, ich muss das auch im täglichen Leben annehmen. Ich muss das Löchrigsein, das Unheilsein, das Zerrissensein annehmen.

Anmerkung: Wenige Monate später hat Maria festgestellt dass sie dieses Problem hinter sich gelassen hat. Löchrigsein, Zerrissensein war als Echo des alten Zustands noch vorhanden, war aber kein beherrschendes Problem mehr. Sie fühlte sich von der »löchrigen« Bauweise ihrer Wohnung kaum noch gestört. Schließlich fand sie auch eine harmonisch geschnittene Wohnung mit richtigen Türen.

MARIA II

MARIA: Was ich mir heute anschauen möchte, ist meine Beziehung zu meinem Mann. Ich habe das Gefühl, dass ich da seit Jahren immer dasselbe mache. Obwohl ich mich weiterentwickelt habe, tue ich seit Jahren immer dasselbe. Nur, dass ich jetzt sehe, was ich tue. Aber ich mache es genauso. Ich möchte nicht in diesen Kreisen gehen. Ich will da raus.

ÜP: Bei mir hat sich von Anfang an der Hals zugeschnürt.

MARIA: Halsschmerz tauchte auf, als ich sagte, dass ich da raus will. Dabei meldete sich der Gedanke »Angst«. Jetzt eben habe ich auch Angst gespürt, aber so wie ein Lampenfieber am ganzen Körper. »Ich habe Angst.« (Wiederholt es, um das Gefühl aufzuspüren.) Jetzt ist sie nicht da. Jetzt versteckt sie sich. Jetzt ist gar nichts mehr da.

ÜP: Erzähl noch ein wenig von deinem Thema.

MARIA: Zum Beispiel: In einem Moment, in dem es ganz offensichtlich nicht angebracht ist, um Zuwendung zu betteln und dann natürlich eine Abfuhr zu bekommen. Aber in dem Augenblick, da ich die Art von Zuwendung bekomme, die ich mir wünsche, da merke ich das Kind in mir und merke, dass es so glücklich ist, so total da, als wenn die Sonne aufgeht. Es ist absolutes Glück. Und dabei kommt der Gedanke: »Für diese Momente lebe ich.« Diese Momente sind natürlich selten. Und die suche ich. Das ist es, was mich so festkleben lässt an meinem Mann, anstatt meinen eigenen Weg zu gehen; das ist es, weswegen ich mich selber permanent verrate; weil ich dauernd versuche, diese Zuwendung zu bekommen.

ÜP: Ist das Kind jetzt präsent? Bitte stell dir eine Situation dieser Art konkret vor.

MARIA: Ich stelle mir die Situation vor, aber ich fühle nichts ... Nur ganz schwach, als Erinnerung. Ja, es geht auf wie die Sonne, es strahlt, da ist große Freude. Und unmittelbar auf die Freude folgt der Gedanke: »Für diese Momente lebe ich.« Es ist ein spontaner Gedanke, keiner Überlegung entsprungen.

ÜP: Kannst du nach oben fragen, was du tun kannst, um solche Momente erleben zu können und trotzdem nicht daran festzukleben, sondern frei zu bleiben?

MARIA: Da bekomme ich ein Bild. Ich sehe, dass das Zentrum meiner Empfindungen in der beglückenden Situation außerhalb von mir ist, zwischen mir und meinem Mann, etwas links vor dem Herzen. Da passiert das. Da suche ich es auch immer. Es soll aber, das wird mir jetzt eingegeben, innerhalb von mir sein und innerhalb soll ich es suchen. Es kann durchaus auch etwas sein, das zwischen mir und einem anderen Menschen passiert und diese große Freude auslöst; aber das Geschehen, das Empfinden soll nicht dort draußen vor mir sein, sondern in mir. Dann ist es gut.

ÜP: Und was musst du ändern oder tun, damit das so geschieht?

MARIA: Ich muss es in der Situation, während es geschieht, in mich hineinholen. Ich muss es in mir spüren, im Herzen.

ÜP: Ist das konkret genug für dich, dass du es dir merken kannst?

MARIA: Ja ... Dann ist es so, dass ich wieder entdecke, dass dieses Glück etwas ist, was von innen kommt und nicht unbedingt abhängig ist von äußeren Ereignissen. Es kann einmal ausgelöst werden durch äußere Ereignisse, aber es wohnt nicht in ihnen. Dann bin ich nicht mehr so süchtig. Aber es ist mit einem Opfer verbunden. Obwohl es eine Bereicherung ist, wird im ersten Moment der Gedanke auftauchen: »Dazu muss ich etwas opfern.«

ÜP: Und ist das in Ordnung?

MARIA: Ja. Ich schaue jetzt, ob ich das in der Situation, die ich jetzt vor mir sehe, nachträglich tun kann, damit ich es schon so erlebe. Das Komische ist: Ich erlebe dann diesen Ausbruch von kindlicher Freude in mir und in meinem Herzen und auf meinem Gesicht, so, als ob ich es von außen wahrnähme, und bin selber gerührt davon, wie dieses Kind sich freut. Es ist ein bisschen erschütternd. Ich erinnere mich noch mal an die Situation ... Es war eine Umarmung ... eine der seltenen Situationen, wo er mir wirklich nah war ... Da ist diese Freude und dieses Strahlen ... Es geht. Aber das ist nicht leicht, es im Innern zu halten und nicht wieder hinauszurutschen. Seltsam ist, dass, während ich das tue, sich im Bauch Hunger meldet. Oben erlebe ich dieses Glück und unten fühle ich Hunger. Ich habe allerdings auch wenig gegessen.

ÜP: Bei mir hat sich der Solarplexus gemeldet.

MARIA: Ja. Ich gehe jetzt dort hinein und atme. O ja, da ist Hunger. Es ist emotionaler Hunger. Es ist dieser Hunger, der mit solchen Erlebnissen gestillt werden will. Mit Zuwendung.

ÜP: Ich glaube, dieses Gefühl von Hunger nach Zuwendung musst du ausführlich spüren.

MARIA: Ja. Es fühlt sich an wie physischer Hunger. Und es ist dunkel. Da ist diese helle Freude im Herzen und da ist dieser dunkle Hunger, und dazwischen ist keine Verbindung. Der Hunger ist groß. Deshalb bin ich auch eben so erschüttert gewesen von mir selber in solchen Momenten – weil ich wahrgenommen habe, wie groß dieser Hunger ist. Zu dem Hungergefühl taucht eine Kinderstimme auf, die etwas sagt wie: »Ich will das haben.«

ÜP: Ist das Sehnsucht?

MARIA: Es ist Hunger. Nicht Sehnsucht. Verzweifelter Hunger.

ÜP: Ich glaube, es ist sehr wichtig, diesen verzweifelten Hunger ganz bewusst da sein zu lassen.

MARIA: Es ist, als ob ich irgendetwas oder irgendjemanden umarmen oder festhalten wollte ... Und zwar verzweifelt.

ÜP: Du sagst: »Als ob ich wollte.« ... Heißt das, dass es nicht geht?

MARIA: Nein. Das geht ja nicht. Jetzt taucht auf, dass ich mich ekelhaft fühle, weil ich festhalten will, so gierig ...

ÜP: Kannst du das spüren?

MARIA: Es war Ablehnung. Ich kann es nicht spüren. Ich weiß nicht, wo es sitzt. Aber ich bin noch bei dem Hungergefühl. Das andere habe ich einfach auftauchen lassen. Aber es sind Tränen da.

ÜP: Kannst du dein Herz aufmachen für das Kind, das so hungrig ist?

MARIA (atmet auf): Ich weiß nicht ... Dieses Hungergefühl ist jetzt höher gerutscht, ins Herz oder in die Gegend des Herzens. Dazu das Wort »leer«. Da ist Leere. Das ist das, was Hunger macht.

ÜP: Bist du noch beim Atmen? Und beim Hungergefühl?

MARIA: Ja. Aber er sitzt jetzt im Herzen. Ich glaube, das kommt alles noch aus der Säuglingszeit und da war emotionale und physische Nahrung identisch: gestillt werden. Es ist Hunger. Einfach Hunger. Da ich den Hunger jetzt da spüre, wo das Herz ist, glaube ich nicht, dass ich ihn wirklich ins Herz genommen habe.

ÜP: Ich glaube, du kannst ihn einfach da sein lassen und dein Herz für ihn aufmachen. Er muss jetzt nicht weggehen, sondern da sein dürfen.

MARIA: Ja. Es ist ein Hunger, der nur durch Umarmung genährt werden kann. Und zwar durch eine Umarmung, an der man sich sozusagen satt essen kann.

ÜP: Kannst du dich selber umarmen? Dir diese nährende Umarmung selber geben?

MARIA: Ich weiß nicht … Das macht traurig.

ÜP: Dann lass die Traurigkeit da sein.

MARIA: Dann ist ja da nicht dieses warme, weiche Andere, in das man eintauchen kann … Jetzt ist aber etwas passiert mit dem Hunger. Er hat sich nach oben gerichtet wie ein leeres Gefäß, das von oben gefüllt wird. Das ist gut.

ÜP: Hast du noch Kontakt zum inneren Kind? Ist die Traurigkeit auch noch da?

MARIA: Ja. Aber es ist jetzt so: Ich habe dieses Kind selber innerlich umarmt. Dadurch ist es geschehen, dass der Hunger wie ein leeres Gefäß geworden ist, das sich nach oben gedreht hat. Zugleich ist die Erkenntnis aufgetaucht, dass der Hunger etwas Gutes ist.

ÜP: Ja. Mir war nur wichtig, dass du dabei dennoch den Kontakt zu deinem inneren Kind behältst. Auch wenn von oben etwas kommt, ist da trotzdem noch ein Kind, das Zuwendung braucht, Wärme und Liebe. Ist es im Solarplexus? Oder täuscht mein Eindruck?

MARIA: Ich weiß nicht. Das Hungergefühl ist im Herzen. Nicht mehr im Solarplexus.

ÜP: Und die Traurigkeit?

MARIA: Im Gesicht.

ÜP: Und zwischen Kehle und Herz, was ist da?

MARIA: Da ist die ganze Zeit schon das Gefühl, resignieren zu wollen. So ähnlich wie: »Es hat keinen Zweck.«

ÜP: Fühlst du das?

MARIA: Es ist außen an der Peripherie und zieht alles herunter. Wenn das da ist, gebe ich alles auf. Dann ist da kein Hunger mehr und nichts, das sich nach oben öffnet, alles ist fort. Und dann verhalte ich mich so, wie ich mich im Leben verhalte; dann lasse ich alles sein.

ÜP: Ich glaube, jetzt ist es wichtig, die Resignation aufmerksam zu spüren.

MARIA: Sie ist da. Ich würde auch weinen, wenn ich nicht zu resigniert wäre.

ÜP: Versuch mal, diese Trauer lebendig zu machen …

MARIA: Ich weiß nicht, ob es Trauer ist. Es ist, weil wir ihm (dem inneren Kind) alle einreden wollen, dass es das, was es haben will, nicht von anderen kriegen darf. Ich glaube, dann will es nicht leben … Ich will versuchen, es mithilfe des Atems lebendiger zu machen … Wenn ich mehr atme, kommt etwas Energischeres auf. Wut oder Sauersein.

ÜP: Wo ist die Wut?

MARIA: In den Zähnen, in den Händen. Es ist eine »Ich will aber«-Wut. Es ist Trotz und Wut. Weil ich das nicht kriege. Es ist verbissen. Auch in den Schultern und in der Stirn. Es ist auch Anspannung. Wenn ich die zusammenbrechen lassen würde, würde ich wohl weinen. (Weint.) … Jetzt habe ich Wut und Trotz ins Herz geholt und da ist die Anspannung zusammengebrochen und dann kam Verzweiflung und etwas im Hals … Aber jetzt ist alles nebelhaft und vage. Ich weiß das alles, aber ich spüre es nicht.

ÜP: Bleib einfach dabei. Du kannst auch darum bitten, dass es sich dir mehr zeigt.

MARIA: Jetzt ist da das Gefühl, mich verkriechen zu wollen. Es geht alles gar nicht. Es hat keinen Zweck. Ich versuche mal, dieses Gefühl zu halten und wahrzunehmen … (Schluchzt.) Wenn ich das nicht kriegen kann, will ich überhaupt nicht mehr leben.

ÜP: Dieses »Ich will nicht leben« fühlen und da sein lassen.

MARIA (schluchzt): Ich weiß schon, dass das alles Unsinn ist … Aber es ist so, als ob mein ganzer Lebenszweck fort wäre, wenn ich das nicht kriegen kann. Lieber lebe ich in der Illusion, als das zu leben, was die Wahrheit ist … dass ich es nie kriegen kann, von niemandem …

ÜP: Ist das die Wahrheit? Ich glaube, das ist nur dein Gefühl, mit dem du dich identifizierst. Nimm es bewusst wahr, verschwinde nicht darin.

MARIA: Ich habe den Eindruck, dass es irgendetwas gibt, das ich schon kenne und das ich haben will, und dass ich dafür lebe, um das zu haben und auch zu geben. Und jetzt tut mir der Hals ganz weh … Jetzt tut der Hals mir nicht mehr weh, aber der Hunger ist da, im Solarplexus. Da ist etwas Klebriges, Dunkles … Ich gehe jetzt in den Solarplexus hinein, um es kennen zu lernen. Jetzt ist da so ein merkwürdiges Körpergefühl … Es ist nicht der physische Körper, irgendwie ein anderer Körper … Es ist angenehm. Ich weiß nicht, ob ich jetzt vor dem Schmerz weggelaufen bin, aber das Merkwürdige ist spontan passiert.

ÜP: Sind die Gefühle nicht mehr da? Wut, Verzweiflung .

MARIA: Es ist sehr friedlich. Es ist vom Solarplexus aus aufwärts ein riesengroßer Ballon. Wenn ich dem nachgeben würde, würde er wahrscheinlich immer größer werden und ich würde immer … unkörperlicher. Statt des physischen Körpers hätte ich dann diesen Ballon als Körper.

ÜP: Kannst du mal schauen, was es damit auf sich hat?

MARIA: Das Wort, das als Antwort sofort auftaucht, ist »Schutz«. Den mache ich nicht aus meinem persönlichen Bewusstsein heraus, sondern er kommt von oben. Ich gehe jetzt mal hinein in diesen Ballon. Aha. Ich kann auch im Solarplexus den Hunger spüren. Alles, was sonst an Gefühl da war, ist fort, nur der Hunger ist noch da. Deshalb gehe ich jetzt dorthin, wo er sitzt … Ich habe mich gefragt, wie dieser Hunger gestillt werden kann. Die Antwort, die auftauchte, war: »Durch Dasein.« Dann habe ich gesagt: Jetzt bin ich aber da und trotzdem hungrig. Darauf kam die Antwort: Dann muss ich eben für den Hunger da sein. Bei dem Hunger sein. Da habe ich eingewandt: Ich kann doch nicht immer so zugewandt bleiben – mir selber zugewandt –, ich muss mich doch auch um die Dinge da draußen kümmern … Und die Antwort war: Ich kann aber viel öfter da sein – zugewandt sein.

Dieses Ballongefühl fühlt sich an wie ein Übergang auf eine höhere Ebene. Es ist sehr angenehm, aber total unkonkret. Ich bin ganz friedlich und wäre jetzt zu allem möglichen Medialen in der Lage, bin aber weniger physisch. Es ist angenehm. Ich schaue mal, ob ich trotzdem den ganzen Körper spüren kann ... Ja, das geht gut. Jetzt habe ich den Ballon um meinen Körper herum, sodass ich in seinem Innern sitze. Es ist wie im Mutterleib. Schönes Gefühl. In der letzten Sitzung, fällt mir jetzt ein, habe ich ja das Gefühl entdeckt, keine Aura zu haben, sodass die Hautgrenze auch meine Grenze ist. Jetzt ist es anders: viel Raum um meinen Körper herum. Geschützter Raum. Zum allerersten Mal Geborgenheit. Der Hunger ist, glaube ich, fort ... Ein bisschen ist er noch da. Irgendwie scheint er mir auch etwas zu sein, was mich auf der physischen Ebene hält ... Das, was ich Ballon nenne, ist irgendwie ein Weg, wie ich aus dem Körper aussteige und auf eine andere Ebene gehe ... Der Hunger im Solarplexus ist ein Zipfel, der mich auf der physischen Ebene festhält. Es ist in Ordnung.

Anmerkung: Marias Übungspartnerin ist am Anfang dieser Sitzung von der reinen körperzentrierten Herzensarbeit abgewichen. Maria hat das geschehen lassen, weil sie gespürt hat, dass die Fragen der Partnerin sie an ihre Wahrheit heranführten, und beide sind nach dem ersten Abschnitt in die eigentliche körperzentrierte Herzensarbeit eingestiegen.

Sophie

Sophie: Ich weiß nicht, welches Thema ich nehmen soll. Es gibt mehrere. Als Erstes kommt mir mein momentanes Bedürfnis in den Sinn, große Mengen zu essen. Ich könnte den ganzen Tag essen. Ich habe immer das Gefühl, hungrig zu sein, obwohl sich mein Bauch gespannt und voll anfühlt. Der Bauch wölbt sich, aber darüber ist ständig ein Gefühl von Hunger. Und dann ist noch etwas ... Heute früh auf der Autobahn habe ich mich als wirklich bösen Menschen erlebt. Das ist ein Gefühl, das in einer früheren Sitzung schon mal aufgetaucht ist, als ich das Gefühl hatte, einmal eine böse alte Frau gewesen zu sein. So war ich heute früh furchtbar böse – böse Gedanken, böse

Wünsche, die ich während dieser Autofahrt hatte. Und schließlich gibt es ein Problem mit einer Kollegin, beziehungsweise das Problem habe sicher nur ich, nicht sie. Ich hasse sie, ich möchte sie ohrfeigen, ich finde sie falsch. Sie bringt mich in Wut. Ich finde, sie spielt ein falsches Spiel.

ÜP: Ist die Qualität der Bösartigkeit, die du beim Autofahren entdeckt hast, ähnlich wie deine Gefühle der Kollegin gegenüber?

SOPHIE: Ja, total. Das gehört zusammen. Ich glaube sogar, dass meine Gefühle ihr gegenüber – dazu gehört auch Hass – dazu geführt haben, dass ich beim Autofahren so böse war. Einerseits merke ich, dass ich wütend und sauer bin, aber ich gestehe es mir nicht richtig zu, sondern fühle mich schlecht, weil ich Wut und Hass in mir habe. Erst seit kurzem gestatte ich es mir, wütend und sauer zu sein; vorher habe ich immer versucht, das zu unterbinden.

ÜP: Aber du hast dich mit deiner Wut noch nicht hingesetzt?

SOPHIE: Einmal habe ich mich hingesetzt und diese Gefühle einfach zugelassen, Körper beobachtet und so weiter. Aber es gab keinen Durchbruch. Ich hatte das Gefühl, ich kann noch zwei Stunden so sitzen.

ÜP: Dann würde ich vorschlagen, du erzählst mir jetzt von dieser Kollegin – was vorgefallen ist und was dich so ärgert.

SOPHIE: Da meldet sich erstaunlicherweise gleich das Körpergefühl des Zu-viel-Essens, also dieses Prallsein, Gefülltsein, Michzustopfen, Zugestopft-, Gestopft-, Verstopftsein. Ich glaube, da gibt es einen Zusammenhang, weil sich das so in den Vordergrund schiebt.

ÜP: Dann lass dieses Körpergefühl jetzt da sein, lass es so weit auftauchen, dass es dein Bewusstsein ganz ausfüllt, sodass du es von innen wahrnehmen kannst.

SOPHIE: Da gibt es hier im Bereich der Kehle und der Brust eine ganz harte Stelle, so etwas wie eine harte Platte. Und der Kiefer tut weh. Verspannt. Und Schmerz taucht auf. Atemnot. Es schnürt mir die Kehle zu. Es fehlen mir die Worte, so, als ob das Zuschnüren der Kehle mich hindern sollte zu reden.

ÜP: Wenn du in die zugeschnürte Kehle hineingehst, wie fühlst du dich dort drinnen?

SOPHIE: Ohnmächtig, Angst zu ersticken.

ÜP: Was ist mit der harten Platte – hängt die damit zusammen?

SOPHIE: Die spüre ich jetzt gerade nicht, aber ich glaube schon, dass das zusammenhängt. Jetzt spüre ich den Solarplexus. Da drückt auch etwas drauf, er ist auch eingeengt. Ich glaube, es ist so, dass diese Frau mich einengt. Irgendwie ist das wie ein Zweikampf zwischen ihr und mir. Das kommt mir jetzt in den Sinn. Ich bin ihr im Weg und sie steht mir im Weg. Das ist ein Thema, das früher schon mal aufgetaucht ist, das Im-Weg-Stehen. Und ich habe jetzt beobachtet, dass das Gefühl gleich furchtbar ist, egal, wie herum: ob ich jemandem im Wege stehe oder ob mir jemand im Weg steht. Es ist das Gleiche, körperlich, wie es mich eng macht, wie es mich ohnmächtig und wütend macht, der Groll, der dann auftaucht … Es hat die gleiche Qualität.

ÜP: Und wie ist das in diesem Fall hier? Wer steht wem im Weg?

SOPHIE: Beide. Es ist auch hier beides.

ÜP: Okay. Ihr steht einander im Wege. Kannst du dies bitte mal als Tatsache hinnehmen und auf dich einwirken lassen?

SOPHIE (wiederholt leise): Sie steht mir im Wege. Ich stehe ihr im Wege.

ÜP: Den Atem spüren.

SOPHIE: Es fühlt sich wahnsinnig eng an. Eigentlich habe ich fürchterliche Wut, aber in dieser Enge kann man keine Wut haben. Es ist zu eng dazu. Aber … Es ist diese Enge … Diese Enge mache ich mir mit dem Essen auch.

ÜP: Aber die Wut ist da. Sie muss nur irgendwie zusammengequetscht sein und kann sich nicht ausdrücken. Wo ist denn die Wut?

SOPHIE: Es kommt mir so vor, als sei da ein Hohlraum im Innern, eine Röhre …

ÜP: Bitte geh mal mithilfe deines Atems in diese Röhre hinein.

SOPHIE: Es kommt mir schwarz vor und … explosionsgefährdet. Ich komme nicht ganz rein. Ich halte Sicherheitsabstand.

ÜP: Schau, ob es doch eine Möglichkeit gibt hineinzukommen. Vielleicht, indem du dir sagst: »Ich möchte es kennen lernen.«

SOPHIE: »Ich möchte dich kennen lernen ...« Ja. Dort im Innern herrscht ein Gefühl, als wolle ich um mich schlagen. Und irgendwie ist es schwarz, es ist, als wenn ich nichts mehr sehen und nichts mehr hören wollte, nur noch um mich schlagen.

ÜP: Bitte atme ein bisschen stärker und versuche das Gefühl etwas lebendiger zu machen.

SOPHIE: Es hat etwas mit Atemnot zu tun, mit Keine-Luft-bekommen. So wütend sein, dass ich nicht mal mehr atmen kann. Blind vor Wut, taub vor Wut.

ÜP: Es ist jetzt sehr wichtig, dass du bewusst atmest. Bitte atme und erlebe trotzdem diesen Zustand, keine Luft zu bekommen. Das geht.

SOPHIE: Ich habe dabei Schmerzen in den Oberarmen. Ich halte etwas fest.

ÜP: Ja, du möchtest ja um dich schlagen. Schau mal, ob du die ganze Wutenergie, die dort drinnen ist, mithilfe des Atems auftauchen lassen kannst, sozusagen anfachen, sodass du sie wirklich spüren kannst.

SOPHIE: Ich bekomme auch Kopfschmerzen. Es macht mir den Kopf voll. Es tut weh. Es ist sehr auf oben konzentriert.

ÜP: Sehr kräftig atmen. Es ist ein Weg, wie du die Schmerzen befreien kannst. Atme und hole mit deinem Atem die Gefühle da heraus, um sie zu fühlen.

SOPHIE: Schmerzen in Kiefer und Stirn.

ÜP: Fühle die Spannung im Kiefer, aber atme!

SOPHIE: Es ist, als ob ich aus den Armen Feuer sprühen würde. Gleichzeitig hat es durch die wahnsinnige Anspannung etwas Totes. Alles ist festgehalten. Es kann gar nicht fließen. Jetzt spüre ich das auch in den Beinen. Die halten auch etwas fest. Sie haben in letzter Zeit auch wehgetan.

ÜP: Willst du da treten?

SOPHIE: Ja, ich würde am liebsten mit allem ausschlagen. jetzt dehnt sich die Anspannung auch auf den Rücken aus. Entlang und links von der Wirbelsäule nach unten.

ÜP: Was ist das für eine Anspannung? Machst du dich hart, willst du zuschlagen?

SOPHIE: Das ist eine Anspannung. jederzeit bereit sein, zuzuschlagen. Das ist auch in den Füßen und in den Armen. In den Armen halte ich mich am meisten zurück. Der Aufwand, nicht zuzuschlagen, führt auch zu einer Verspannung. Das Ganze geht jetzt auch auf den Bauch über. Solarplexus. Alles zieht sich zusammen, auch der Bauch. Wenn ich mir die Bilder anschaue, die dabei auftauchen, dann würde ich einfach den nächstbesten Tisch nehmen und ihn ihr über den Kopf schlagen.

ÜP: Das ist ein Bild. Wo sind die dazugehörigen Gefühle?

SOPHIE: Worte wären: du blöde Kuh, blöde Ziege.

ÜP: Wo fühlst du das?

SOPHIE: Wut? Fühlen? Ich fühle überhaupt nichts.

ÜP: Schau mal, ob du etwas zu ihr sagen kannst, was mit »ich« anfängt.

SOPHIE: »Ich hasse dich.« Das sitzt vorn, zwischen Herz und Hals.

ÜP: Bitte geh dorthin und befreie dieses Gefühl von Hass oder Wut, indem du ihm erlaubst, da zu sein. Es muss sich nicht verstecken. Es darf da sein und du darfst es fühlen.

SOPHIE: Das ist eigentlich Verzweiflung.

ÜP: Warum bist du verzweifelt? … Ist die Verzweiflung jetzt da?

SOPHIE: Sie ist schon wieder weg.

ÜP: Kannst du sie wieder herholen? Sprich noch einmal den Satz.

SOPHIE: »Ich hasse …« Jetzt ist es mehr Wut … Enge …

ÜP: Erlaube ihr, sich auszubreiten, mithilfe des Atems …

SOPHIE: Deswegen ist sie ja da. Ich habe keinen Raum. Vielleicht habe ich Raum, aber nicht so viel, wie ich brauche oder zu brauchen meine.

ÜP: Sie darf sich ganz ausbreiten.

SOPHIE: Das ist sehr schwierig. Denn einerseits ist da Wut, aber dann taucht immer so ein heulendes Kind auf. Hilflosigkeit.

Heulen. Dann wieder Wut. Körperlich ist es vor allem Enge. Ich fühle mich eingeengt.

ÜP: Dann bitte versuche mal, dieses Dich-eingeengt-Fühlen ins Herz zu nehmen.

SOPHIE: Das kommt mir wie ein absoluter Dauerzustand vor.

ÜP: Fühlst du ihn noch im Körper?

SOPHIE: Ja. Das kann ich praktisch Tag und Nacht fühlen. Wenn ich so weit zu mir zurückgehe, komme ich immer dahin. Enge. Eng. Eng.

ÜP: Ich glaube, es ist wichtig, diese Enge ohne Ausweichen zu erleben, anzuerkennen, kennen zu lernen. Du kannst in diesem Zustand ausharren und atmen.

SOPHIE: Es ist ziemlich furchtbar. Da geht es nicht vor und nicht zurück. Steifheit. Starrheit. Lebendig tot sein.

ÜP: Das ist ein Teil deiner Realität. Es ist ein Teil deines Wesens, den du da eingefroren hast. Kannst du ihn bitte ins Herz schließen?

SOPHIE: Ja. Ich bilde mir ein, ja. Aber es ändert sich nichts.

ÜP: Das muss jetzt auch nicht sein… Wenn du meinst, dass du dich jetzt genügend um die Enge gekümmert hast und wir weitergehen sollen, sag bitte Bescheid. Ich glaube aber, dass das mit der Enge sehr wichtig ist und dass wir sie nicht einfach wegschieben und weitergehen sollen.

SOPHIE: Bei deiner Idee weiterzugehen tauchte eine Kleinkinderstimme in mir auf, die Hilfe schreit. So etwa: »Lass mich jetzt nicht allein.«

ÜP: Ich möchte gern, dass wir uns um diesen Teil, der da eingesperrt ist, noch mehr kümmern, aber nicht, indem wir uns der Enge widmen, sondern indem wir die Wut betrachten, denn es ist dieselbe Person – dasselbe Kind, das da eingeengt ist und das wütend ist. Schau mal, ob du dort wieder hineinkommst. Da war das Gefühl, um dich schlagen zu wollen.

SOPHIE: Jetzt ist genau wieder der andere Teil da: die Verzweiflung.

ÜP: Bitte bleib dabei. Was ist das für eine Verzweiflung?

SOPHIE: Allein sein. Ausgeschlossen sein.

ÜP: Kannst du sie bitte mal ausdrücken, in Ichform?

SOPHIE: »Ich bin ausgeschlossen. Ich gehöre nicht dazu. Sie wollen mich nicht haben. Ich bin allein.«

ÜP: Fühlst du das auch?

SOPHIE: Ich bin einfach hilflos. Ich kenne das. Da drinnen, im Innern dieses Zustands, gibt es einen Ruhepunkt und dort stört mich wenigstens niemand. Da mache ich es mir auf irgendeine Art bequem. Das ist jetzt eingetreten.

ÜP: Und was macht dein Körper?

SOPHIE: Ich atme nicht mehr.

ÜP: Ist der Körper entspannt oder verspannt?

SOPHIE: Kann ich nicht sagen. Aber es ist, als ob ich in mir Platz schaffe. Das, was im Außen nicht da ist, worauf ich kein Anrecht habe – einen Platz für mich –, den schaffe ich mir im Innern. Die Empfindungen und Wahrnehmungen nach außen hin stelle ich ab und richte sie nach innen, schaffe mir innen Platz, mache es mir bequem. In dieser Welt kann ich existieren.

ÜP: Wie fühlt sich der Körper dabei an?

SOPHIE: Er ist wie tot. Den stelle ich ab, den muss ich abstellen.

ÜP: Bitte nimm diesen Zustand einen Augenblick bewusst und ganz wahr. Und atme.

SOPHIE: Das ist die Ursache der Schmerzen, die ich oft habe. Irgendwie hat der Körper sich jetzt gelockert und dann kommt sofort dieser Schmerz ins Bewusstsein, den diese Situation für mich bedeutet ... Es ist einfach Schmerz. Es beginnt in der Kehle und ist einfach furchtbar.

ÜP: Atme in diese Schmerzen. Lass den Schmerz da sein und fühle mit dem Herzen.

SOPHIE: Das, was jetzt passiert, kenne ich auch, da gebe ich dann irgendwann nach, weil ich dann nicht mehr kann ... Dann kriege ich Kopfschmerzen, Halsschmerzen, Schmerzen in den Schultern ...

ÜP: Kannst du das aufhalten und wieder zurückgehen in den Schmerz? Den Schmerz wieder lebendig machen.

SOPHIE: Ich glaube, das passiert immer. Sobald dieser Schmerz auftaucht, beginnt der Kopf zu arbeiten: Warum mögen die mich nicht? Warum ...? Und das sind dann die Kopfschmerzen, die sind dann so furchtbar, dass sie mich von dem eigentlichen Schmerz wegbringen.

ÜP: Ja. Und jetzt ist es wichtig, bei dem eigentlichen Schmerz zu bleiben.

SOPHIE: Welcher Schmerz?

ÜP: Du hast gesagt: Du bist draußen ... allein ... gehörst nicht dazu ...

SOPHIE: Rausgedrückt.

ÜP: Schau, ob du das so, wie es ist, wahrnehmen kannst, ohne zu bewerten, ohne zu denken. Nur für diesen Schmerz da sein.

SOPHIE: Jetzt ist er ein bisschen wieder da, nicht so deutlich wie vorhin ...

ÜP: Vielleicht musst du ihm noch mal Ausdruck verleihen.

SOPHIE: »Sie mögen mich nicht. Ich bin allein.«

ÜP: Lass deinen Atem dahin gehen, wo der Schmerz sitzt.

SOPHIE: Es fühlt sich »zum Platzen« an. Als ob ich platze. Vor allem in der Kehle.

ÜP: Ich habe den Eindruck, dass du das durch übertriebenes Atmen befreien kannst, erlebbar machen kannst. Genau dahin atmen. Nicht, um es wegzumachen, sondern um es fühlbar zu machen ... Und jetzt schau mal, ob du diesen Schmerz ins Herz nehmen kannst ... oder umgekehrt, dein Herz öffnen und so weit machen, dass es ihn aufnimmt ... Geht das?

SOPHIE: Ich glaube, ja.

ÜP: Wie fühlst du dich jetzt?

SOPHIE: Zunächst hat sich das Gefühl von Alleinsein sehr verschlimmert und jetzt ist Frieden da. Friedlich.

ÜP: Ist es jetzt so, als ob du eins mit dir bist?

SOPHIE: Ja.

ÜP: Willst du noch dabeibleiben?

SOPHIE: Ich habe mich vorhin schon gefragt, woher ich weiß, wann es zu Ende ist. Wie spüre ich das?

ÜP: Du hast das immer von selber gespürt. Jetzt ist es wichtig, dieses Im-Herzen-Sein, dieses Einssein ein bisschen zu genießen ... Möchtest du jetzt – ohne dieses positive Gefühl aufzugeben und aus dem Herzen fortzugehen – zum Ausgangspunkt zurückschauen, zu der Frau, die dir solche Probleme macht?

SOPHIE: Das ist vorhin automatisch passiert, und da habe ich festgestellt, dass sie genauso einsam ist.

ÜP: Wenn du jetzt an sie denkst, ist da noch Wut? Aggression?

SOPHIE: Nein.

ÜP: Und jetzt schau bitte mal nach dem »Gestopftsein«. Ist das noch da?

SOPHIE: Da kommt mir in den Sinn: Ich will damit Empfindungen abtöten, nämlich diesen Schmerz des Alleinseins. Das mache ich dadurch, dass ich nun andere Empfindungen stärker werden lasse, nämlich die des Gestopftseins, des dicken Bauches. Und andererseits ist es so, als würde ich mich damit am Leben festhalten.

ÜP: Also Gefühle abtöten. Diesen Teil brauchen wir uns, glaube ich, jetzt nicht mehr anzuschauen, denn das war ja das, was wir eben getan haben. Es war dieser Schmerz, um den es ging. Jetzt hast du ihn nicht abgetötet, sondern erlebt. Das musst du vielleicht wiederholen. So, wie du jetzt bist, bist du mit deinem Körper verbunden. Kannst du dieses Gefühl in dir verankern, sodass du es wieder herholen kannst?

SOPHIE: Ja, das ist jetzt da, aber gleichzeitig habe ich viele Schmerzen. Kopf, Rücken, Stirn, Schultern tun weh.

ÜP: Es ist die Art von Schmerzen, die auftaucht, wenn du in etwas zum ersten Mal nach langer Abwesenheit wieder hineingehst. Wenn das Blut, die Energie wieder hineingeht. Dann tut es erstmal weh. Ich glaube, das ist in Ordnung.

SOPHIE: Das kommt mir auch nicht so schlimm vor.

ÜP: Vielleicht ist es sogar wichtig, all diese Schmerzen, die du deinem Körper antust, auch zu leben. Vielleicht kannst du außer deiner Präsenz auch deine Liebe – vom Herzen aus – im ganzen Körper ausbreiten.

SOPHIE: Das kommt mir sehr wichtig vor.

ÜP: Und dann das Gefühl, das du jetzt hast, in dir verankern. Vielleicht gibt es irgendein Codewort, irgendeinen Trick, mit dem du das in dir verankern kannst, damit du es wiederfindest, falls du es verlierst.

SOPHIE: Vielleicht Licht und Liebe. Licht und Liebe im Körper ausbreiten.

ÜP: Und dich im Körper ausbreiten.

SOPHIE: Mich ausbreiten, ja. Der Körper ist jetzt insgesamt lebendig, ob mit oder ohne Schmerzen, das ist jetzt nicht wichtig. Wichtig ist, dass er lebendig ist. Nur der Bauch fühlt sich noch nicht gut an.

ÜP: Möchtest du dort noch hinschauen?

SOPHIE: Da ist etwas Trotziges. Den Bauch rausstrecken als Trotzhaltung.

ÜP: Fühlst du den Trotz?

SOPHIE: Ja. Wie ein kleines Kind, das sich nicht wehren kann, nicht mit Worten und nicht mit Taten. Es streckt eben den Bauch raus und sagt dadurch aus, dass es vorhanden ist, dass es doch mächtig ist oder irgendetwas dieser Art.

ÜP: Kannst du das verstehen? Mit dem Herzen verstehen? Das Kind warst du.

SOPHIE: Ich finde das sehr lustig. Ich denke schon. Wenn ich es lustig finde, kann ich es auch verstehen. Es kommen auch Bilder von dicken Männern, die ihren Bauch genauso rausstrecken.

ÜP: Wie ist das nun, wenn du dich selber, anstatt dich im Körper zurückzuziehen, im ganzen Körper ausbreitest, so, wie du das eben gemacht hast? Wenn deine Präsenz und deine Liebe deinen ganzen Körper ausfüllen – musst du dann auch den Bauch rausstrecken?

SOPHIE: Nein, dann brauche ich es nicht. Das war mir gleich klar. Dann tritt ein Gefühl von Ganzheit ein. Sonst war da nur Bauch und alles war im Bauch konzentriert, aber wenn ich mich insgesamt im Körper ausbreite, dann ist das ein Gefühl von Ganzheit. Ich muss mir das merken und das wahrscheinlich öfter wiederholen.

Üben mit der ganzen Gruppe anhand einer Situation, die mehrere Teilnehmer teilen

Am Morgen eines Gruppentages (einer Übungsgruppe, die einmal im Monat zusammenkommt) gab es Ärger. Wir hatten keinen Schlüssel, um den Seminarraum aufzuschließen. Hauptsächlich lag es am Vermieter, der uns ausnahmsweise vergessen hatte und in Urlaub gefahren war, ohne den Schlüssel, wie sonst üblich, für uns zu hinterlegen – aber der Ärger, der in diesem Zusammenhang auftauchte, traf natürlich auch mich als Leiterin der Gruppe. Immerhin hätte ich dafür sorgen können, dass so etwas überhaupt nicht passieren konnte.

Wir fanden schnell einen anderen Raum und begannen unsere Arbeit wie gewohnt. Ich schlug vor, für das Üben der körperzentrierten Herzensarbeit diesmal nicht Themen heranzuziehen, die die Teilnehmer von zu Hause mitgebracht hatten, sondern die akute Situation, nämlich die Verstimmung, die es am Morgen wegen des fehlenden Schlüssels gegeben hatte, und ihre Folgen. Eine Teilnehmerin, Paula, war sehr verärgert gewesen und richtete ihren Ärger vor allem auf mich; eine andere, Helga, fühlte sich betroffen von Paulas scharfem Ton; Anita fühlte sich unbehaglich; Sophie war verletzt wegen einer Bemerkung, die Paula ihr gegenüber gemacht hatte. Ich selbst war völlig darauf konzentriert gewesen, die Situation ohne Aufhebens zu meistern, damit wir schnell mit der Arbeit anfangen konnten, merkte aber, dass ich auch betroffen war. So begannen wir unseren Übungstag mit einer Runde, in der jeder erzählte, wie es ihm mit der Situation erging, und damit in die Übung körperzentrierter Herzensarbeit einstieg.

Im Verlauf dieser Runde fand jeder das, was seinem Ärger oder seiner Betroffenheit eigentlich zugrunde lag, drückte die entsprechenden Gefühle aus (das war notwendig, da wir ja hier in einer gemeinsamen Übungssituation waren) und schloss sie ins Herz, während die anderen mit dem Herzen zuhörten. Am Ende waren alle begeistert. Statt der üblichen Argumentationen hatte jeder seine tiefsten, der aktuellen Problematik zugrunde liegenden Gefühle gefunden und ins Herz geschlossen, sie mit den anderen geteilt – und jeder hatte verstanden, was jeden anderen bewegt hatte. Am Schluss gab es keine Verstrickungen der Teilnehmer mehr untereinander wie zu Beginn der Situation (als man sich verletzt, verärgert oder betroffen fühlte von irgendetwas, das ein anderer Teilnehmer oder ich gesagt oder getan hatte), sondern jeder war bei sich angekommen, hatte Verantwortung für sein eigenes Gefühl übernommen und sein Herz geöffnet.

Anita war nicht verärgert gewesen, nur ein wenig verwirrt und betroffen angesichts der Situation. Als sie in ihren Körper hineinspürte, fiel ihr vor allem etwas auf, was sie als »Nebel im Kopf« bezeichnete. Als sie in diesen Nebel hineinging, entdeckte sie ein altbekanntes, doch von ihr noch nie richtig gewürdigtes Gefühl, das sie umschrieb mit: »Ich komme nicht mit; ich habe wieder etwas nicht mitbekommen.« Sie lernte es kennen, widmete ihm Aufmerksamkeit und schloss es ins Herz.

Sophie fühlte sich verletzt durch eine Bemerkung der verärgerten Paula, die ihr galt. Sie entdeckte bei der Körperwahrnehmung, dass sie eine »Jalousie heruntergelassen« hatte. Beim Erforschen dieser Jalousie entdeckte sie ein inneres Kind, das sich schuldig und schlecht fühlte (was durch Paulas Ausspruch ausgelöst worden war) und einen »inneren Vater«, der sie verurteilte, schlecht und schuldig zu sein. Sophie lernte beide Seiten kennen und schloss sie ins Herz.

Ich selber entdeckte bei der Betrachtung der Situation und meiner körperlichen und emotionalen Reaktion auf sie das Gefühl, mich in einem Loyalitätskonflikt zu befinden. Ich war hin und her gerissen zwischen dem Gefühl, die eine

Seite (die verärgerte Paula) und die andere Seite (Sophie, die sich von ihr verletzt fühlte) zu verstehen und zu schützen – ein altbekanntes Gefühl. Ich lernte es kennen und holte es ins Herz.

Paula hatte sich sehr über die Situation und über mich geärgert. Sie entdeckte, nachdem sie ihren Ärger zunächst lautstark und auf vielfältige Weise artikuliert hatte, ihre Wut, die im Körper, vor allem in den Händen, versteckt war. Als sie ihre Selbstwahrnehmung vertiefte und schließlich ganz bei sich selber angekommen war, stieß sie auf Gefühle aus der Kindheit, die hinter alldem steckten: vor allem Trauer, ein sehr kindliches Gefühl von Trauer, und zugleich Wut. »Ich will nicht mehr schweigen. Ich will nicht mehr zurückstehen.« Sie schloss ihr inneres Kind mit diesen Gefühlen ins Herz.

Helga I

Helgas Sitzungsprotokoll gebe ich vollständig wieder.

S: Welche Gefühle sind bei dir aufgetaucht?

Helga: Es hat zu tun mit der Problematik, mit der ich vorletztes Mal gearbeitet habe: Ich hatte damals eine Auseinandersetzung mit meiner Tochter gehabt und mich hatte der gehässige Ton verletzt. Das habe ich heute früh auch so empfunden. Etwas dringt auf mich ein und durchbricht meine Außenhaut …

S: War das im Gespräch mit Paula?

Helga: Ja. Es hat sich angefühlt, als wenn etwas Spitzes in mich hineingestoßen wird. Dann wurde es leichter, und was blieb, war ein gewisses Gewicht … Während des Gesprächs wusste ich, dass das meine Sache ist, dass ich mir meine Emotion anschauen muss. So fragte ich mich: Wie fühle ich mich? Ich empfand eine Last unter meinem Herzen. Sie ist auch jetzt noch da, aber leichter geworden dadurch, dass die anderen gesprochen und ihre Gefühle ausgedrückt haben. Das hat mich entlastet.

S: Dann schau bitte jetzt noch einmal zurück zu dem Gespräch heute Morgen, zu der kritischen Phase, als diese Wirkung bei dir auftrat. Und während du das tust, geh in deinen Körper und schau, wie er reagiert.

HELGA: Es ist im Brustbereich. Ich spüre ein Unbehagen oberhalb des Solarplexus, wie wenn jemand einen Druck auf meine Brust ausübt. Wenn ich atme, geht es weg.

S: Dann atme bitte mit dem Gedanken in die betroffenen Körperpartien hinein, mit deinem Atem den Gefühlen Leben einzuhauchen, damit du sie besser fühlen kannst.

HELGA: Ja, jetzt wird es schwerer, wenn ich dort hineinatme. Es drückt. Es lastet. Es ist so etwas wie Traurigkeit und ein beinahe physisch spürbares Gewicht.

S: Dieses Gewicht ... Kannst du dich hineinbegeben? Ins Innere des Gewichts?

HELGA: Ja. Wie wenn ich eingemauert wäre. Es ist, als wären Steine rundherum. Wenn ich hineingehe, ist es ein Stein, und wenn ich im Innern bin, ist es, als sei ich eingemauert.

S: Und wie fühlst du dich dort drinnen?

HELGA: Ganz allein. Und dunkel. Es ändert sich auch nicht. Es entwickelt sich nicht weiter, wenn ich hineinatme.

S: Es ist jetzt ganz wichtig, diesem Zustand deine ganze Aufmerksamkeit zu schenken. Es ist ein Gemütszustand, der schon seit langem in dir existiert, und er braucht jetzt deine Beachtung.

HELGA: Ich kenne ihn eigentlich schon. Ich frage mich nur: Warum habe ich mir das angetan?

S: Bitte bleib bei der reinen Wahrnehmung. Lass es einfach da sein und sei dafür da.

HELGA: Meine Traurigkeit und mein Deprimiertsein, das ist wie diese Steine.

S: Dann bitte mach jetzt dein Herz auf und nimm deine Traurigkeit, dein Deprimiertsein und das Gefühl des Isoliertseins, diesen Teil von dir, der eingemauert ist, hinein. Schenk ihm deine Liebe, dein Mitgefühl, dein Erbarmen.

HELGA: Ja, ich habe das alles mitsamt dem großen Stein in mein

Herz genommen. Ich kann es auch im Herzen spüren. Es ist, als ob da etwas Hartes wäre, das ich spüren kann.

S: Das klingt paradox, aber bitte nimm dieses Harte in dein Herz hinein.

HELGA: Ja, aber ich bin nicht im Unfrieden mit diesem Gefühl. Es ist in Ordnung.

S: Ich glaube, du musst dich noch weiter darum kümmern. Es ist noch nicht fertig.

HELGA: Ich glaube, es wird mich begleiten bis ans Ende meines Lebens.

S: Ist dieses Gefühl jetzt da?

HELGA: Ja. Aber die Vorstellung, dass ich da bald wieder hinaus kann, die würde etwas ändern.

S: Ins Herz nehmen sollst du nicht die Idee – du müsstest diesen Schmerz ein Leben lang mit dir herumtragen –, sondern nur den Schmerz selbst. Meinst du, dass dein Schmerz jetzt in deinem Herzen angenommen und aufgehoben ist?

HELGA: Ich spüre ihn und er ist da. Er ist wie eine viel zu schwere Halskette, die ich tragen muss.

S: Du musst dich bitte im täglichen Leben noch weiter darum kümmern. Es ist noch nicht fertig. Dieser Schmerz braucht noch Zuwendung.

HELGA: Ich weiß nicht, wie ich mich darum kümmern soll. Ihn einfach da sein lassen?

S: Richte dein Augenmerk auf dieses Gefühl, das du dir jetzt angeschaut hast, und nimm dir vor, es aufmerksam wahr- und ins Herz zu nehmen, sobald es auftaucht.

HELGA: Ich komme schon zurecht damit. Viel stärker belastet mich zurzeit das, was ich bei meiner Arbeit für Amnesty International erlebe. Mit dem Privaten, da komme ich schon zurecht.

S: Dein Schmerz ist nicht privat. Es gibt nichts Privates.

HELGA: Ja. Das, was ich fühle, dieses Weggeschlossensein, verbindet mich mit allen, die im Gefängnis sitzen. Natürlich.

S: Es ist nicht nur das. Dein Schmerz ist nicht nur dein privater

Schmerz. Es ist deine Art, wie du an der kollektiven menschlichen Problematik teilhast. Bitte werte ihn nicht ab.

HELGA II

Die darauf folgende Sitzung mit Helga gebe ich ebenfalls wieder, weil sie unmittelbar an die Problematik anschließt, die hier zutage getreten ist.

S: Ich glaube, das Amnesty-Thema steht im Vordergrund. Möchtest du uns einen konkreten Fall erzählen, der dich besonders stark belastet?

HELGA: Das ist alles grauslich genug. Ich möchte euch nicht damit belasten.

S: Diese Dinge passieren in unserer Welt und ich glaube nicht, dass es gut ist, wenn wir unsere Augen und Herzen davor verschließen. Vielleicht gibt es wenigstens einen Fall, von dem du uns erzählen kannst.

HELGA: Ich habe auch Angst, dass ich diesen Dingen Energie gebe, indem ich sie beschreibe ... Ich möchte es mir lieber global anschauen, insgesamt, so, als wenn ich den Erdball vor mir sähe mit allem, was da an Schlimmem passiert ...

S: Das reicht nicht aus. Es hat ja keinen Zweck, jetzt wegzuschauen, du musst in der Arbeit doch wieder hinschauen. Bitte nimm etwas Konkretes.

HELGA: Besonders herzzerreißend fand ich einen Bericht, wo Männer und ihre Frauen voneinander getrennt und die Männer dann zur Massenhinrichtung gefahren worden sind. Die Mitarbeiter der internationalen Teams haben sogar geholfen, sie zu trennen, mit der Begründung, dass die Serben zu grob mit den Menschen umgingen. Sie wussten nicht, wo es danach hingehen würde.

S: Wir nehmen uns einen Augenblick Zeit, um das, was Helga uns erzählt hat, mit dem Herzen aufzunehmen und an diese Männer und Frauen zu denken. Helga, bitte bleib bei diesem Vorfall und geh in deinen Körper und nimm wahr, was dort passiert. Und spüre deinen Atem.

HELGA: Ja, jetzt ist dieser Druck wieder da. Oberhalb des Herzens.

S: Bitte zieh in diesen Bereich, der unter Druck steht, dein Bewusstsein und deinen Atem hinein, um ihn von innen kennen zu lernen.

HELGA: Ich fühle mich auch mitschuldig, obwohl ich gar nicht dabei war.

S: Bitte sei für dieses Schuldgefühl da. Lass es da sein und atme. Schenk ihm deine Zuwendung.

HELGA: Jetzt hat es sich wieder verkrochen.

S: Bitte hole es zurück.

HELGA: Ich weiß nicht, wohin es sich verzogen hat.

S: Vergegenwärtige dir die Situation noch einmal und atme weiter in den betroffenen Körperbereich hinein. Lade das Schuldgefühl ein, in dein Bewusstsein zu kommen. Sag ihm, dass du bereit bist, es kennen zu lernen und anzunehmen.

HELGA: Irgendwie verirre ich mich, wenn ich da hineingehe. Ich fühle mich verwirrt und ratlos.

S: Bitte bleib einfach dabei, das Gefühl, schuldig oder mitschuldig zu sein, wahrzunehmen.

HELGA: Ja. Ich bin mittendrin. Es ist das, was mich umgibt. Und in diesem Schuldgefühl irre ich ratlos umher und weiß nicht, was ich damit machen soll.

S: Es einfach wahrnehmen.

HELGA: Es ist um mich herum. Ich kann es nicht greifen ... Jetzt ist es wieder entwischt. Irgendeine Instanz in mir will nicht, dass es auftaucht.

S: Was ist mit deinen Händen?

HELGA: Ach ja, ich habe die Fäuste geballt. (Lässt sie locker.)

S: Bitte lass sie geballt und geh in die Fäuste hinein. Was ist da? Was möchten die Fäuste?

HELGA (bricht in Schluchzen aus): Ja! Ich möchte diese Leute verprügeln. (Weint.)

S: Bitte lass den Atem trotzdem weiter fließen. Lass all die Gefühle auftauchen, die da auftauchen wollen, und atme, während die Tränen fließen.

HELGA (schluchzt laut): So eine Gemeinheit!

S: Lass es zu, dass diese Gefühle auftauchen, aber lass dich nicht von ihnen davontragen. Nimm sie bewusst wahr und atme. Und mit dem Atem lade alle Gefühle, die da sind, ein, in dein Bewusstsein aufzusteigen und in dein Herz zu kommen.

HELGA: Eine Frau hat gefragt, was sie denn vorhaben, und sie haben gefragt, ob sie einen Sohn hat. Sie zeigte auf ihren achtzehnjährigen Sohn. Der ist dann auch in den Bus gestoßen worden und nicht wiedergekommen. Da musste ich an meine Kinder denken. Das zerreißt einem das Herz.

S: Bitte bleib beim Wahrnehmen und beim Atmen. Nimm wahr, was das mit deinem Körper macht.

HELGA: Die Arme und die Fäuste spannen sich an.

S: Geh in diese Anspannung hinein und lerne sie von innen kennen. Atme etwas kräftiger und lade alle Gefühle, die in den verspannten Armen sitzen, in dein Bewusstsein ein und in dein Herz.

HELGA: Ja. Das ist gut. Jetzt sitzt mein Zorn in den Schultern, nicht mehr in den Fäusten. Jetzt macht er mich irgendwie stark. Aber ich bin immer noch sehr traurig.

S: Darf die Traurigkeit auch in dein Herz?

HELGA: Ja! Ja. Sie ist schon da.

S: Kannst du sie bitte ganz zulassen und ganz ins Herz hineinnehmen?

HELGA: Ja, ich fühle sie als Druck im Herzen.

S: Das klingt wieder paradox: Kannst du bitte für diesen Druck im Herzen dein Herz aufmachen?

HELGA (sanft): Hm. Ich lasse es einfach herein. Ich nehme es an. Ich nehme es wirklich an. (Die Stimme ist friedvoll.)

S: Bitte bleib jetzt im Herzen. Und dann, bitte, ohne aus dem Herzen hinauszugehen, schau wieder zu der Situation hin und denk an diese Männer und Frauen …

HELGA: Und an die Täter.

S: Wie ist es jetzt, wenn du hinschaust?

HELGA: Ein bisschen schwer. Es geht schon teilweise. Aber zu genau kann ich nicht hinschauen ...

S: Ja, das ist zu früh. Lass es gut sein. Die wichtigste Aufgabe besteht jetzt in der Nachsorge für diese Gefühle. Bitte kümmere dich um sie. Setz dich vielleicht noch einmal damit hin und lass sie aufsteigen, lass sie da sein, akzeptiere sie, hole sie ins Herz. Die Trauer, das Mitschuldigsein, den Zorn ... alle. Und tu das jedes Mal, wenn sie sich melden. Wenn du das lange und gründlich genug tust, kann es sein, dass du die Vorfälle und die betroffenen Menschen mit den Augen des Herzens anschauen kannst und etwas anderes wahrnimmst. Vielleicht.

Tagebuchnotizen einzelner Übender

SOPHIE

Aufzeichnung zweier Sitzungen mit Übungspartner:

1.

Ich musste einer Kollegin sagen, dass sie entlassen werden würde. Eigentlich wäre das Aufgabe meines Chefs gewesen. Er war aber bereits abgereist, und ich wusste, dass man die Kollegin informieren musste, weil man sie sonst in Schwierigkeiten bringen würde. Also nahm ich es auf mich, das zu tun. War sauer auf die feigen Männer, die ihr nichts gesagt haben. Ich selber fühlte mich aber irgendwie schuldig und habe das Gefühl, einen Fehler gemacht zu haben.

Diese Situation schaue ich mir in der Sitzung an. Ich entdecke: Ich habe die Verantwortung übernommen und die Schuld auf mich genommen, weil ich grundsätzlich schlecht und schuldig bin. Ich habe meine Wut nicht zugelassen aus Angst, dass andere merken, dass ich schuldig bin. »Ich darf nicht wütend sein, weil ich schlecht bin.«

Ich hätte die Verantwortung nicht zu übernehmen brauchen, ich hätte meinen Chef anrufen können und ihm sagen, dass es seine Aufgabe ist, sie anzurufen.

Nachdem ich alle Gefühle ins Herz genommen hatte, wusste und fühlte ich: Ich bin nicht schlecht, sondern ich fühle mich schlecht; ich bin wütend: Ich meinte, mein Gesicht wahren zu müssen, damit niemand merkt, dass ich schlecht war … Ich hatte Angst.

Nachdem ich im Herzen angekommen war und alles angenommen hatte, stellte ich mir noch einmal vor: Ich rufe meinen Chef an und sage ihm, dass er die Kollegin benachrichtigen muss. Dabei fühle ich mich stark, lebendig und voller Energie. Es ist auch Wut da, viel Wut, aber es ist keine persönliche Wut, es ist etwas Neutrales. Eine Kraftsäule geht von der Erdmitte durch mich hindurch und hüllt die Wirbelsäule ein, hell, strahlend, voller Kraft, ragt in den Himmel.

Ganz wichtig ist dabei die Erkenntnis, dass auch all die anderen Teile von mir, die schwachen, hilflosen, traurigen, verzweifelten, ängstlichen, hoffnungslosen, da sein dürfen, ja sogar müssen. Es ist eine tiefe innere Erkenntnis. Stark sein heißt nicht, dass man diese Teile überwinden muss, sondern dass alles (wirklich alles!) da sein darf.

Gleichzeitig nahm ich auch meinen Chef als erwachsener wahr und konnte ihn ernst nehmen, was vorher nicht der Fall war.

2.

Unschuldige, helle Teile habe ich in den Rücken verbannt. Sie fühlen sich verraten und missbraucht. Ich habe sie ins Herz geholt, wo sie ja auch hingehören. Ich muss mich weiter um sie kümmern. Der Ernst, die Würde, die Unschuld, die Schönheit dieses Teils von mir muss geachtet und von mir im Leben geschützt werden. Ich muss diesen Teil in meinem Herzen hochhalten und achten, annehmen und wissen, dass er da ist – das Schöne, das Reine, die Unschuld, die Würde.

Dann gab es einen Teil von mir, der meine Kraft im Bauch niedergehalten hat und der auch den unschuldigen Teil verbannt hat (dieser hätte als Kanal die Kraft aus dem Bauch hervorgeholt) – einen Teil, der mich überhaupt zerstören wollte, damit niemand anderer (sprich ein Mann) mich verletzen, zerstören, verwunden kann. Dieser Teil hatte Freude am Zerstören, an der Rache, war aber selbst, wie ich beim genauen Hinspüren entdeckte, verzweifelt und total einsam.

Im Bauch war Zorn, Wut, Energie, blutrot. Worauf habe ich eine solch wahnsinnige Wut? Auf Männer – Männer, die unterdrücken, die mich zerstören, verwunden, verletzen, einengen, einpressen. Ich fühlte mich ganz eingepresst im Körper. Diese Wut, erkannte ich, muss ich achten, wann und wo immer sie auftaucht.

Die Bauchschmerzen, die ich habe, halten einerseits die Wut unten, verhindern aber auch, dass die gewaltige Kraft aus dem Bauch nach oben kommen kann.

Vorn sitzt Angst. Die Angst, verletzt zu werden, zerstört zu werden. Die Angst vor Schwerthieben von vorn. Zugleich mit der Angst ist dort ein Gefühl von Hohlsein, Wundsein. Obwohl dort eigentlich von mir fast nichts mehr vorhanden ist. Bis auf die Schmerzen im Bauch und im Rücken habe ich – das ist der Eindruck – schon selber alles zerstört, oder es ist zerstört worden, oder es hat sich nach unten (Bauch) und hinten (Rücken) zurückgezogen.

Verzweiflung und Trauer, weil ich zulasse, dass meine eigenen Stützpfeiler, mein Grund und Boden (das Selbstwertgefühl, die Selbstachtung), angenagt werden, zerstört werden. Eigentlich zerstöre ich mich selbst.

Ich hole das alles ins Herz. Dabei taucht Erkenntnis auf: Solange Wut und Zorn – blutrot – nicht anerkannt sind, nicht in mir leben dürfen, nicht von mir geachtet werden, nicht nach außen gehen, fehlt etwas zur ganzen Liebe, zu der Liebe, die möglich wäre. Auch die Liebe hat die Farbe Blutrot. Solange nicht beides gelebt wird – so die Erkenntnis, die von innen auftaucht –, ist die Flamme nicht vollständig.

Maria

Aufzeichnung zweier Sitzungen, die sie allein durchführte:

1.

Nach einem Gespräch mit meinem Mann fühlte ich mich niedergeschlagen, entmutigt, gereizt und emotional »klebrig«. Ich will mir anschauen, warum ich mich so fühle. Ein Satz ist in diesem Gespräch gefallen, der bei der Rekapitulation des Gesprächs irgendwie herausragt. Hubert hat gesagt: »Das ist doch egal«, und damit etwas vom Tisch gewischt, das mich gefühlsmäßig stark betraf.

Ich vergegenwärtige mir den Moment, in dem dieser Satz gefallen ist. Ich atme bewusst und spüre in den Körper hinein. Beobachte, was geschieht. Ich breche in verzweifeltes Schluchzen aus. Ich atme und beobachte trotzdem weiter. Da ist tiefe Verzweiflung, dadurch ausgelöst, dass Hubert mir gegenüber »kalt« und gleichgültig sein könnte – etwas, das ich, wie ich jetzt merke, immer schon gefürchtet, aber stets abgewehrt habe. Meine Hände verkrampfen sich. Ich gehe in die Hände hinein, um zu schauen, welches Gefühl sich darin verbirgt. Ich stelle fest: Die Hände wollen sich abwehrend ausstrecken, und in mir taucht der Schrei auf: »Nein!« Da wird mir klar, dass ich seit Beginn unserer Beziehung ununterbrochen eine innere Abwehr aufgebaut und aufrechterhalten habe; dagegen nämlich, feststellen und fühlen zu müssen, dass Hubert mich nicht liebt, sondern mir gegenüber kalt und gleichgültig ist. Mit welcher Verzweiflung habe ich die ganze Zeit über diese Abwehr aufrechterhalten! Jetzt verstehe ich auch, dass es mir unmöglich war, Hubert gegenüber mein Herz aufzumachen, denn das hätte bedeutet, mich der Möglichkeit zu öffnen, dass er mir gegenüber keine Liebe empfindet, und das wollte ich auf keinen Fall fühlen müssen.

Jetzt ist ganz viel Liebe da und Verstehen. Und die Verzweiflung ist gleichzeitig da, riesengroß. Ich widme ihr jetzt meine ganze Aufmerksamkeit, und damit ich das kann, versuche ich nicht mehr so sehr zu weinen und mich vom Weinen davontragen zu lassen (und versuche nicht, es »fortzuweinen«); mein Atem geht tief und stoßweise, so stark ist die Verzweiflung – fast nicht auszuhalten. Erst als ich ganz und gar mein Herz öffne für dieses Gefühl, stellt sich Erleichterung ein, Aufatmen.

Ich bleibe noch ziemlich lange sitzen, atme und kümmere mich liebevoll um meine Angst und Verzweiflung. Lange noch, auch als ich schon längst aufgestanden bin und mich mit anderen Dingen beschäftige, atmet mein Körper immer wieder tief auf. Ich spüre, das ist ein Zeichen von Heilung und Erleichterung. Ich fühle mich mehr eins mit mir und weiß, ich muss es dabei belassen. Jetzt muss ich erst einmal dieses frisch entdeckte und erstmals zugelassene Gefühl – verzweifelte Abwehr – einfach da sein lassen und mir fest vornehmen, wach zu sein, damit ich es wahr- und wieder ins Herz nehme, sobald es wieder auftaucht.

2.

Ich habe mich dabei erwischt, wie ich hysterisch reagierte auf einen Vorfall, bei dem Hubert mich nicht beachtet hat. Ich bin in sein Büro eingetreten, um ihm etwas zu berichten, was für ihn wichtig war, und er hat nicht von seiner Arbeit aufgeschaut, nichts gesagt, nicht einmal ein Brummen von sich gegeben oder irgendein Geräusch, das ausgedrückt hätte, dass er meine Anwesenheit zur Kenntnis nahm. Ich habe ihn angesprochen, und er hat nicht reagiert, hat einfach weiter in seinen Papieren geblättert. Ich habe noch einmal etwas gesagt – keine Reaktion –, eine Weile gewartet und dann, einigermaßen wütend, sein Büro verlassen. Zu Hause fand ich mich dann inmitten eines ans Hysterische grenzenden Wutanfalls wieder. Da ich nicht allein war, konnte ich mich nicht ausgiebig damit befassen, beschränkte mich darauf, die Wut einfach wahrzunehmen. Zog mich ins Badezimmer zurück und weinte heftig, ein Weinen aus Wut und Verzweiflung. Der Gedanke tauchte auf, dass das andauernd passierte – diese Missachtung; dann der Gedanke, dass ich mein ganzes Leben auf meinen Mann ausgerichtet und dafür nur Missachtung geerntet hatte; der Gedanke tauchte auf: »Er behandelt mich wie Dreck«, und ich schloss daraus, dass ich mich gedemütigt fühlte. Ich konnte mich aber nicht weiter damit befassen.

Später, als ich allein war und mich gerade einer dringenden Arbeit zuwenden wollte, merkte ich, dass ich mich emotional in einem schlechten Zustand befand, der erst einmal Beachtung brauchte. Ich setzte mich hin, schloss die Augen und versuchte wahrzunehmen, was da vor sich ging. Sofort wieder Schluchzen. Wissend, dass Schluchzen keine Lösung bringt, versuchte ich, mich an die Körper-Herz-Technik zu erinnern, und begann damit, dass ich einer imaginären Person laut schilderte, was passiert war. Als ich sagte: »Er behandelt mich wie Dreck«, brach ich wieder in Schluchzen aus.

Ich erinnere mich aber gleich wieder an Wahrnehmen und Atmen. Ich spüre starke Anspannung – zusammengebissene Zähne, zusammengezogenes Gesicht, angespannte Arme und Fäuste. Wut. Während ich mich darauf konzentriere, diesen Zustand zu beobachten, verschwindet er und macht einer großen Müdigkeit und Mattigkeit Platz. Ich habe den Eindruck, dass das ein unbewusster Versuch war, mich daran zu hindern, die schlimmen Gefühle zu fühlen. Ich atme heftiger und lade Wut und Verzweiflung ein, in mein Bewusstsein und mein Herz zu kommen. Die Müdigkeit wird immer größer – außer Müdigkeit und Mattigkeit ist jetzt gar nichts mehr wahrzunehmen. Diese Mattigkeit – sie fühlt sich an wie Resignation; der Gedanke »Es hat keinen Zweck«, verbunden mit vager Erinnerung an jahrelanges Elend, jahrelanges Im-Kreis-Gehen, immer wieder auf Missachtung und Demütigung hinauslaufende Verhaltensmuster und die Unmöglichkeit, das zu ändern. Beschließe, mein Herz dafür aufzumachen. Es funktioniert einigermaßen. Dann will ich aufgeben und den Rest auf ein anderes Mal vertagen, weil ich so müde bin. Eine leise Stimme sagt: Nicht aufgeben! Ich weiß aber, dass ich nicht weiterkomme. Ich bestelle Hilfe von oben, rufe mein höheres Selbst an und bitte um Unterstützung. Da taucht eine Erkenntnis auf: die Erkenntnis, dass ich deshalb so sehr unter Missachtung und Demütigung litt, weil ich mich selbst missachte und demütige. Sie schlägt ein wie eine Bombe. Auf einmal bin ich hellwach. Ich fange wieder an zu weinen, diesmal aus Mitleid mit mir selbst, mit all dem Elend von Missachtung und Demütigung, das ich mir jahre- und jahrzehntelang angetan habe. Ich spüre, dass mit diesen Tränen mein Herz sich geöffnet hat.

Ich frage mich, ob ich denn fähig bin, mich zu achten. Mich beispielsweise dafür zu achten, dass ich meinen Mann in seinem Büro aufgesucht habe, um ihm etwas zu erzählen, das für ihn hätte wichtig sein können. Ich stelle fest: »Ich kann mich dafür achten, dass ich meine Arbeit unterbrochen habe, um zu meinem Mann zu gehen.« Ich fühle diese Achtung, und das ist ein großes Erlebnis, etwas völlig Neuartiges. Denn bisher habe ich mich selber für diese Verhaltensweise – stets um das Wohl des Mannes besorgt zu sein und meine eigenen Interessen zurückzustellen – verachtet und sie einer Schwäche zugeschrieben. Ich prüfe weitere Punkte. »Kann ich mich dafür achten, dass ich stets dafür gesorgt habe, dass er etwas Gutes zu essen bekommt?« Plötzlich kann ich mich achten für Verhaltensweisen, die ich vorher an mir verachtet hatte – und deshalb, wie ich jetzt erkenne, unter seiner Missachtung und Verachtung (beziehungsweise unter dem Verhalten, das ich als Miss- und Verachtung interpretiert habe) so sehr gelitten habe. Nun, da ich mich achten kann für dieselben Verhaltensweisen, die ich vorher verachtet hatte, erschien es mir weniger wichtig, ob er mein Vorhandensein und meine Bemühungen würdigt oder nicht; momentan jedenfalls ist es mir genug, dass ich selber sie würdige. Ich bin nun sogar in der Lage zu sehen, dass Hubert seine eigenen Sorgen und Schwierigkeiten gehabt und sich deshalb so verhalten hat, wie er sich verhalten hat. Statt Wut auf ihn fühle ich Verständnis.

TEIL III

1. KAPITEL

Körperzentrierte Herzensarbeit als Weg

> Wir sind die Jünger jedes Augenblicks ...
> Da gibt es ein Sichöffnen und Lernen,
> ganz egal, wozu und was.
>
> *Richard Moss*

Eigentlich, das sagte ich ganz zu Anfang, ist das, was ich umständlich »körperzentrierte Herzensarbeit« genannt habe, eine natürliche Sache. Man erlebt das, was man fühlt, vollständig und nimmt es vollständig an; man hält sein Bewusstsein und sein Herz offen für alles, was im eigenen Gemüt vor sich geht.

Der Zweck der Übung ist natürlich nicht, dass man sich sein Leben lang hinsetzen und bewusst und absichtlich »körperzentrierte Herzensarbeit« betreiben muss; sondern er besteht darin, dass die Übung uns mit der Zeit in Fleisch und Blut übergeht und nachher keine Übung, sondern alltägliches Verhalten wird. Das heißt, dass wir uns selber und anderen gegenüber bewusst, offen und mitfühlend sind und dass wir Ereignisse, die uns emotional berühren oder aus der Bahn werfen, nicht erst im Nachhinein per »körperzentrierter Herzensarbeit« rekapitulieren, sondern, schon während sie geschehen, mit Körper, Gefühl und Herz wahr- und annehmen. Mitten in einer Interaktion mit einem anderen Menschen kann man seines Körperzustands, seiner Emotionen und seines Atems gewahr sein und sein Herz offen halten für das, was man selber fühlt, ebenso wie für das, was der andere fühlt. Erst ist es noch Übung und erfordert Anstrengung und Disziplin – mit der

Zeit aber wird es immer leichter und schließlich geschieht es von selbst.

Man wird hin und her schwanken zwischen dem Alten und dem Neuen, dem Verschlossensein und dem Offensein, dem bewussten und dem unbewussten Verhalten. Schwierige Situationen pflegen uns ja hinterrücks zu überfallen; in den seltensten Fällen ist es so, dass wir im Voraus zu uns sagen können: »Achtung, jetzt kommt eine brenzlige Situation«, und uns so sorgfältig auf sie einstellen können wie auf eine Sitzung körperzentrierter Herzensarbeit. Meistens wacht man mitten in der Situation auf und bemüht sich, sich zu erinnern. »Atmen. Wahrnehmen. Herz öffnen.« Oft erinnert man sich zwar an einige Elemente der Übung, übersieht aber andere.

Eine Frau, mit der ich geschäftlich verkehrte, sagte mir eines Tages, sie fühle sich von meinem Verhalten verletzt. Ich hatte ihr ab und zu, da sie auf ihrem Gebiet ein Neuling und ich ein »alter Hase« war, Tipps gegeben; und nun offenbarte sie mir, dass sie sich schon seit geraumer Zeit darüber geärgert hatte, weil sie sich angegriffen und nicht geachtet fühlte. Während des Gesprächs bemühte ich mich, mit dem Herzen zuzuhören, um zu verstehen, was sie bewegte, anstatt einzuschnappen und meinerseits beleidigt zu sein. Das Gespräch verlief daher einigermaßen freundschaftlich, aber es ging mir nachher nicht aus dem Sinn. Irgendwie war ich nicht im Reinen damit, mein innerer Dialog kreiste um das, was ich hätte sagen oder tun sollen. Ich schaute mir das näher an. Ich entdeckte: Während ich mich bemühte, der Geschäftspartnerin mein Herz zu öffnen, hatte ich es mir selbst gegenüber verschlossen. Meine spontane Reaktion auf ihre Beschwerde war nämlich Ärger gewesen. Anstatt diesen Ärger zu fühlen, zu würdigen und ins Herz zu schließen, hatte ich mich bemüht, keinen Ärger aufkommen zu lassen, ohne zu merken, dass er längst da war.

Später setzte ich mich hin, um den Vorfall mit der Dreischrittmethode der körperzentrierten Herzensarbeit zu rekapitulieren. Im Zuge der Körperwahrnehmung entdeckte ich die wunde Stelle in meinem Innern, die meine Geschäftspartnerin mit ihren Äußerungen getroffen hatte. Kein Wunder, dass mir das Gespräch nicht aus dem Sinn gegangen war – ich hatte mich nicht um das Naheliegendste gekümmert, um mein eigenes Gefühl!

Das A und O beim Üben der Methode im täglichen Leben ist die Erinnerung – das heißt, sich im entscheidenden Moment an die Übung zu erinnern. Am besten prägen Sie sich ein Codewort ein, das Sie in gegebenen Situationen an die Übung erinnert. Vielleicht das Wort »Atmen!«: Es bringt Sie zum Körper und zur Bewusstheit zurück. Oder das Wort »Herz« oder »Gefühle wahrnehmen«. Sie erinnern sie daran, sich nicht in Ihren Emotionen zu vergessen, sondern sie bewusst wahrzunehmen.

Die Anwendung der Methode im täglichen Leben bringt gewaltige Vorteile. Einmal abgesehen davon, dass es sich dabei um etwas handelt, um was wir letztlich meiner Auffassung nach sowieso nicht herumkommen – nämlich, uns dem, was wir erleben, zu öffnen –, erleichtert sie uns auch den Umgang mit Schwierigkeiten enorm. Wenn ich Angst habe, einem Gesprächspartner etwas zu sagen, das er wissen muss, das aber für ihn unangenehm ist, dann atme ich bewusst, spüre die Spannung in meinem Körper, spüre die Angst darin und schließe mich selbst samt dieser Angst ins Herz; dann – immer noch mit Angst, aber umhüllt von der Liebe meines Herzens – kann ich reden. Wenn ich wütend bin auf jemanden, der gerade bei mir ist und mich in irgendeiner Weise geärgert hat (was übrigens mit der Zeit seltener vorkommt und kürzer andauert, je mehr man im Herzen präsent ist, statt nur mit seiner Person identifiziert), kann ich die geballte Kraft und Spannung der Wut in meinem Körper spüren und mein Herz öffnen, indem ich mich dafür verstehe und achte, dass ich wütend bin; und dann kann ich, wenn nötig, sagen: »Ich bin sehr wütend über das, was du eben gesagt hast.« Während ich mich sicher in meinem eigenen Herzen aufgehoben fühle, fürchte ich mich nicht vor den Folgen einer solchen Äußerung; und wenn ich auf diese Weise aus dem Herzen heraus meine Wahrheit ausdrücke, wirke ich weniger verletzend auf andere. Allerdings kommt es oft vor, dass das Äußern sich erübrigt, weil ich im Zuge der (»Live«-)Übung merke, dass nicht der andere schuld ist an meiner Wut, sondern Erinnerungen, die in meiner Psyche eingespeichert sind und die er nichts ahnend aktiviert hat. Wozu wäre es in diesem Fall gut, meine Wut zu artikulieren? Sinnvoller erscheint es mir da, in mich zu gehen und mein Herz zu öffnen für die eigene Wut. Möglicherweise werde ich danach sogar das Bedürfnis haben, dem Menschen, der diese Wut provoziert hat, zu danken. Aber das wäre übertrieben: Schließlich muss man andere Menschen nicht in alle Geheimnisse seiner Psyche einweihen.

Einen wichtigen Hinweis zu diesem Kapitel verdanke ich einer klugen Freundin. Ich hatte ihr von einer Beziehung erzählt, die ich als problematisch empfand. Sie sagte: »Du darfst nicht so ungeschützt auf diesen Menschen zugehen.« – »Was verstehst du unter ungeschützt?«, fragte ich. »Oder besser: Wie, meinst du, soll ich mich schützen?« – »Der Schutz«, antwortete sie, »besteht darin, dass du dir deiner Gefühle bewusst bist, während du mit ihm zusammen bist – anstatt sie zu verdrängen oder zu überspielen –, und dass du, während du sie wahrnimmst, dich nicht mit ihnen identifizierst.« Womit sie den Kernteil der körperzentrierten Herzensarbeit beschrieben hatte. Tatsächlich ist das der beste Schutz, den wir uns geben können, wenn wir mit Menschen zusammentreffen, mit denen wir emotional in ein Drama verstrickt sind.

2. KAPITEL

Erfahrungen mit der körperzentrierten Herzensarbeit

> Leben ohne Liebe gleicht einem Baum ohne Blüten und Früchte.
>
> *Khalil Gibran*

Körperzentrierte Herzensarbeit leitet einen Prozess schrittweiser Ganzwerdung und eine Öffnung zur Liebe ein. Ein verdrängtes Gefühl nach dem anderen wird aus seiner Verbannung erlöst und im Licht des Verstehens und der Liebe umgewandelt, was jedes Mal mit einer Erweiterung und Vertiefung des Bewusstseins und des Herzens einhergeht. Wenn auch jede Sitzung ein in sich geschlossenes Heilungsereignis ist, so bedarf es doch einigermaßen konsequenter Übung der Methode in mehr oder weniger regelmäßigen Sitzungen (allein oder mit einem Partner) und im täglichen Leben, um einen Transformationsprozess einzuleiten, der bleibende Ergebnisse erzielt und unseren Charakterpanzer nach und nach aufweicht und abträgt, sodass die Schönheit und Kraft unseres wahren Wesens zutage treten kann.

Ganz allgemein haben wir beobachtet, dass bereits nach einigen Monaten regelmäßiger Übung der körperzentrierten Herzensarbeit folgende Veränderungen auftreten:

1. Mehr Eigenverantwortlichkeit

Man sieht sich mit der Zeit immer weniger als Opfer der Umstände oder seiner Mitmenschen und ist, selbst wenn man wieder in ein Opfergefühl hineinrutscht, schneller in der Lage, dies zu erkennen und die Verantwortung für seine Situation zu übernehmen.

2. Mehr innere Freiheit

Man steht weniger unter dem zwingenden Einfluss seiner (verdrängten) Emotionen. Möglicherweise sind dieselben Emotionen, die im Zuge des Übens zutage getreten sind, noch vorhanden, aber sie beherrschen einen weniger. In vielen Fällen verschwinden sie beziehungsweise verwandeln sich vollständig.

3. Mehr Selbstbewusstsein

Menschen, die das Problem haben, nicht zu ihren eigenen Wünschen, Absichten und Gefühlen stehen zu können, lernen, sich selber mehr zu akzeptieren und wertzuschätzen.

4. Mehr Unabhängigkeit

Wer die Methode konsequent anwendet, wird mit der Zeit weniger abhängig von der Zustimmung, Wertschätzung oder Zuneigung anderer.

5. Mehr Klarheit im Ausdruck

Menschen, die Schwierigkeiten haben, sich zu artikulieren, gelangen zu größerer Klarheit und Festigkeit und mehr Mut im Ausdruck ihrer Gefühle und Überzeugungen.

6. Mehr Mitgefühl

Mit der Zeit bemerkt man, dass man sich selbst und anderen gegenüber mehr Mitgefühl aufbringt. Anstatt nur in seinen egozentrischen Gedanken und Reaktionen gefangen zu sein, beginnt man wahrzunehmen, was andere bewegt, und es zu respektieren.

7. Mehr Bewusstheit

Natürlich – das ergibt sich aus der Methode selbst – wird man im Zuge der Praxis mehr und schneller dessen gewahr, was sich im eigenen Innern und im Innern anderer abspielt.

8. Mehr Respekt und Demut

Neigte man ursprünglich dazu, andere – oder auch sich selbst – vorschnell zu kritisieren oder zu verurteilen, wenn sie nicht die Entwicklungsschritte machten, die sie, wie man glaubte, machen sollten, so lernt man durch die eigenen Erfahrungen mit der Herzensarbeit mehr und mehr die Eigenart und die Nöte anderer (und natürlich seine eigenen) respektieren.

Die Ziele, die man sich steckt, werden mit der Zeit kleiner und realer.

Hatte man ursprünglich große Idealvorstellungen davon, wie man zu sein hatte oder welchen Fortschritt man zu machen gedachte, so entwickelt man durch die Übung der körperzentrierten Herzensarbeit Respekt vor der Vielschichtigkeit und Sinnhaftigkeit des eigenen Wesens und kommt mehr und mehr dazu, eher kleine Schritte wirklich zu tun, als von großen Schritten zu träumen (und überhaupt nichts zu tun).

Man beginnt zu entdecken, dass das Leben nicht etwas ist, das man unter Kontrolle bringen kann und muss, sondern etwas, dem man sich als Schüler überlassen kann. Starre Verhaltensformen und Vorstellungen, wie es sein müsse, weichen Interesse, Neugier und Flexibilität.

9. Weniger Angst

Hat man erst einmal einen Durchgang (Körper – Emotion – Herz) durch ein schlimmes Gefühl (wie zum Beispiel große Verzweiflung, Hass, Angst, Wut) durchgestanden und gewagt, dieses Gefühl zu erleben und anzunehmen, so weiß man, dass es nichts gibt im eigenen Innern, wovor man sich fürchten muss.

Nichts kann so schlimm sein, dass man es nicht wahrnehmen und annehmen könnte. Die Angst vor den eigenen Gefühlen lässt nach und damit auch die Angst vor Ereignissen und Umständen.

Einige konkrete Beispiele dazu:

Sophie litt, bevor sie mit der körperzentrierten Herzensarbeit begann, unter vielen Ängsten. Sie hatte beispielsweise so große Angst vor Menschen, dass sie sich ständig wappnete, wenn sie unter Menschen gehen musste, sogar bei so harmlosen Unternehmungen wie dem Besuch eines Bäckerladens. Sie wusste zwar, dass sie das tat, war aber nie auf die Idee gekommen, dass sie Angst hatte. Eine andere Angst, von der sie stark beherrscht war, war die Angst zu versagen. Sophie arbeitet seit einigen Jahren konsequent mit der Methode. Sie ist heute völlig frei von diesen Ängsten.

Lucy, eine junge Frau, mutig, klar und offen im Ausdruck, verwandelte sich, sobald es in der Gruppe um ihre Problematik ging, in ein weinerliches kleines Kind. Sie zog viel Aufmerksamkeit auf sich, hatte große, unaufgearbeitete Probleme mit ihrer Familie und war nur schwer dazu zu bewegen, für sich selbst Verantwortung zu übernehmen. Heute, nach zwei Jahren körperzentrierter Herzensarbeit, hat sie ihre erwachsene Persönlichkeit akzeptiert und integriert, übernimmt Verantwortung für sich selber und sorgt für ihr inneres Kind (anstatt sich, wie am Anfang, mit ihm zu identifizieren).

Anita war, als sie in die Gruppe kam, stark in sich zurückgezogen, blass, physisch wenig präsent und sprach sehr leise. Sie war selten in der Lage, sich so auszudrücken, dass die Gruppe verstehen konnte, wovon sie sprach, wenn es um ihre Probleme ging. Heute, nach ebenfalls über einem Jahr körperzentrierter Herzensarbeit, geht sie wesentlich mehr aus sich heraus, äußert sich lauter und klarer und steht zu sich.

Helga war, als sie mit der Arbeit begann, extrem bedürftig nach Zuwendung und Aufmerksamkeit, was sie, offenbar ohne es zu merken, unter starker Hinwendung zu anderen durch fürsorgliches und mütterliches Verhalten verbarg. Sie ist heute wesentlich mehr in der Lage, bei sich selber zu bleiben und sich um ihre eigenen Bedürfnisse zu kümmern.

Gregor zeigte die allergrößten Schwierigkeiten im Umgang mit sich selber und anderen. Seine Redeweise war holprig, schüchtern, überstürzt, er konnte sich nur schlecht ausdrücken und ebenso schlecht zuhören. Er litt unter extremer Vergesslichkeit, war frühpensioniert und konnte weder arbeiten noch ein Hobby oder sonst etwas konsequent ausüben. Er wurde schon nach einigen Monaten körperzentrierter Herzensarbeit von selber wieder aktiv, begann Hobbys zu pflegen, entwickelte ein gesundes Selbstbewusstsein und war in der Lage, sich normal und klar zu artikulieren. Seine Veränderung war für alle auffallend.

Olivia war beherrscht von dem Bedürfnis, es allen recht zu machen. Ihr Gesicht trug ein Dauerlächeln. Sie neigte dazu, sich selber zu verurteilen und zu verleugnen. Nach drei Jahren nicht allzu konsequenter Übung der Herzensarbeit ist der Zwang, es allen recht zu machen, fast verschwunden, das Dauerlächeln hat merklich nachgelassen, und ihre eigene Persönlichkeit beginnt durchzukommen.

Manche der in den Beispielen erwähnten Zeiträume – so wie die drei Jahre im letzten Beispiel – muten lang an. Man muss dabei aber bedenken, dass es sich durchweg um Zustände gehandelt hat, unter denen die Betreffenden schon ihr Leben lang gelitten hatten, also mehrere Jahrzehnte lang. Außerdem habe ich in diesen kurzen Skizzen nur die augenfälligsten Ergebnisse eines langen Prozesses geschildert, in dessen Verlauf in jeder einzelnen Sitzung kleinere oder größere Schritte zur Heilung oder Veränderung getan wurden.

Noch nie habe ich eine Sitzung erlebt – weder in einer Gruppe, noch mit Übungspartnern, noch allein –, in der es nicht einen wichtigen Durchbruch gegeben hätte. Wenn ich jedoch auf das Ergebnis schaue – also das außerhalb der Übung beobachtete Verhalten der Menschen, die mit der

Methode gearbeitet haben –, dann muss ich sagen, dass es einige wenige Fälle gibt, in denen keine Veränderung gegenüber vorher zu beobachten ist. Dieser Anteil liegt jedoch, soweit mir Ergebnisse bekannt sind, unter einem Prozent. Dabei handelt es sich um Menschen, die nicht willens sind, die Verantwortung für sich selber zu übernehmen, sondern es vorziehen, sich als Opfer zu erleben. Sie sind durchaus in der Lage, im Zuge einer Sitzung mit körperzentrierter Herzensarbeit dieses Manöver zu durchschauen und die beteiligten Gefühle wahrzunehmen; den letzten, entscheidenden Schritt jedoch – das Gefühl vollständig ins Herz zu nehmen, was nur als eigenverantwortlicher Akt möglich ist – können sie nicht tun, weil sie ihn von anderen erwarten. Diejenigen, die diesen Widerstand: »Ich will es nicht selber tun, weil die anderen es für mich tun sollen«, in sich aufgespürt, gewürdigt und ins Herz geschlossen haben, indem sie sich dafür verstanden und geachtet haben, konnten weiterkommen. Die anderen – diejenigen, die es noch vorziehen, sich in der Opferrolle zu erleben – werden früher oder später, davon bin ich überzeugt, ebenfalls bereit sein, einen Schritt weiter zu gehen, und es wagen, die Verantwortung für sich selber zu übernehmen. Bei manchen habe ich beobachten können, dass das nur eine Frage der Zeit ist.

Von den erwähnten wenigen Ausnahmen abgesehen, haben wir noch bei jedem, der mit der Methode gearbeitet hat, langfristig bleibende Veränderungen beobachtet. Das ist auch ganz natürlich, denn körperzentrierte Herzensarbeit ist ein Prozess des Erwachens, und wer einmal in diesem Sinne wach geworden ist, wird zwar vielleicht wieder einschlafen, aber sein Schlaf wird leichter sein als zuvor, und bei konsequenter Übung ist irgendwann der Punkt erreicht, an dem ein gewisser Grad an Wachheit erhalten bleibt.

Das Gegenteil von Wachheit ist, unter Hypnose zu stehen. Das ist nicht etwa ein besonderer, durch einen Hypnotiseur (oder den Fernseher) induzierter Zustand, sondern, wie manche Psychologen und Wissenschaftler behaupten und wie man selbst unschwer beobachten kann, unser Normalzustand. Wir sind hypnotisiert von unserer unmittelbaren Umgebung, von unseren Gedanken, Überzeugungen, Gefühlen, Verhaltensmustern, von unseren Eltern, Erziehern, Ehe- und Lebenspartnern – von all dem, was unsere persönliche Geschichte bildet. Durch körperzentrierte Herzensarbeit erwachen wir nach und nach aus dieser Hypnose. Die Übung befreit den Körper von den Schlacken, die der Geist in ihm abgelagert hat (den verdrängten Emotionen), und erweckt das Herz aus seiner Taubheit. Das Erwachen, das dabei stattfindet, ist weniger ein Erwachen des Geistes (das nebenher geschieht) als vielmehr ein Erwachen des Herzens.

3. KAPITEL

In den Zeiten der Krise: Liebe heilt immer

> Um das Sakrament des Augenblicks zu erfahren, müssen wir bereit sein, loszulassen. Im Akt dieses Loslassens bekräftigen wir, dass es nicht so sehr darauf ankommt, was ich tun kann, sondern was jetzt mit mir geschieht … Wir selbst sind das Einzige, was wir Gott geben können, unser unmittelbarer Zustand, was auch immer wir gerade erleben. Wir geben uns, indem wir mit uns selbst eins werden… Und dabei ist es unwesentlich, ob wir uns gut oder schlecht fühlen, ob wir zufrieden sind oder nicht. Wenn wir mit diesem Verständnis zu leben beginnen, leben wir ein Leben des gläubigen Vertrauens.
>
> *Richard Moss*

Es gibt Momente, da kann man nicht üben. Ich meine damit nicht äußere Umstände, die es verhindern; solche Umstände gibt es selten. Wahrnehmen und das, was man wahrnimmt, mit dem Herzen annehmen ist etwas, das man in jedweden Umständen üben kann. Aber es gibt Momente, in denen man von emotionalen Erschütterungen so sehr mitgenommen ist, dass man nicht die Kraft hat, sich hinzusetzen und irgendeine Art innerer Arbeit zu leisten. Nun, eines kann man aber dennoch tun: In solchen Momenten gut zu sich sein. Wenn man zu aufgewühlt, mutlos, erschöpft ist, um zu »üben«, so kann man doch einen Rest von Bewusstheit in sich mobilisieren, der einen in die Lage versetzt, festzustellen, was man in diesem Augenblick braucht. Manchmal braucht man einfach Ruhe, einen Spaziergang, Sauna, körperliche Betätigung. Manchmal hilft es, zu singen und dem, was einen bedrückt oder erschüttert, im Gesang Ausdruck zu verleihen. Manchmal hilft es, seinem inneren Kind ein Wiegenlied zu singen, eine bestimmte Musik zu hören oder Kakao zu trinken. Was ich damit sagen will: Wir sind nicht verpflichtet, ununterbrochen Bewusstseins- und Herzensarbeit leisten zu müssen. Manchmal ist etwas anderes nötig.

Dann wieder gibt es Situationen, in denen man so sehr durch eine Arbeit in Anspruch genommen ist, dass alle Konzentration, zu der man in der Lage ist, auf die Arbeit verwendet wird und nichts übrig bleibt für die Wahrnehmung der emotionalen Nöte. Das Buch muss fertig geschrieben werden, der Umzug steht bevor. Die Zeit ist so knapp, die Kräfte müssen so genau eingeteilt werden – jetzt bloß nicht an Gefühle denken. Irgendwo im Hintergrund des Bewusstseins weiß ich, dass meine private Situation mir große Angst macht, dass ich verzweifelt bin ... aber nur nicht hinschauen, erst muss die Arbeit getan werden. So erzeugt man Anspannung und Anstrengung. Vielleicht hat man tatsächlich so viel und so dringende Arbeit, dass man sich keine Zeit nehmen kann, um sich seinen Problemen ausführlich zuzuwenden. Vielleicht ist es auch nicht an der Zeit. Manchmal gibt es Phasen, in denen wir einfach all unsere Aufmerksamkeit auf äußere Dinge richten müssen; das Leben richtet es schon so ein, dass danach wieder eine Zeit kommt, in der man inneres Geschehen verarbeiten kann. Dennoch kann man auch in Zeiten großer äußerer Belastung sein Bewusstsein und sein Herz offen halten für die Gefühle, die vorhanden sind. All meine Aufmerksamkeit gehört jetzt der Arbeit, denn sie muss fertig werden. Aber in einer der vielen kurzen Pausen, die ich einlege, werfe ich einen Blick auf meine Gefühle. Für einen Augenblick erlaube ich mir, der Angst oder der Verzweiflung ins Gesicht zu schauen, die am

Rande meines Bewusstseins lauert. Für einen Augenblick weine ich, wende ich mich mir selber zu und schließe meine Not ins Herz. Es dauert nur zwei oder drei Minuten. Danach ist spürbar Erleichterung da. Man hat seinem inneren Kind oder dem Teil seiner selbst, der Not leidet, signalisiert: »Ich bin da. Ich lasse dich nicht allein.«

Dann wieder gibt es Auseinandersetzungen oder Interaktionen mit anderen, die so starke Emotionen in Gang setzen, dass man sich ihnen nicht gewachsen fühlt. Vielleicht hat man Angst, etwas zu sagen oder zu tun, das nicht wieder gutzumachen ist. Man ist bereits so sehr verstrickt in die Situation (hypnotisiert!), dass man nicht mehr in der Lage ist, sich auf Wahrnehmen, Atmen oder Herzöffnen zu konzentrieren. Da hilft nur eins: Beten. Wenn man in solchen Momenten ein Stoßgebet zum Himmel schickt, sein höheres Selbst oder seinen Schutzengel zu Hilfe ruft und sich bereit macht zuzulassen, dass Liebe, Frieden, Wahrheit, Versöhnung einkehren, so wendet sich die Situation immer zum Besseren.

Liebe ist ein Wunder. Und wie alle Wunder braucht sie nur eins, damit sie geschehen kann: Man muss bereit sein, sie zuzulassen. Sobald wir bereit sind, sie zuzulassen, strömt sie in unser Leben wie ein warmer Segen, heilt alle Wunden, lindert alle Krämpfe, entspannt unsere vor lauter Angst und Kampf verhärteten Muskeln und Organe, lockert unsere festgefahrenen Verhaltensmuster, schenkt uns Verstehen, Lächeln, schließlich Lachen. Liebe heilt. Letztlich heilt nur die Liebe.

Literatur

Diese Liste enthält die Quellen der abgedruckten Zitate beziehungsweise die Werke, auf die sich die im Text vorkommenden Autorenhinweise beziehen.

Abelar, Taisha: *Die Zauberin.* Die magische Reise einer Frau auf dem Yaqui- Weg des Wissens, Frankfurt a. M. 1997.

Beck, Charlotte Joko: *Einfach Zen*, Knaur, München 1995.

Beck, Charlotte Joko: *Zen im Alltag*, München 1998.

Buber, Martin: *Ich und Du*, 13. Auflage, Gütersloh 1997.

Castaneda, Carlos: *Tensegrity.* Die magischen Bewegungen der Zauberer, Frankfurt a. M. 1998.

Chopich, Erika und Margaret Paul: *Aussöhnung mit dem inneren Kind*, 25. Auflage, Freiburg 2000.

Da Avabhasa: *Unbegrenzt fühlen*, Niederlande 1992.

Gibran, Khalil: *Vor dem Altar der Liebe*, München 1986.

Hanh, Thich Nhat: *Ein Lotos erblüht im Herzen.* Die Kunst des achtsamen Lebens, 2. Auflage, München 1995.

Hellinger, Bert: *Finden, was wirkt.* Therapeutische Briefe, 9. Auflage, München 1998.

Inayat Khan, Hazrat: *Das Erwachen des menschlichen Geistes*, 2. Auflage, Essen 1996.

Long, Barry: *Nur die Angst stirbt.* Ein Buch der Befreiung, 2. Auflage, Bielefeld 1997.

Moss, Richard: *Das zweite Wunder.* Wie wir das Geschenk des Ich-Bewusstseins annehmen und uns zur Höhe des All-Bewusstseins entwickeln, München 1997.

Moss, Richard: *Der schwarze Schmetterling.* Neue Zugänge zur eigenen inneren Heilkraft, München 1996.

Nidiaye, Safi: *Den Weg des Herzens gehen.* Eine Frau findet zu ihrer inneren Stimme, München 1996.

Nidiaye, Safi: *Die Stimme des Herzens.* Der Weg zum größten aller Geheimnisse, Bergisch-Gladbach 2000.

Nidiaye, Safi: *Meditation löst Lebensprobleme.* Selbsthilfe für den Alltag, München 1997.

Nidiaye, Safi: *Neues Wissen, neues Denken für eine bessere Zukunft.* Der Mensch im anbrechenden neuen Zeitalter, Kreuzlingen/München 1993.
Nidiaye, Safi: *Vertrauen ins Leben.* Das Prentice-Mulford-Arbeitsbuch, München 1998.
Pearsall, Paul: *Heilung aus dem Herzen.* Die Körper-Seele-Verbindung und die Entdeckung der Lebensenergie, München 1999.
Peck, Morgan Scott: *Der wunderbare Weg.* Eine neue Psychologie der Liebe und des spirituellen Wachstums, München 1988.
Roberts, Jane: *Die Natur der persönlichen Realität.* Ein neues Bewusstsein als Quelle der Kreativität, 4. Auflage, Kreuzlingen/München 1991.
Steindl-Rast, David: *Fülle und Nichts.* Von innen her zum Leben erwachen, Freiburg 1999.
Taniguchi, Masaharu: *Leben aus dem Geiste,* 10. Auflage, Freiburg 1994.
Zukav, Gary: *Der Sitz der Seele,* Reinbek 2000.